Romwin : 83

W0067894

Guy Consolmagno und Paul Mueller

Wo war Gott, als das Universum geschaffen wurde?

Guy Consolmagno und Paul Mueller

Wo war Gott, als das Universum geschaffen wurde?

Verblüffende Antworten aus der vatikanischen Sternwarte

Aus dem Amerikanischen von Ulrike Strerath-Bolz

HERDER

FREIBURG · BASEL · WIEN

Titel der Originalausgabe:
Would you Baptize an Extraterrestrial?
… and Other Questions from the Astronomers'
In-box at the Vatican Observatory
Copyright © 2014 by Br. Guy Consolmagno and Fr. Paul Mueller

This translation is published by arrangement with Image Books, an
imprint of the Crown Publishing Group, a division of Penguin Random
House LLC

Als deutsche Bibelübersetzung ist zugrunde gelegt:
Die Bibel. Die Heilige Schrift des Alten und Neuen Bundes.
Vollständige deutschsprachige Ausgabe
AΩ DIE BIBEL
© Verlag Herder GmbH, Freiburg im Breisgau 2005

MIX
Papier aus verantwor-
tungsvollen Quellen
FSC® C083411

© der deutschen Ausgabe:
© Verlag Herder GmbH, Freiburg im Breisgau 2016
Alle Rechte vorbehalten
www.herder.de

Satz: Daniel Förster, Belgern
Herstellung: CPI books GmbH, Leck

Printed in Germany

ISBN 978-3-451-34265-3

Zur Erinnerung an P. Bill Stoeger,
SJ (1943–2014)

Inhalt

Viertes Kapitel
Was passiert am Ende der Welt?

Ort: Ein Abendessen am Ende des Universums

Fünftes Kapitel
Würden Sie einen Außerirdischen taufen?

Ort: Los Angeles International Airport, Bradley International Terminal

Sechstes Kapitel
Danksagung und Literatur

Einleitung

Guy: Würden Sie einen Außerirdischen taufen? So lautet eine der Fragen, die uns hier im Vatikanischen Observatorium ständig gestellt werden. Andere betreffen den Stern von Bethlehem, Anfang und Ende des Universums, den Planeten Pluto, schwarze Löcher, gefährliche Asteroiden und alle möglichen anderen Themen, die Astronomen beantworten können – oder auch nicht.

Warum erregen gerade diese Fragen bei so zahlreichen Menschen so viel Interesse, manchmal auch Misstrauen und Angst? Denn seien wir ehrlich: Die wenigsten Menschen werden jemals einem Außerirdischen begegnen, und der Stern von Bethlehem hat kaum Einfluss auf irgendeinen Katechismus oder das Glaubensbekenntnis. Aber die Menschen beschäftigen sich damit, und deshalb fragen sie uns immer wieder danach.

Warum das so ist? Darum geht es in diesem Buch.

Paul: Außerdem geht es in diesem Buch um die Frage, was passiert, wenn sich Naturwissenschaft und Glaube auf freundschaftlicher, respektvoller Basis begegnen. Sind Sie der Meinung, wir sollten alle Erkenntnisse der modernen Naturwissenschaft verwerfen, die der Bibel scheinbar widersprechen? Sind Sie der Meinung, die Bibel habe mehr Autorität als die Naturwissenschaft und der biblische Glaube solle immer und überall das letzte Wort behalten? Wenn ja, dann ist das hier vielleicht nicht unbedingt das richtige Buch für Sie (aber lesen Sie bitte trotzdem weiter!).

Sind Sie der Ansicht, wir sollten alle Aussagen der Bibel verwerfen, die den Erkenntnissen der modernen Naturwissenschaft scheinbar widersprechen? Sind Sie der Ansicht, die Naturwissenschaft habe mehr Autorität als die Bibel und sollte immer und überall das letzte Wort behalten? Dann ist dieses Buch vielleicht nicht ganz das Richtige für Sie (aber lesen Sie bitte trotzdem weiter!).

Oder glauben Sie, Naturwissenschaft und Glaube sollten gleichermaßen ernst genommen werden, aber Sie wissen nicht recht, wie Sie sie unter einen Hut bringen sollen? Neigen Sie deshalb dazu, die beiden Bereiche fein säuberlich voneinander zu trennen, obwohl es Ihnen lieber wäre, Naturwissenschaft und Glaube müssten sich in Ihrem Leben nicht immer abwechseln? Dann ist dies auf jeden Fall das richtige Buch für Sie, und Sie sollten unbedingt weiterlesen.

Guy: Wir schreiben dieses Buch als Mitarbeiter des Vatikanischen Observatoriums, also der offiziellen astronomischen Forschungseinrichtung der römisch-katholischen Kirche. Ich bin Naturwissenschaftler, genauer gesagt, Spezialist für planetare Physik und Geologie und vor allem für Asteroiden und Meteoriten. Pauls Spezialgebiet ist die Geschichte und Philosophie der Naturwissenschaften, vor allem der Physik und Astronomie.

Wir sind beide Jesuiten, das heißt, wir sind Mitglieder der *Societas Jesu*, der größten Ordensgemeinschaft in der römisch-katholischen Kirche. Ich bin Laienbruder, Paul ist Priester. Wenn jemand Paul oder mich fragt, ob wir einen Außerirdischen taufen würden, denken wir oft darüber nach, ob wir jetzt aus der Perspektive eines Naturwissenschaftlers, eines Philosophen oder eines katholischen Bruders bzw. Priesters antworten sollen. Oder vielleicht aus der Perspektive eines Menschen, der all das in seiner Person vereint und keine großen Konflikte oder Widersprüche darin sieht.

Paul: Der Schwerpunkt unserer Arbeit liegt auf der Forschung. Einen Großteil unserer Zeit verbringen wir im Labor, mit Beobachtungen, mit dem Schreiben von Vorträgen, aber auch auf wissenschaftlichen Tagungen. Wir stehen also in regelmäßigem Kontakt mit anderen Forschungseinrichtungen und Universitäten.

Aber da die meisten Mitarbeiter am Vatikanischen Observatorium Jesuiten sind, stehen wir auch in regelmäßigem Kontakt mit der Allgemeinheit, also mit Menschen, die Fragen oder Kommentare zum Thema Naturwissenschaft und Glauben haben und die uns von eigenen Beobachtungen oder Theorien berichten wollen. Und auch mit Menschen, die sich einfach unterhalten wollen. Wir bekommen viele E-Mails.

Guy: In meinen Unterlagen finden sich mehr als siebenhundert Mails aus den letzten fünf Jahren. Einige sind ein bisschen abgedreht, aber sie stammen alle von Leuten, die Naturwissenschaft und Glauben ernst nehmen wollen, und viele unserer Korrespondenzpartner sind Menschen, die sich bemühen, die beiden Bereiche auf eine integre, konsistente Art zusammenzubringen.

Wir fangen mit den scheinbaren Widersprüchen zwischen Genesis und Urknalltheorie an und diskutieren, wie Naturwissenschaft und Glaube verschiedene, einander ergänzende Blickwinkel auf das gleiche Thema eröffnen können. Dann sprechen wir darüber, wie sich naturwissenschaftliche Theorien und Vorstellungen verändern und entwickeln – nicht zuletzt am Beispiel der Diskussionen über den Planeten Pluto.

Gläubige Menschen gehen von der Grundannahme aus, dass Gott auf irgendeine Weise in der Welt wirkt. In diesem Buch sprechen wir darüber, wie dieses Wirken in einem Universum vor sich gehen kann, das von unerklärlichen Naturgesetzen gelenkt wird. Gläubige Menschen gehen oft davon aus, dass wir als Menschen in Gottes Augen wichtig sind. In diesem Buch sprechen wir darüber, wie das in einem Universum, das riesengroß und unvorstellbar alt ist – und das zu einem wenig ruhmreichen Ende verurteilt zu sein scheint – sein kann.

Und ja, wir sprechen auch darüber, ob wir einen Außerirdischen taufen würden. Mit anderen Worten: Wir sprechen darüber, welche Bedeutung die christliche Botschaft in einem Universum mit unzähligen Planeten und – jedenfalls müssen wir das annehmen – unzähligen anderen intelligenten Lebewesen haben kann.

Paul: Leute, die uns solche Fragen stellen, gehen oft unausgesprochen davon aus, dass zwischen Naturwissenschaft und Religion irgendein Konflikt bestehen müsse. Viele glauben, man müsse in diesem Konflikt Partei ergreifen.

Guy: Die Vorstellung von einem ewigen Krieg zwischen Naturwissenschaft und Religion war eine Weile in vielen Büchern und bei vielen Journalisten ein beliebtes Thema. Entstanden ist sie im späten 19. Jahrhundert. Allerdings sind bei all den damit verbundenen Diskussionen zwei schlichte Beobachtungen verloren gegangen. Erstens: Naturwissenschaft und Religion haben gemeinsame historische Wurzeln, der Krieg zwischen ihnen – wenn es ihn denn gibt – ist also keine Sache der Ewigkeit. Und zweitens: Viele Naturwissenschaftler sind religiös. Zumindest für sie, wie auch für uns beide, gibt es zwischen Wissenschaft und Religion keinen Krieg.

Paul: Wie verhalten sie sich also tatsächlich zueinander? Müssen sie sauber voneinander getrennt werden? Hat eine von ihnen eine eher ergänzende, dienende Funktion? Oder kann man ihre Ähnlichkeiten, Unterschiede und Verbindungen betrachten ohne vorgefasste Normen und mit offenem Blick auf ihr Zusammenwirken und ihre Konflikte? Die Gespräche in diesem Buch sollen zeigen, wie eine solche Betrachtungsweise möglich sein kann.

Guy: Aus diesem Grund haben wir das Buch auch in Dialogform geschrieben, als Abfolge von Gesprächen, die wir beide führen. Diese Dialoge geben tatsächliche Gespräche wieder, die wir miteinander, mit anderen Jesuiten und mit Leuten, denen wir bei unserer Arbeit begegnen, führen. Um die Sache etwas interessanter zu machen, stellen wir uns vor, jedes Gespräch an einem ganz bestimmten Ort zu führen. Einige Orte sind echt, andere haben wir uns ausgedacht.

Paul und ich sind in einer sehr glücklichen Situation: Wir leben und arbeiten mit einer Gruppe von Jesuiten zusammen, die Naturwissenschaft und Glaube sehr ernst nehmen. Wir arbeiten nicht nur im Labor zusammen, sondern wir beten auch zusammen in der Kapelle. Im Alltag nehmen wir keine besonderen Konflikte oder Spannungen zwischen Naturwissenschaft und Glauben wahr. Paul und ich würden mit Ihnen, unseren Leserinnen und Lesern, gern die einfachen und doch so komplexen Alltagserfahrungen teilen, die entstehen, wenn man Naturwissenschaft und Glauben gleichermaßen ernst nimmt und nicht voneinander trennt.

Paul: Ich habe Pastoraltheologie studiert, und Guy hat ebenfalls in diesen Bereich hineingeschnuppert; das gehört zu unserer jesuitischen Grundausbildung. Aber in Bezug auf das Verhältnis zwischen Naturwissenschaft und Glauben nehmen wir nicht für uns in Anspruch, Ihnen irgendwie beizubringen, wie »man es macht«. Wir wollen mit Ihnen lediglich die Freude und Hoffnung – und den Spaß – teilen, die wir an unserer Arbeit als Naturwissenschaftler und an unserem lebendigen Glauben haben. Und wir hoffen, all das wirkt ein bisschen ansteckend auf Sie.

Guy: Also – lesen Sie weiter und diskutieren Sie ruhig mit. Wir sind uns ja auch nicht immer einig.

Erstes Kapitel
Genesis oder Urknall?

Ort: The Art Institute – Chicago

GALERIE DES FRÜHEN 20. JAHRHUNDERTS

Paul: Heute wollen wir über den Anfang aller Dinge sprechen, über die Schöpfung. Da passt es gut, dass wir in Chicago sind, denn mit dieser stürmischen Stadt verbinden wir beide auch einen persönlichen Anfang. Du hast hier an der *Loyola University* Philosophie studiert, gleich nachdem du Jesuit geworden bist. Und ich habe an der *University of Chicago* meine Doktorarbeit zur Geschichte und Philosophie der Naturwissenschaften geschrieben.

Guy: Wenn ich die Anfangsverse der Genesis lese, in denen davon die Rede ist, dass der Geist Gottes über den Wassern schwebte, dann stelle ich mir immer einen stürmischen Tag am Lake Huron vor. Dort bin ich aufgewachsen. Aber der Lake Michigan und Chicago – ich liebe diese Stadt. Und diese Gegend hier mit all den Museen am Seeufer ist für mich wie ein Stück vom Himmel. So viele Lieblingsplätze: das Planetarium, das Aquarium …

Aber wenn wir über den Anfang des Universums reden wollen, warum sind wir dann hier im *Art Institute*? Sollten wir nicht im Planetarium sein, in dessen riesiger Kuppel es einen Film über den Urknall zu sehen gibt? Oder im *Field Museum* für Naturgeschichte mit seiner wunderbaren Sammlung von Saurier-Fossilien und Meteoriten?

Paul: Denk doch mal an all die Leute, die uns als Astronomen im Vatikan fragen, wie das denn nun ist mit Naturwissenschaft und Religion und dem Anfang des Universums …

Guy: Du meinst die, die von uns verlangen, dass wir uns zwischen Genesis und Urknall entscheiden?

Paul: Genau. Die meisten sind keine Naturwissenschaftler, es würde also nichts bringen, ihre Fragen in einer naturwissenschaftlichen Umgebung wie einem Planetarium zu beantworten. Allzu oft teilen wir unser Leben in getrennte Bereiche auf: Aquarium versus Planetarium, Arbeit versus Freizeit, Naturwissenschaft versus Religion und so weiter. Manchmal ist es dann schwierig, vom einen zum anderen überzugehen. Deshalb will ich heute an einem Ort anfangen, wo sich Naturwissenschaft und Religion überschneiden können. Hier im *Art Institute* bleibt einem gar nichts anderes übrig als zu erkennen, dass es verschiedene Möglichkeiten gibt, die Realität darzustellen – mehr als eine Art zu malen, könnte man auch sagen. Also gönn mir den Spaß und lass uns ein paar von meinen Lieblings-Kunstwerken anschauen.

Guy: Gut. Ist das nicht Grant Woods *American Gothic*? Das wettergegerbte Paar vor dem weißen Holzhaus? Der Mann mit der Mistgabel starrt direkt aus der Leinwand heraus, die Frau schaut ihn böse an …

Paul: Ja, man hat es schon oft gesehen, aber ich mag das Bild trotzdem. Es ist so realistisch gemalt wie eine Fotografie, und trotzdem sagt es etwas über diese beiden Leute aus, was ein Foto nicht einfangen könnte. Aber lass uns weitergehen in die Europa-Abteilung, und *American Gothic* mit diesem Bild hier vergleichen …

Guy: Picassos *Alter Gitarrist*. Ich vermute, da sitzt ein alter Mann mit einer Gitarre, aber das Ganze ist ziemlich abstrakt gemalt. Die Gitarre ist noch ziemlich realistisch, aber der alte Mann ist nur mit ein paar seltsamen Strichen und Winkeln angedeutet, das Ganze in allen möglichen Blauschattierungen. Eine ganz andere Art, eine menschliche Gestalt wiederzugeben.

Paul: Picassos Bild sieht »moderner« aus als *American Gothic*, obwohl es etwa dreißig Jahre früher gemalt wurde. Beide Bilder zeigen alte Leute mit den Gegenständen, die zu ihrem Beruf gehören. Beide wurden etwa zur selben Zeit gemalt, zu Beginn des 20. Jahrhunderts. Beide machen auf intellektueller und emotionaler Ebene tiefe, wahre Aussagen über den Menschen, die ein Buch oder eine Predigt nicht machen könnten. Aber sie legen es beide nicht darauf an, *alles* über ihr Thema zu sagen. Sie wählen aus und betonen Dinge oder lassen Dinge weg, die ihnen unbedeutend und überflüssig erscheinen. Und die Naturwissenschaft tut etwas sehr Ähnliches. Sie beruht auf selektiver Beobachtung, auf spezieller Aufmerksamkeit auf bestimmte Dinge, während andere Bereiche ignoriert werden.

Guy: Wie auf einem anderen Bild, das ich einmal gesehen habe: Ein paar Leute sitzen in einem Schnellrestaurant in der Stadt, ein Typ mit einer Hakennase und eine Frau im roten Kleid neben ihm. Man sieht sie durch das Fenster des Restaurants von der anderen Straßenseite her, spät abends. So könnte man gar nicht fotografieren, da wären geparkte Autos und Telefonleitungen im Weg. Und trotzdem, jedes Mal, wenn ich das Bild sehe, bekomme ich Appetit auf Spiegeleier und Kaffee.

Paul: Edward Hoppers *Nighthawks*. Das hängt auch hier im *Art Institute*, drüben in der Sonderausstellung.

Guy: Ich habe immer gedacht, du bist nur ein Physiker-Philosoph, nicht auch noch ein Kunstfreak.

Paul: Ein Experte bin ich sicher nicht. Aber weißt du, als ich vor (viel zu vielen) Jahren auf dem College war, habe ich einmal neunzig Minuten vor einem Gemälde gestanden. Das war im *Isabella Stewart Gardner Museum* in Boston, und ich hatte einen Notizblock in der Hand. Es ging um eine Aufgabe für meinen Kurs in Kunstgeschichte. Das Gemälde war Tizians *Raub der Europa*: Jupiter in der Gestalt eines weißen Stiers trägt Prinzessin Europa übers Meer, wo er sie verführen wird. Ich stand einfach da und machte mir Notizen, und während ich da stand, kamen andere Museumsbesucher und stellten mir Fragen, als wäre ich eine Art Experte. Erst habe ich darüber gelacht. Aber dann habe ich angefangen, mit den Leuten zu reden und ihnen zu erzählen, was mit aufgefallen war und was ich darüber dachte. Und sie erzählten mir, was sie dachten. So kam es zu lebendigen Diskussionen und Meinungsverschiedenheiten über die Bedeutung des Bildes, ob es schön sei oder nicht, und warum das so war.

Über die Frage, ob etwas schön ist, können sich also nicht nur Kunstexperten eine Meinung bilden und etwas Sinnvolles sagen. Und genauso können nicht nur Naturwissenschaftler die Wahrheit erkennen. Und man muss kein Ethiker sein, um zu erkennen, was gut ist. Natürlich können uns Experten helfen und anleiten. Aber wenn etwas wirklich schön oder wahr oder gut ist, dann können das auch ganz normale Leute erkennen und wertschätzen – wenn wir bereit sind, die Augen aufzumachen und uns Zeit zu nehmen.

Guy: Gut, Mr. Kunstexperte, wohin gehen wir jetzt?

SPÄTES 19. JAHRHUNDERT: IMPRESSIONISTEN

Paul: *Sonntag auf La Grande Jatte, 1884* – eins meiner Lieblingsbilder. Georges Seurat hat hier eine Szene mit eleganten französischen Familien gemalt, in einem Park in Paris, auf einer Insel in der Seine. Das Bild ist um 1884 entstanden, und er hat es in einer Technik namens Pointillismus gemalt: Statt mit dem Pinsel über die Leinwand zu streichen, hat er das Bild aus lauter farbigen Punkten aufgebaut und war damit der digitalen Bildtechnik um mehr als hundert Jahre voraus.

Guy: Ich gebe es nicht gern zu, aber wenn ich dieses Bild sehe, denke ich sofort an die Highschool-Komödie *Ferris macht blau*.

Paul: Mit Matthew Broderick, genau. Das Bild spielt in einer entscheidenden Szene des Films eine wichtige Rolle. Drei Highschool-Kids schwänzen an einem schönen Frühlingstag die Schule und erleben ein paar höchst unwahrscheinliche Abenteuer in Chicago. Dabei kommen sie auch hierher ins *Art Institute*, und der eine, ein angstbesetzter Teenager namens Cameron, starrt dieses Bild lange an, mit verzweifeltem Blick. Und während er es anschaut, zerfällt die ganze Szene in lauter chaotische, durcheinandergewürfelte Farbpunkte. Bis Cameron erkennt, dass sein eigenes Leben scheinbar ebenfalls in sinnlose Bruchstücke zerfällt.

Ich kann ihm das ein Stück weit nachfühlen, ich hatte als Teenager auch sehr viel Angst. Aber wenn ich Seurats Gemälde anschaue, sehe ich kein Chaos, keine zerfallende Welt. Ich sehe eine Welt, die bis ins Kleinste analysiert wird. Wenn ich das Bild anschaue, wechsle ich innerlich ständig zwischen der Gesamtszene mit den vielen Leuten, dem schönen Wetter im Park einerseits und den vielen kleinen Punkten, aus denen die Szene aufgebaut ist, andererseits. Für mich bedeutet das allerdings nicht, dass die Welt zerfällt, sondern dass es mehr als eine Möglichkeit gibt, die Welt zu betrachten. Man kann das große Gesamtbild anschauen oder die Welt, wie sie von der Naturwissenschaft analysiert wird: eine Welt aus winzigen Atomen, Teilchen und Wellen und Kraftfeldern – eine Welt, die man mathematisch beschreiben kann.

So kann man auch Naturwissenschaft und Glauben zueinander in Beziehung setzen: Als einen Wechsel zwischen zwei verschiedenen Blicken auf ein und dieselbe Welt. Wir können die Welt durch die Augen der Naturwissenschaft oder des Glaubens sehen. Und wenn wir sie durch die Augen des Glaubens sehen, dann beschäftigen wir uns oft vor allem mit der alltäglichen Erfahrung des Richtigen, Guten und Schönen. Wir sind mit den Zusammenhängen unseres Lebens befasst, mit dem Sinn, den das alles ergibt – oder eben auch nicht.

Aber wenn wir die Welt durch die Augen der Naturwissenschaft sehen, dann geht es um andere Dinge. Dann wollen wir wissen, wie die Welt funktioniert und woraus sie gemacht ist, bis zu den kleinsten Partikeln. Betrachtet man die Welt mit den Augen der Wissenschaft, scheint sie kaum etwas mit der Welt unserer Alltagserfahrungen gemein zu haben, es ist also so wie beim Betrachten der Punkte in Seurats Gemälde, die dann völlig losgelöst vom Gesamtbilds erscheinen können.

Der Trick besteht darin, sich mit der Vorstellung vom Wechsel zwischen beiden Sichtweisen anzufreunden. Und darin, nicht in Panik zu geraten, wenn das eine etwas weglässt, was das andere zeigt, oder wenn das eine etwas betont, was das andere vernachlässigt.

Guy: Man kann dieses Bild also als Ansammlung von Punkten sehen oder als Darstellung von Menschen in einem Park. Beide Beschreibungen entsprechen der Wahrheit. Nur weil die eine wahr ist, muss die andere nicht falsch sein.

Paul: Genau wie du musste ich während meiner Ausbildung zum Jesuiten Philosophie studieren. Das machte mich ganz verrückt; ich war Naturwissenschaftler und begriff überhaupt nicht, was diese Philosophen wollten. Ihre Antworten verstand ich durchaus, nur mit den Fragen hatte ich Probleme.

Nach anderthalb frustrierenden Jahren erlebte ich endlich eine Art Durchbruch. Ich grübelte über Aristoteles und seine Theorie von Materie und Gestalt. Was Materie war, das hatte ich im Physikstudium gelernt – alles, woraus Dinge gemacht sind. Aber warum man nun außerdem noch so etwas wie »Gestalt« brauchte … Plötzlich traf es mich wie ein Schlag. Ich hatte angenommen, wenn ich wissen will, was etwas ist, dann muss ich es in seine kleinsten Bestandteile zerlegen, in Atome, Quarks, was auch immer, und rausfinden, welche Naturgesetze das Zusammenwirken dieser kleinsten Bestandteile lenken. Aber so denkt Aristoteles nicht. Für ihn erfährt man auf diese Weise nur einen Teil der Dinge. Um etwas wirklich kennenzulernen, muss man nicht nur die Teile, sondern auch das Ganze sehen, sagt er.

Guy: Also nicht nur die Punkte, sondern auch das Bild, das sich aus den Punkten ergibt?

Paul: Mehr als das. Aristoteles sagt, um etwas wirklich zu verstehen, muss man wissen, woraus es gemacht ist, was für ein Dinge es ist, wer es gemacht hat, warum er es gemacht hat und welchen Wert, welche Bedeutung es besitzt. Solche Fragen machen für ihn die Wissenschaft aus.

In der modernen Naturwissenschaft jedoch werden die Fragen viel enger gestellt. Fragen über Wert, Bedeutung oder Zweck spielen dabei keine Rolle. Deshalb ist die moderne Naturwissenschaft sehr konzentriert und effizient. Wir können alle möglichen Dinge, die wir in der Natur beobachten, im Sinne objektiver, mathematischer Gesetze analysieren und beschreiben. Doch nur weil Fragen über Wert, Bedeutung oder Zweck in der modernen Naturwissenschaft nicht gestellt werden, heißt das nicht, dass diese Fragen nicht wichtig sind.

Das war der Punkt. Das traf mich wie ein Schlag, als ich mich zum ersten Mal mit Aristoteles beschäftigte. Als Mensch möchte ich vielleicht wissen, wer eine Sache gemacht hat und warum. Ich möchte vielleicht etwas über Wert und Bedeutung einer Sache erfahren – selbst wenn die Naturwissenschaft diese Fragen für irrelevant hält.

Die moderne Naturwissenschaft ist auf ihrem eigenen Gebiet unglaublich erfolgreich, sei es in Bezug auf die Bekämpfung von Krankheiten oder die Berechnungen der Vorgänge im Inneren eines schwarzen Lochs. Das kann uns zu der faulen Annahme verleiten, der naturwissenschaftliche Blick auf die Welt sei der beste, womöglich sogar der einzig sinnvolle Blick. Zu dieser Annahme hatte ich mich durch meinen Physikunterricht am College verleiten lassen. Aber die Vorstellung, wir bekämen ein vollständiges Bild, wenn wir die Welt durch die Augen der Naturwissenschaft sehen, ist genauso irrig wie die Idee, Seurats Gemälde würde sich uns erschließen, wenn wir es Punkt für Punkt betrachten.

Guy: Verstehe. Das Hin-und-her-Springen ist eine hilfreiche Beschreibung, die wir im Hinterkopf behalten können, wenn uns mal wieder jemand fragt: »Wenn Sie glauben, dass Gott durch die Bibel zu uns spricht, warum glauben Sie dann nicht auch an die Schöpfungsgeschichte?« Vielleicht haben die Menschen, die uns solche Fragen stellen, noch nicht begriffen, dass man das Bild auf mehr als eine Weise betrachten kann, und versuchen deshalb, die Bibel zu lesen wie ein Lehrbuch für Astronomie.

Denn tatsächlich kann man das Bild selbst in der Bibel auf unterschiedliche Weise betrachten. Die Bibel enthält mehrere verschiedene Schöpfungsgeschichten, und sie können nicht alle buchstäblich wahr sein, denn sie widersprechen sich. Es muss also etwas anderes an ihnen dran sein, schließlich können sie nicht alle auf dieselbe Weise wahr sein. Auch hier muss man hin und her springen.

Paul: Aber Vorsicht! Wir wollen es uns nicht zu einfach machen, indem wir sagen: »Alles ist relativ und alles ist irgendwie wahr.« Ich habe dir schon davon erzählt, wie es war, vor einem Bild zu stehen und mit den anderen Museumsbesuchern über seine Bedeutung zu sprechen, über die Frage, ob es schön sei und wenn ja, warum – und wenn nein, warum nicht. Bei einem Gemälde ist so etwas durchaus sinnvoll, selbst bei einem Klassiker wie Tizians *Raub der Europa*. Bei einem klassischen Naturgesetz, sagen wir dem Pendelgesetz, wäre eine ähnliche Diskussion unsinnig.

Guy: Ganz klar; wer das Pendelgesetz leugnet, macht sich ein Stück weit lächerlich. Aber würdest du tatsächlich sagen, dass jeder das Recht hat, ein Urteil über die Schönheit eines Kunstwerks abzugeben, egal ob er etwas »davon versteht« oder nicht?

Paul: Bei Dingen wie Pendeln, Flaschenzügen und Elektromotoren ist die naturwissenschaftliche Seite ziemlich klar; nicht, weil ein Schlaumeier es uns sagt, sondern weil wir uns auf diese Werkzeuge verlassen, sie im Alltag benutzen und für selbstverständlich halten. Aber wenn es um Sinn- und Schönheitsfragen geht, sieht die Sache schon anders aus. Hier ist nie »alles klar«, hier muss jede Generation wieder neu ihren Weg suchen und auf den Erkenntnissen der früheren aufbauen.

Guy: Aber warte mal, es gibt ja Extremfälle, in denen Newtons Gesetze nicht anwendbar sind, beispielsweise in der Quantenphysik oder Relativitätstheorie. Ein Pendel, das ganz in der Nähe eines schwarzen Lochs schwingt, würde sich im Vergleich zu Newtons Gesetzen ziemlich seltsam verhalten.

Paul: Ganz klar. Wenn ich sage, dass die Naturwissenschaft in Teilbereichen als geklärt gelten kann, dann gilt das eben wirklich nur in Teilbereichen. Und wir können die Naturwissenschaft nutzen, um diese Bereiche abzugrenzen. Innerhalb der gesetzten Grenzen sind die Naturgesetze nicht nur wahrscheinlich oder möglicherweise wahr, sondern ganz sicher. Und wir kennen heute Wahrheiten, die uns vor hundert Jahren noch nicht so klar waren. Unser Fortschritt ist kumulativ und erfolgt Schritt für Schritt.

Und warum ist er kumulativ? Weil die Fragen, die die Naturwissenschaft stellt, so eng gefasst sind. Das müssen wir in Kauf nehmen, wenn wir Naturwissenschaft betreiben. Wir schließen bestimmte Fragen von Schönheit, Sinn und Zweck aus, um kumulative Fortschritte in Bezug auf unser Wissen von der natürlichen Welt möglich zu machen.

Die Naturwissenschaft bietet uns wettstreitende Theorien für unseren Blick auf die Welt an. Und unsere Erwartung lautet, dass eine dieser Theorien sich irgendwann gegen die anderen durchsetzen wird. So entsteht kumulativer Fortschritt. Aber bei den verschiedenen biblischen Schöpfungsgeschichten ist es ganz anders. Da gibt es keinen Wettstreit der Theorien, von denen sich eine am Ende durchsetzen wird. Die Bibel legt all die unterschiedlichen Schöpfungsgeschichten nebeneinander und lässt sie auch nebeneinander stehen, selbst wenn sie sich widersprechen.

Guy: Genauso ist es ja bei den Geschichten in den Evangelien. Die Bibel enthält vier Evangelien, die verschiedene, manchmal durchaus widersprüchliche Berichte vom Leben und Sterben Jesu geben. Es ist ein bisschen so wie in der Phase, als ich mich rasend für die Beatles interessierte und jedes Buch über sie verschlang. Sie erzählten teilweise schon dieselben Geschichten, aber der Blick auf die Gruppe war immer wieder anders. Und die Berichte, die am nächsten an der aktiven Zeit der Beatles aufgeschrieben worden waren, waren nicht immer die genauesten oder kenntnisreichsten. Trotzdem braucht man ja all diese verschiedenen Blickwinkel, um zu einem guten Bild zu gelangen – nicht nur davon, wer die Beatles waren, sondern auch davon, was die Leute von ihnen hielten.

Paul: Das mit den Beatles ist ein gutes Beispiel dafür, dass man mehr als einen Blickwinkel braucht, um das ganze Bild zu sehen. Aber es gibt noch etwas anderes dazu zu sagen. In der Naturwissenschaft geht es in erster Linie darum, Widersprüche und Brüche allmählich zu eliminieren oder aufzulösen. Wenn sich jemand die Aufgabe vornähme, eine wahre Geschichte der Beatles zu schreiben, wäre es nicht anders. Aber in Glaubensdingen geht es eben nicht darum, Widersprüche und Ungereimtheiten wegzubekommen. Die Tatsache, dass die Bibel all diese verschiedenen Geschichten nebeneinander erzählt, zeigt, dass es um etwas ganz anderes geht als in der Naturwissenschaft. Die Bibel setzt andere Prioritäten.

Guy: Vielleicht ist der Unterschied gar nicht so groß. Schließlich verwirft man in der Naturwissenschaft Theorien, die nicht funktionieren. Aber es kann nicht darum gehen, Daten zu verwerfen, die nicht zur Theorie passen, jedenfalls nicht, solange kein Anlass besteht, sie für gefälscht zu halten.

Naturwissenschaftliche Bücher veralten. Wenn ein neues erscheint, werfen wir das alte weg, vor allem wenn neue Theorien aufgekommen sind. Aber die alten Daten werfen wir nicht weg, wir interpretieren sie nur anders. Neue Theorien versuchen, alte (und neue) Daten zu berücksichtigen.

Die Bibel jedoch veraltet nicht. Vielleicht liegt es an den Daten: den Begegnungen der Menschheit mit Gott. Wir brauchen keine neuen Theorien, um sie zu interpretieren. Selbst nach Tausenden von Jahren und mehreren Umwälzungen unseres Verständnisses von der Kosmologie des Universums lernen wir immer noch aus dem, was die Bibel uns berichtet. Deshalb werfen wir sie nicht weg.

Paul: Ich sehe das anders. Die Bibel enthält sicher Daten – Geschichten von den Begegnungen der Menschheit mit dem Göttlichen. Aber sie enthält auch viele verschiedene Schichten der Reflexion über diese Daten. Sie besteht nicht nur aus Rohmaterial, sie ist eine Darstellung dieser Daten plus Interpretation. Und zwar eine Darstellung, der Christen eine hohe Priorität einräumen. Außerdem kommen immer noch neue Daten und Interpretationen dazu. Die Begegnung mit Gott ist immer etwas ganz Persönliches – Gott nimmt zu jeder Generation auf neue Weise Kontakt auf, und so entstehen auch ständig neue Daten und Interpretationen.

Guy: Also wirklich! Da könnte man ja ebenso gut behaupten, ein naturwissenschaftliches Experiment sei der Bericht von der persönlichen Begegnung eines Wissenschaftlers mit seinem Geigerzähler. Mir geht es um etwas anderes. In der

Naturwissenschaft können die Rohdaten – also die Berichte über Begegnungen, wenn du so willst – oft in Zahlenkolonnen dargestellt werden. Die Geschichte einer religiösen Begegnung hingegen kann sehr subtil und schwer kommunizierbar sein. Deshalb verlegt sich die Bibel auf so viele verschiedene literarische Formen – Geschichtsschreibung, Dichtung, Erzählungen. Und deshalb bedarf sie der Interpretation. Die Interpretationen können widersprüchlich sein; trotzdem kann uns jede einzelne helfen, wichtige Aspekte der Wahrheit zu erkennen … So wie wir in der Naturwissenschaft verschiedene Theorien erlernen und benutzen oder Daten auf unterschiedliche Weisen aufzeichnen, um ähnliche Phänomene zu messen und zu erklären.

Kunst braucht einen Kontext, den die Naturwissenschaft nicht nötig hat. Um diese Gemälde hier anzusehen und etwas davon zu haben, müssen wir Wissen mitbringen, das wir unserem bloßen Sehen hinzufügen. Wer noch nie einen Gitarrenspieler gesehen hat, erkennt nicht, was Picasso gemalt hat. Wer noch nie eine Mistgabel gesehen hat, versteht »American Gothic« nicht, so realistisch es auch erscheinen mag. Und wenn es in fünfhundert Jahren keine Schnellrestaurants mehr gibt, wird niemand mehr Erinnerungen an einen verregneten Abend in der Großstadt haben.

Paul: Du hast recht. Jeder Mensch, der eine Religion praktiziert, tut das in einem bestimmten kulturellen Kontext. Aber Kontext spielt auch in der Naturwissenschaft eine Rolle. Wir wissen, dass verschiedene Wissenschaftler unterschiedliche Schwerpunkte bei ihrer Betrachtung von Daten setzen und dass sie unterschiedliche Daten überzeugend finden, abhängig von ihrer Ausgangstheorie und von ihrer Ausrüstung. Wenn du erwartest, dass sich Licht wie eine Welle verhält, dann achtest du auch eher auf jene Daten – und lässt dich leichter von ihnen überzeugen –, die zeigen, dass sich Licht wie eine Welle verhält und nicht wie ein Teilchen. Wenn du mit Nebelkammern vertrauter bist als mit Szintillationsdetektoren, dann stehen die Chancen nicht schlecht, dass du dich von Daten in der Form eindeutiger Teilchenreaktionen eher überzeugen lässt als von statistischen Daten von ganzen Teilchenwolken. Die naturwissenschaftliche Beobachtung ist geprägt von Theorie und Praxis. Kontext ist wichtig. Und Naturwissenschaft wird von Menschen mit all ihren »persönlichen« Beeinflussungen betrieben.

Als ich auf dem College war, arbeitete ich in Teilzeit als technischer Assistent für eine Forschergruppe zur experimentellen Physik am Bates-Teilchenbeschleuniger in der Nähe von Boston. Meinen ersten Besuch dort vergesse ich nie: die erste Begegnung mit der »großen Wissenschaft«. Einer meiner Professoren nahm mich an einem Samstagmorgen mit. Von außen sah das Gebäude gar nicht besonders beeindruckend aus, aber von innen – ich war hin und weg. Überall Instrumente und blinkende Lichter. Riesige Magneten! Isoliersteine aus Blei! Ich war im siebten Himmel.

Auf der anderen Seite der Halle standen lauter ernst blickende Männer (ja, damals waren da nur Männer) in weißen Kitteln, die sich um etwas versammelt hatten. Mein Professor ging auf sie zu, ich folgte ihm. Und ich dachte: Das ist es jetzt. Die große Wissenschaft und all die großen Wissenschaftler.

Aber als ich näher kam, sah ich, dass sie sich um einen kleinen, tragbaren Schwarz-Weiß-Fernseher versammelt hatten und einen Trickfilm mit Roadrunner und Karl dem Kojoten anschauten.

Guy: Und dabei waren, die Flugkurve des Kojoten zu analysieren?

Paul: Ach was. Sie machten einfach Pause und hatten ihren Spaß.

Guy: So viel zum Thema »große Wissenschaft«.

Paul: Und trotzdem war ich von da an vollkommen wild darauf. An diesem Tag wurde mir klar: Das sind meine Leute. Naturwissenschaft soll Spaß machen. Später, als ich an einer Highschool Physik unterrichtete, baute ich Roadrunner manchmal in meine Tests ein. Beispielsweise, indem ich meine Schüler aufforderte, ein bestimmtes Naturgesetz zu nennen, das er gerade außer Kraft setzte.

Frag dich doch mal selbst: Wenn du dazu neigst, Glauben und Naturwissenschaft in Konflikt zueinander zu setzen, wer von den beiden ist dann Roadrunner und wer der Kojote?

Guy: Das ist nicht schwer zu beantworten. Ganz klar, die Naturwissenschaft ist der Kojote, keine Frage. Sie versucht, ihre Beute mit den neuesten Mitteln zu erjagen, je nachdem, in welche Zeit wir blicken. Das tun wir in der Naturwissenschaft. Und eine Weile funktioniert das auch, bis wir ein bisschen zu sehr extrapolieren und dann hängen wir in der Luft und haben Blei an den Füßen.

Paul: Ja, ich würde auch sagen, die Naturwissenschaft ist der Kojote. Der Kojote nimmt die Naturwissenschaft ernst und versucht, sie gut einzusetzen. Naturwissenschaftler nehmen ihre beobachteten Daten und Naturgesetze ernst – und sonst fast nichts. Wie der Kojote sind sie bereit, die Konsequenzen dieser Konzentration zu tragen, sich widerlegen zu lassen und zu scheitern, wenn die Geräte nicht richtig funktionieren oder wenn die Theorie nicht stimmt.

Der Kojote ist mit gutem Recht frustriert, weil Roadrunner es so oft schafft, die Naturgesetze locker außer Kraft zu setzen. Dabei verletzt er die Gesetze gar nicht so oft, sondern er weigert sich lediglich, ihnen zu viel Priorität einzuräumen. Für Naturwissenschaftler kann es ziemlich anstrengend sein, wenn religiöse Leute daherkommen und wie Roadrunner ganz locker die Dinge außer Acht lassen, die der Naturwissenschaft wichtig sind, unbeeindruckt von der Tatsache, dass die Daten dieses Tun bzw. Denken kaum oder gar nicht unterstützen. Warum muss sich der Roadrunner (gleich Glaube) nicht widerlegen lassen, wenn der Kojote (gleich Naturwissenschaft) das ständig erlebt? Das ist einfach nicht fair!

Guy: Aber man muss auch bedenken, dass nur der »naturwissenschaftliche« Teil der Genesis – also ihr Bericht über die Erschaffung des Universums – vom späteren naturwissenschaftlichen Verständnis unserer Welt verflacht wurde. Die Frage nach dem Warum wird in der Genesis nach wie vor genauso gut behandelt wie überall sonst.

Tatsächlich gibt es in der Geschichte der Kosmologie, also unserer Versuche, ein Bild vom Universum zu zeichnen und herauszufinden, woher er stammt, viele komische Wendungen. Je mehr wir lernen, desto mehr erkennen wir, wie lächerlich unsere früheren Versuche waren. Und trotzdem beginnt jede Kosmologie mit vollkommen logischen Schlüssen, die wir aus der Beobachtung der Welt ziehen.

Die »Kosmologie« der Genesis ist lediglich ein offensichtlicher Schluss aus den Beobachtungen der Menschen zu dieser Zeit. Im ersten Kapitel wird eine flache Erde mit einer Himmelskuppel darüber beschrieben. Genau das sehen wir doch, wenn wir vor die Tür gehen. Und das zeigen auch die Gemälde in diesem Museum. Hier, ein Bild von der Getreideernte.

Paul: *Weizenschober / Ende des Sommers* von Claude Monet. Um 1890 gemalt, heißt es hier.

Guy: Um den Weizen geht es aber gar nicht, schau dir den Horizont an. Wenn ein Maler wie Monet einen Horizont malt, dann ist der – ja, horizontal. Und schau dir den Himmel hinter den Weizengarben an. Dieser Himmel ist nicht einfach nur oben, er erhebt sich direkt aus dem Horizont wie die Wände einer Kuppel. Tatsächlich ist es doch so: Wenn ich in einer richtig dunklen Nacht (die es leider gar nicht mehr so oft gibt) zu den Sternen hinaufschaue, dann weiß mein Kopf natürlich, dass all die Sterne Sonnen sind, die sich in unterschiedlicher Entfernung zu uns da draußen befinden. Und trotzdem sieht es für mich aus wie Lichter an einer festen Kuppel, die sich über mir erhebt. Das ist keine göttliche Offenbarung, sondern das Ergebnis schlichter Beobachtung.

MCKINLOCK COURT: GRIECHISCHE, RÖMISCHE UND BYZANTINISCHE KUNST

Guy: Und jetzt lass uns runtergehen zu den alten Griechen. Deren Kunst habe ich auf dem College studiert. Da wollte ich noch Klassische Kultur und Geschichte zu meinem Hauptfach machen und nahm an einem dieser Kunstkurse teil, bei dem wir uns Millionen Dias von bemalten Vasen einprägen mussten.

Aber schau dir die Figuren auf diesen Vasen mal selbst an. Oder besser gesagt, auf diesen Schalen. Diese hier stammt aus Athen, etwa 469 vor Christus. Zeus geht auf einen Typen los, der ihm auf die Nerven fällt.

Ob diese Leute wussten, dass die Erde eine Kugel ist, lässt sich aus dem Bild nicht erschließen, aber immerhin befinden sie sich auf einer runden Schüssel. Wenn Zeus weitergehen würde, käme er irgendwann wieder zu seinem Ausgangspunkt. Aber wer auch immer diese Schale bemalt hat, wusste wohl ebenso gut wie Monet, dass die Erde eine Kugel ist. Im Griechenland des 5. Jahrhunderts vor Christus war das den Menschen klar.

Die Erzählungen der Genesis stammen aus einer deutlich früheren Zeit, als die Babylonier die herrschende Kultur darstellten. Auch ihre Kosmologie nahm in der Beobachtung ihren Ausgangspunkt. Sie beobachteten die Sterne und erkannten Muster, die für sie wie Bilder aussahen: die Sternbilder, wie wir sie zum Teil heute noch kennen. Aber sie erkannten auch sieben hellere Objekte, die sie »Wandersterne« nannten – Planeten.

Die Planeten sind wie die Sterne am Himmel zu sehen; wir können sie mit bloßem Auge erkennen, ebenso wie das den Babyloniern möglich war. Das können wir selbst heute noch, da unser Himmel nicht mehr richtig dunkel ist – zumindest wenn man weiß, wo man sie suchen muss. Der hellste dieser Planeten ist die Sonne, die aber den Himmel so hell macht, dass man die anderen Sterne nicht mehr sieht. Aber nachts erkennt man im Lauf der Jahreszeiten immer wieder andere Sterne, während andere im Sonnenlicht des Tages verloren gehen. Und mit ein bisschen Erfahrung weiß man irgendwann, welches Sternbild in welchem Monat von der Sonne »verschluckt« wird. Insgesamt gab es zwölf solche Bilder, durch die die Sonne – und die anderen Planeten – hindurchwanderten. Die Sonne durchwanderte jeden Monat ein solches Sternbild. Und die meisten dieser Sternbilder bilden Muster, die als Darstellungen von Tieren gedeutet wurden – Widder, Stier, Skorpion und so weiter. Aus diesem Zoo wurden unsere Tierkreiszeichen.

Am schnellsten bewegt sich der Mond über den Himmel. Er ist jede Nacht an einer anderen Stelle zu sehen, und in einem einzigen Monat durchläuft er sämtliche Tierkreiszeichen. Aber auch hier erkennt man nach einer Weile ein Muster, sodass man Aussagen über seine Bewegungen und sein Tempo machen kann. Seine Phasen – zunehmende Mondsichel, Halbmond, Vollmond, abnehmende Mondsichel – wiederholen sich alle neunundzwanzig bis dreißig Tage, und das so regelmäßig, dass man aus den Tagen des Mondzyklus einen »Mond« oder Monat machen kann.

Paul: Ich erinnere mich, mal einem Kind zugehört zu haben, das mit großem Ernst erklärte, die Erde habe sieben oder acht verschiedene Monde. So wie der Junge es erklärte, sind sie in verschiedenen Nächten zu sehen, der eine in Form einer Sichel, der andere als Halbkreis, der dritte ganz rund und so weiter. Eigentlich sehr klug beobachtet! Schließlich kann man von der Erde aus nicht direkt sehen, dass es sich die ganze Zeit um ein und denselben Mond handelt. Die Hälfte des Tages ist er ja nicht zu sehen.

Guy: Neben Sonne und Mond konnten sorgfältige Beobachter auch noch fünf weitere helle »Sterne« erkennen, die ihren Standort langsam, Monat für Monat, durch die Sternzeichen hindurch veränderten. Einen davon bekam man kaum zu blicken, er ließ sich nur bei Sonnenauf- oder untergang in der Nähe der Sonne sehen, tauchte ein paar Tage auf und verschwand dann schnell wieder für ein paar Monate, um sich irgendwann wieder sehen zu lassen. Einer war hell und schön und beherrschte den Abend- und Morgenhimmel. Einer hatte eine erschreckende rötliche Farbe, manchmal ganz hell und manchmal geradezu düster. Dann gab es noch einen, der war eher goldfarben und bewegte sich mit majestätischer Anmut über den Sternenhimmel, wobei er in jedem Tierkreiszeichen ein Jahr verbrachte. Und einer war hellgelb und bewegte sich noch langsamer: Er brauchte von einem Sternbild zum nächsten im Schnitt sogar zweieinhalb Jahre.

Das waren sie, die sieben Wanderer: Sonne und Mond und die eher sternengleichen Merkur, Venus, Mars, Jupiter (unser alter Freund Zeus, den wir vorhin auf der Schale gesehen haben) und Saturn. Benannt sind sie nach den Göttern der Geschwindigkeit, der Schönheit, des Kriegs, der Majestät und des Alters, in Anlehnung an ihre Farben und Bewegungsmuster. Sie trugen Götternamen, weil sie so aussahen und sich so verhielten wie die entsprechenden Götter.

Sie alle waren seit Urzeiten bekannt. Und irgendwann, lange vor aller Geschichtsschreibung, teilte jemand die Woche in sieben Tage ein, denen er Götternamen gab. Diese Namen sind in vielen Sprachen immer noch erkennbar: im Spanischen, Französischen und Italienischen noch mit den Namen aus dem Mittelmeerraum, im Deutschen, im Englischen und in den skandinavischen Sprachen mit ihren germanischen Entsprechungen. Aber den »Sonn-Tag« und den »Mond-Tag« kennen wir fast alle noch.

Nun wusste man aber auch aus der Beobachtung der Natur – wieder kommt hier die Beobachtung ins Spiel! –, dass Dinge, die sich bewegen, lebendig sind. Und damit war für die frühen Beobachter klar, dass die Planeten, die sich ja, wie jeder sehen konnte, eindeutig bewegten, irgendeine Art von Leben in sich trugen.

Auch die heidnischen Vorstellungen von Geistern, die in Flüssen und Bäumen lebten, basierten auf solchen Vorstellungen und Schlüssen. Was lebt, das bewegt sich. Und große Lebewesen, Tiere zum Beispiel, atmen so, dass man es sieht. Was sich bewegt, das lebt und »atmet«. Und nachdem diese Menschen für Geist, Wind und Atem dasselbe Wort benutzten, lag der Schluss nahe, dass sie auch einen Geist, eine Seele besaßen.

So sah die Naturwissenschaft in jener Zeit aus, als die Babylonier die Astronomie entwickelten. Und auf dieser Naturwissenschaft beruhten auch die Berichte der Genesis: Die Woche hat sieben Tage; Geist und Atem ruhen über einem Anfangschaos aus Wasser; eine flache Welt unter einer Himmelskuppel mit Wasser darüber und darunter entsteht, sodass auch gleich klar wird, warum Wasser aus dem Himmel regnet und in der Erde versickert.

Neu an der Genesis war also nicht die Form des Universums: die war allgemein bekannt und für jeden sichtbar. Neu war die Vorstellung, dass eine Absicht hinter der Erschaffung des Universums stand, dass hier jemand Ordnung geschaffen hatte, ein Gott, der unabhängig von diesem Universum existierte und schon vor seinem Anfang da gewesen war. Das ist das Thema aller Schöpfungsgeschichten in der Bibel, von den zwei unterschiedlichen Erzählungen in den ersten beiden Kapiteln bis zur »Schöpfung ohne Anlass« im zweiten Makkabäerbuch. Und das unterscheidet die biblischen Schöpfungsgeschichten deutlich von den Schöpfungsmythen der Babylonier, in denen es hieß, die Welt sei aus Zufall entstanden, als Abfallprodukt anderer Aktivitäten der Götter.

Paul: Ja, das finde ich ganz hilfreich, an dieser Stelle würde ich gern noch einen Moment verweilen. Das Neue an der Genesis ist die Idee von einem Universum, das absichtlich und ganz der Vernunft gehorchend von einem Gott erschaffen wurde, der außerhalb dieses Universums existiert und auch schon vor seiner Erschaffung existiert hat. Das ist ein wirklich wichtiger Punkt.

Die Naturwissenschaft beschäftigt sich mit den Kausalgesetzen der Natur, mit dem Funktionieren des Universums, mit der Frage, was innerhalb dieses Universums geschehen kann oder auch nicht. Aber in der Genesis geht es nicht um einen Gott, der innerhalb des Universums etwas erschafft, sondern um einen Gott, der von außen her auf das Universum einwirkt. Wie auch immer die Kausalität aussehen mag, die Gott bei der Erschaffung des Universums einsetzt, sie entspricht jedenfalls nicht der Kausalität in unserer Welt. Also entspricht sie auch nicht der Kausalität, die die Naturwissenschaft beschreiben und erklären will. Bei der Erschaffung des Universums *nutzt* Gott nicht die Naturgesetze, sondern er etabliert und erhält sie.

Guy: Die Kosmologie der Genesis mit ihrer scheibenförmigen Erde funktionierte im Übrigen ganz gut, solange man Babylon nicht verließ. Aber die alten Griechen reisten sehr viel und erkannten, dass diese Kosmologie regelrechte Risse bekam, sobald man länger auf dem Meer unterwegs war. Sie hatten erlebt, dass sich andere Sterne zeigten, wenn man weit nach Norden oder Süden fuhr. Und sie waren schlau genug, um den Grund dafür zu erkennen: Sie bewegten sich auf einer kugelförmigen Erde.

Die Kugelform erklärte auch, warum die Schatten einer langen Stange oder eines Obelisken unterschiedlich lang waren oder womöglich ganz verschwanden, wenn man nach Norden oder Süden reiste. Um das Jahr 240 vor Christus berechnete Eratosthenes die Größe der Erde ganz korrekt, indem er maß, wie sich der Sonnenschatten veränderte, wenn man den Nil zwischen der damaligen Stadt Syene (heute Assuan) und Alexandria hinauffuhr. Und natürlich erkannten die Griechen auch, dass sie bei einer Mondfinsternis die runde Form der Erde zu sehen bekamen, wenn Sonne und Mond einander gegenüberstanden und die Erde genau zwischen ihnen: Die Erde wirft dann einen sichtbaren runden Schatten auf die Oberfläche des Mondes. Die Größe dieses Schattens, verglichen mit der Größe des Mondes, gab den Menschen auch eine Vorstellung von der tatsächlichen Größe des Trabanten, und daraus ließen sich auch Schlüsse über die Entfernung zwischen Erde und Mond ziehen.

Eine kugelförmige Erde bedeutete aber auch, dass die Sterne nicht an einer Kuppel über uns befestigt sind, sondern in einer kugelförmigen Sphäre, die die Erde umgibt. Man sah, dass sich die Planeten zwischen der Erde und den Sternen bewegten (manchmal kann man sehen, wie sich der Mond an einem Stern vorbei bewegt), also besaß vermutlich jeder Planet eine eigene durchsichtige Sphäre, die das Licht der weiter entfernten Sterne und der anderen

Planeten durchließ. Sehr vernünftig, logisch und sehr klug entwickelt.

Die Planeten bewegten sich nicht konstant, sondern vollführten manchmal Umkehrbewegungen. Das deutete darauf hin, dass die Sphären selbst komplizierten Bewegungsmustern folgten und – noch klüger gedacht – dass die Achse jeder einzelnen Sphäre in einer weiteren unsichtbaren Sphäre verankert war, die sich ihrerseits um eine Achse mitdrehte, mit einer wiederum eigenen Geschwindigkeit und Richtung. So besteht also das Universum aus einer Vielzahl von Sphären, manche vollkommen unsichtbar, aber alle in ständiger Bewegung und damit belebt und beseelt.

Tatsächlich waren die Bewegungen der Planeten ebenso kompliziert wie die Bewegungen der Menschheitsgeschichte. Vielleicht gab es da eine Verbindung? Vielleicht konnte man aufgrund der Planetenbewegungen etwas über die nächsten Wochen am Aktienmarkt aussagen oder über die Person des nächsten Kaisers. Das wäre sehr nützlich. Und so verwendeten die Gelehrten dieser Zeit viel Mühe darauf, mit Hilfe der Mathematik die Planetenpositionen zu berechnen.

C. S. Lewis erklärt das alles in seinem wunderbaren Buch *The Discarded Image* (1964). Er beschreibt es so: »Jede Sphäre oder etwas, was in dieser Sphäre wohnt, ist ein bewusstes, denkendes Wesen, das von der ›intellektuellen Liebe‹ Gottes bewegt wird.« Und er fährt fort: »Die planetaren Intelligenzen machen jedoch nur einen kleinen Teil der Engel aus, die den Äther zwischen dem Mond und dem ›primum mobile‹ bewohnen.«

Paul: Sie waren also der Ansicht, jeder Planet sei ein Lebewesen?

Guy: Nicht ganz. Jeder Planet war ein heller Punkt innerhalb einer durchsichtigen Sphäre, und die Bewegungen dieser

Sphären, die wir in den Bewegungen der Planeten erkennen können, wurden von überirdischen Wesen in Gang gesetzt, die man nicht direkt sehen konnte: von »planetaren Intelligenzen« oder Engeln.

Diese Wesen wurden mit Begriffen wie »Thron« oder »Reich« klassifiziert. Der letzte und niedrigste der Planeten ist der Mond. Wenn man darüber hinausgelangt, befindet man sich im Reich der »Luftwesen oder Dämonen«. Einigen Quellen zufolge gab es gute und böse Dämonen, andere Kosmologen teilten die guten Dämonen der oberen, die bösen der unteren Luft zu. Im Mittelalter, so Lewis, hatte sich die Ansicht durchgesetzt, alle Dämonen seien böse, weil sie gefallene Engel seien.

Und das ist erst der Anfang der großen Volkszählung all der verschiedenen Bewohner des Universums, wie sie die mittelalterliche Kosmologie kannte. Mit all ihrer Komplexität, deren leises Echo wir in Fantasy-Romanen wie *Herr der Ringe* noch hören können.

Diese Kosmologie blieb mit einigen Modifikationen im Grunde von der griechischen Antike bis ins 17. Jahrhundert und zur naturwissenschaftlichen Revolution in Kraft. Und auch zur Zeit Christi bestimmte sie die Vorstellungen vom Universum. Ein paar hundert Jahre nach Christus jedoch begegnet uns Ptolemäus, ein Grieche, der im römisch besetzten Ägypten lebte. Er entwickelte aufgrund der Jahrhunderte alten Aufzeichnungen der Planetenstände, wie sie Griechen und Babylonier angefertigt hatten, ein geometrisches System von Kreisbahnen, mit dem man zeigen konnte, wo die Planeten sich befunden hatten, und mit dem man ihren zukünftigen Stand zu jedem beliebigen Zeitpunkt vorausberechnen konnte. Und das funktionierte! Freilich nahm er der Einfachheit halber noch an, die Erde befinde sich im Mittelpunkt dieses Systems. Aber wenn du mit einem Gefühl leiser Verachtung auf diejenigen herabschauen willst, die diesem System folgten, dann kann ich nur sagen: Mach es besser oder wenigstens genauso gut. Ohne die Hilfsmittel der analytischen Geometrie. Ohne Algebra. Und ohne arabische Zahlen.

Paul: Auf der einen Seite gab es also eine Beschreibung des Universums als System von Sphären, das man im Allgemeinen einem Griechen namens Eudoxus aus dem 5. Jahrhundert vor Christus zuschreibt. Dieses System unterschied sich vollkommen von dem Bild einer flachen Erde mit einer Himmelskuppel, wie es in der Genesis gezeichnet wird. Und beide Bilder unterschieden sich wiederum von dem System, das Ptolemäus entwickelte. Aber die Menschen konnten mit diesen unterschiedlichen Systemen ganz gut leben, auch weil Ptolemäus' System nicht als Beschreibung der realen Verhältnisse im oder am Himmel gesehen werden musste, sondern vor allem ein mathematisches Hilfsmittel zur Berechnung der Planetenpositionen war.

Guy: Aber aus den Schriften der Kirchenväter geht deutlich hervor, dass einige frühe Christen durchaus Mühe damit hatten, die unterschiedlichen Weltbilder zusammenzuführen. Augustinus sagte dazu in der Einleitung zu seinem Kommentar zum Buch Genesis aus dem Jahr 400 nach Christus: »Kein Christ wird wagen zu behaupten, dass die Erzählung [der Genesis] nicht im übertragenen Sinne zu verstehen sei. Denn Paulus sagt: ›Alles, was ihnen widerfuhr, war symbolisch.‹ [Ich zitiere hier Augstinus; heute interpretieren wir die entsprechende Stelle bei Paulus anders. Aber es geht nicht darum, was Paulus tatsächlich meinte, sondern wie Augustinus ihn verstand.] Und nachdem er die Genesis neunzehn Kapitel lang im übertragenen Sinne und im Licht der damals aktuellen Physik interpretiert hat, schließt Augustinus:

»In der Regel wissen selbst Nicht-Christen etwas über die Erde, den Himmel und die anderen Elemente dieser Welt, über die Bewegungen und Bahnen der Sterne, ihre Größe und relative Position, über vorhersagbare Sonnen- und Mondfinsternisse, über den Jahreslauf und die Jahreszeiten, die Tiere, Pflanzen, Steine und so weiter. Dieses Wissen beruht auf Vernunft und Erfahrung. Für einen Ungläubigen wäre es schändlich und gefährlich, wenn ein Christ, der angeblich die Heilige Schrift auslegt, über diese Themen Unsinn redet, und wir sollten eine solche peinliche Situation unbedingt vermeiden, bei der andere Menschen großes Unwissen bei einem Christen entdecken und verlachen.«

Paul: Augustinus geht es dabei um Folgendes: Menschen sind in der Lage, mit Hilfe der Naturwissenschaft zu einem gültigen Wissen über die Welt zu kommen. Deshalb müssen wir die Naturwissenschaft mit berücksichtigen, wenn wir die Heilige Schrift auslegen. Wenn es Widersprüche zwischen der Heiligen Schrift und naturwissenschaftlicher Erkenntnis gibt, dann sollten die entsprechenden Textpassagen nicht buchstäblich interpretiert werden, sondern im übertragenen Sinne.

Aber natürlich war das, was Augustinus als Wissen aus Vernunft und Erfahrung ansah, eine heute veraltete Kosmologie, von der wir wissen, dass sie nicht der Realität entsprach. Die Naturwissenschaft schreitet fort.

Guy: Paulus ist da noch direkter. An mehreren Stellen in seinen Briefen, unter anderem im Epheser- und Kolosserbrief, erwähnt er die Rolle Jesu im Verhältnis zu den »Thronen, Reichen und Gewalten« des Universums. Moderne Leser denken vielleicht, er spreche von den politischen Herrschern seiner Zeit, aber tatsächlich geht es um die überirdischen Mächte, die angeblich die Sphären des Universums lenkten. Oder anders gesagt: Paulus spricht von den heidnischen Göttern. Und was sagt er darüber? Dass Jesus ihnen allen überlegen ist. An der dramatischsten Stelle sagt er, Jesus habe »die Mächte und Gewalten entwaffnet und öffentlich an den Pranger gestellt; durch ihn hat er über sie triumphiert«. (Kolosserbrief 2,15) Das klingt nach einem militärischen Sieg. Christus hat die Macht der Planeten über unser Leben zerstört, wir müssen sie nicht mehr fürchten.

Und das ist wichtig angesichts der Macht, die die alte Kosmologie über die menschliche Psyche besaß. Es ging da nicht nur um unsichtbare überirdische Kräfte, die die Planeten und angeblich auch das Leben der Menschen bestimmten, sondern um Dinge, die jeder sehen konnte.

Du glaubst nicht an die Götter. Dann komm nachts mit mir nach draußen, ich zeige sie dir am Himmel. Du glaubst nicht an ihre Macht? Wie erklärst du dann Ebbe und Flut oder die Jahreszeiten? Du glaubst nicht, dass wir ganz am unteren Ende der Schöpfungskette stehen, während sich über uns vollkommene, unveränderliche Bewegungen vollziehen? Dann erkläre mir, warum hier unten auf der Erde alles vergeht und endet. Die Pyramiden verfallen in der Wüste, während die Planeten nach wie vor auf ihrer Bahn laufen, ohne dass sich je etwas daran ändert. Und du glaubst nicht an die Hölle? Dann komm mit mir auf die Insel Vulcano vor der Küste Siziliens, wo man das Feuer und die Schlacke sehen und riechen kann, die aus dem großen Loch im Erdboden kommen.

Sehr reale, beobachtbare Dinge. Unsere moderne Naturwissenschaft beschäftigt sich dagegen mit allen möglichen krausen Vorstellungen, die von unserer Alltagserfahrung weit entfernt sind, beispielsweise mit unsichtbaren Naturgesetzen, die angeblich das Universum lenken, und mit einer rätselhaften, unerklärlichen Kraft namens »Schwerkraft«, die auf irgendeine Weise die Sterne zusammenhält und die Planeten auf ihrer Bahn bewegt.

Obwohl Paulus seine Leser davon zu überzeugen versuchte, dass die alte Kosmologie keine Macht mehr über sie hatte, hielten die Menschen noch weitere sechzehn Jahrhunderte daran fest. In der volkstümlichen Vorstellung vermischen sich diese Ideen mit der wesentlich rationaleren Metaphysik eines Aristoteles und mit dem christianisierten Verständnis seiner Philosophie, die Thomas von Aquin entwickelt hatte. Man kann Dante oder Chaucer nicht lesen, ohne in ihren Geschichten noch das Gerüst dieser alten, gut gemischten Vorstellungen zu finden.

Und man kann durchaus verstehen, warum die Menschen zur Zeit von Kopernikus und Galileo zögerten, das alles über den Haufen zu werfen. Schließlich passten die mittelalterlichen Berichte gut zu ihrer Alltagserfahrung. Kopernikus und Galileo forderten von den Menschen die Aufgabe eines bisher selbstverständlichen Bildes von der Struktur und Gestalt des Universums und die Annahme eines neuen Bildes, in dem die Erde sich bewegte. Ohne dass es zu dieser Zeit ein physikalisches Experiment gegeben hätte, das in der Lage gewesen wäre, das neue Bild von der bewegten Erde zu beweisen.

Man brauchte aber ziemlich starke Beweise, damit die Leute etwas, was doch offensichtlich war, aufgaben und ganz neue Ideen entwickelten. Wenn man die Debatten in der Literatur des 17. Jahrhunderts liest, als die Menschen die neue Physik aufgriffen, dann entwickelt man einen großen Respekt vor der Ernsthaftigkeit ihrer Argumente – auf beiden Seiten. Erst Newton gelang es mit seinen physikalischen Gesetzen, der neuen Kosmologie Zusammenhang und Sinn zu geben. Und die letztgültige Ausgabe seiner *Principia* kam erst hundert Jahre nach Galileo heraus, fast zweihundert Jahre nach Kopernikus.

ABTEILUNG FÜR EUROPÄISCHE KUNST
DES MITTELALTERS

Paul: Interessant an dem mittelalterlichen Weltbild ist ja auch, wie es sich in den Gemälden dieser Zeit spiegelt. Wir sollten wieder raufgehen, in die Abteilung für mittelalterliche Kunst, dann kann ich dir zeigen, was ich meine.

Hier ist zum Beispiel ein schönes Diptychon aus dem Jahr 1275: zwei Holztafeln mit Bildern, die für einen Altar gedacht waren. Links das Bild der *Jungfrau mit Kind auf dem Thron*, rechts eine Darstellung der Kreuzigung. Beides sind schöne Darstellungen Christi auf Erden. Aber ihr Stil zeigt, dass es sich nicht um Schnappschüsse eines realen Geschehens an einem bestimmten Ort und zu einer bestimmten Zeit handelt, sondern vielmehr um zeitlose Darstellungen. Seine Mutter zur Linken und die Jünger zur Rechten Jesu sind auf diesem Bild zu sehen, weil sie wichtig sind, nicht weil sie zufällig gerade anwesend waren. Gezeigt wird die dauerhafte Wahrheit ihrer Beziehung zu Christus, nicht etwa ein spezielles historisches Ereignis.

Guy: Und da unterschiedliche Städte auch unterschiedliche Heilige als Patrone kennen, enthält ein solches Gemälde sicher auch eine politische Botschaft: Welcher Heilige steht dem Chef am nächsten?

Paul: Jetzt gehen wir ans andere Ende dieses Museumsflügels und bewegen uns damit ein paar Jahrhunderte vorwärts. Mit Beginn der Renaissance verändern sich die Gemälde nämlich, jetzt zeigen sie konkrete Augenblicke und benutzen die Darstellung der Perspektive, um ein Gefühl für den Ort zu geben und die Akteure realistisch zu »verorten«. Hier haben wir zum Beispiel David Teniers Bild *Abraham opfert Isaak* aus dem Jahr 1664. Abraham ist auf diesem Bild in dem

Moment eingefangen, in dem er sein Schwert über dem Kopf des Sohnes schwingt, in dem er zuschlagen und ihn opfern will. Genau in dem Moment also, in dem der Engel eingreift. Man sieht sogar die Hand des Engels, die das Schwert aufhält.

In derselben Epoche entwickelten Newton und Leibniz die Mathematik des Calculus, die es uns möglich macht, die Realität dynamisch zu sehen. Zeit und Raum werden zu dynamischen Variablen, die in Punkte und Augenblicke aufgeteilt werden können, sodass es möglich wird, Veränderungen zu integrieren.

Guy: Und mehr noch: Newton, der den Fall eines Apfels und die Umlaufbahn des Mondes mit denselben Schwerkraftgesetzen nachzeichnete, war es auch, der schließlich die Annahme überwand, die physikalischen Gesetze auf Erden würden sich von den Gesetzen des Himmels unterscheiden. Für Newton folgte alles, im Himmel und auf der Erde, denselben Bewegungsgesetzen.

Aber selbst Newton griff auf die Existenz und das Handeln Gottes zurück, um eine Lücke in der physikalischen Theorie zu füllen. Er hatte erkannt, dass eine Interaktion der Planeten die stabile Einfachheit der Umlaufbahnen stören könnte. Und er fragte sich, wie es kam, dass die Umlaufbahnen stabil blieben, obwohl es solche Störungen ja durchaus gab. Diese Erklärungslücke musste noch gefüllt werden, und Newton sah dafür keine andere Möglichkeit als die Intervention Gottes. Er ging davon aus, dass die Hand Gottes, ähnlich wie die Hand des Engels auf dem Bild vor uns, gelegentlich eingriff, um die Umlaufbahnen der Planeten zu korrigieren oder auszugleichen, damit sie stabil blieben.

Paul: Für Newton war die Tatsache, dass Gott eingreifen musste – dass Gott also eine Lücke in der physikalischen

Theorie füllen musste – ein Gottesbeweis. Abgesehen davon, nahm er allerdings an, die gesamte Funktion der Welt gehorche den exakten, unausweichlichen und ausnahmslosen Naturgesetzen. Aus seiner Perspektive konnte nur ein allmächtiger, allwissender Mathematiker-Gott ein so wohlgeordnetes Universum erschaffen und erhalten. Es gab also auch für ihn keinen Bruch zwischen Naturwissenschaft und Religion. Die Naturwissenschaft war eher eine Untermauerung der Religion.

Guy: Oder um den englischen Dichter Alexander Pope zu zitieren: »Und Gott sprach: Es werde Newton. Und es ward Licht.«

Paul: Newtons Vorgehensweise erwies sich allerdings als theologisches Problem. Wenn wir denken, Gott hätte vor allem die Aufgabe, die Lücken in der physikalischen Theorie zu füllen, also Dinge zu erklären, die die Naturwissenschaft noch nicht erklären kann, dann wird er arbeitslos, je weiter die Naturwissenschaft fortschreitet. Die Naturwissenschaft füllt immer mehr Lücken, und irgendwann steht der Gottesbeweis auf dem Kopf: Es gibt keine Lücken mehr, die die Notwendigkeit Gottes zeigen, sondern ihr Verschwinden zeigt, dass wir Gott gar nicht brauchen. Der jesuitische Theologe Michael Buckley argumentiert in seinem Buch *At the Origins of Modern Atheism,* dass genau dieses Denkmuster bei vielen Menschen den Glauben an Gott zerstört hat.

Guy: Der französische Mathematiker Pierre-Simon Laplace hat vor dem Hintergrund von hundert Jahren mathematischer Entwicklung nach Newton eine Beschreibung der Planetenbahnen entwickelt, die wesentlich ausgefeilter ist als Newtons und die Stabilität der Umlaufbahnen natürlich erklärt. Es heißt, Laplace habe diese Theorie Napoleon vorgestellt, und der Kaiser habe ihn mit der Frage unterbrochen, welche Rolle Gott dabei spiele. Laplace soll erwidert haben: »Diese Hypothese benötige ich nicht.«

Paul: Indem Newton das Eingreifen Gottes einführte, um eine »Lücke« in der physikalischen Theorie zu füllen, machte er Gott tatsächlich zu einer Art wissenschaftlicher Hypothese. Er behandelte die Existenz Gottes so, als könnte sie wissenschaftlich widerlegt werden. Was Laplace zu Napoleon sagte, ist korrekt: Wir benötigen keine naturwissenschaftliche Hypothese, dass Gott eingreift, um die Planeten in ihrer Umlaufbahn zu halten. Der Fehler bestand darin, die Existenz Gottes zu behandeln wie eine wissenschaftliche Hypothese, die empirisch erprobt werden muss.

Wenn wir das nämlich tun, machen wir Gott zu einer Kraft oder einem Phänomen unter vielen anderen im Universum. Und damit wird Gott zu einer Naturgottheit, die zwar vielleicht nicht für den Donner und das Wachstum unserer Feldfrüchte verantwortlich ist, aber immerhin für den Urknall und das Wachstum des Universums. Das jedoch widerspricht der christlichen Gottesvorstellung. Gott ist kein Phänomen, keine Ursache innerhalb der Natur. Der christliche Gott ist übernatürlich und befindet sich außerhalb von Raum und Zeit. Er stützt die Existenz und Ordnung der Natur von außen.

Guy: In Laplace' Abtun des Newton'schen Problems liegt zudem noch eine gewisse Ironie. In den zweihundert Jahren seit seiner flapsigen Bemerkung gegenüber Napoleon haben Mathematiker die Chaostheorie entdeckt, und die Astronomen wissen inzwischen, dass die Umlaufbahnen der Planeten in der Tat ziemlich chaotisch sein können. Wir können heute beweisen, dass die Umlaufbahnen der Planeten in der Frühzeit eher instabil waren. Nur weil unser Sonnensystem in den letzten vier Milliarden Jahren ziemlich geschmeidig funktioniert hat, ist nicht gesagt, dass es immer so war.

Übrigens führte Immanuel Kant Newtons Sicht des Universums in seinem Buch *Allgemeine Naturgeschichte und Theorie des Himmels* von 1775 weiter. Dort argumentierte er, gewisse nebelartige Lichtwolken, die man mit dem Teleskop entdecken könnte, seien in Wirklichkeit Galaxien oder inselartige Universen wie unsere Milchstraße. Sein Vorschlag war bis ins 20. Jahrhundert hinein heiß umstritten, aber er diente dazu, die Größe des Universums erheblich auszudehnen.

Das ganze Bild schien in einem klaren Zusammenhang zu stehen – bis zum Ende des 19. Jahrhunderts, als Maxwells neue mathematische Beschreibung des Lichts und eine ganze Reihe von Experimenten ein neues Verständnis für die Übermittlung von Energie durch Licht und die Wellentheorie mit sich brachten. Da zeigte sich endgültig, dass Newtons Physik nicht mehr ausreichte. Im Alltag funktionierte sie noch ganz gut, aber sobald es um Licht und Strahlung ging, wurde es schwierig. Ihre Vorhersagen wurden unlogisch und passten nicht mehr zu den Ergebnissen der Experimente. Diese Erkenntnis führte zur Geburt der Relativitäts- und Quantentheorie, den Stützpfeilern der modernen Physik.

Paul: Der Zusammenbruch der klassischen Physik zu dieser Zeit erschüttert bis heute unsere Vorstellung von der Wirklichkeit. Wir sind damit immer noch nicht richtig im Reinen. Zum einen stehen Quantentheorie und allgemeine Relativitätstheorie teilweise im Widerspruch zueinander. Sie funktionieren zwar beide erstaunlich gut, aber streng genommen können sie nicht beide zutreffen. Oder anders gesagt: Wir sind in der Situation des Kojoten, der zwei richtig gute Werkzeuge ergattert hat, die es ihm, als Tandem benutzt, ermöglichen würden, Roadrunner zu fangen. Aber leider muss er feststellen, dass sie beide für sich genommen wunderbar funktionieren, aber nicht als Tandem. So geht es uns mit der allgemeinen Relativitätstheorie und der Quantentheorie. Jede für sich genommen funktioniert wunderbar, aber man bringt sie einfach nicht zusammen.

Guy: Einsteins Allgemeine Theorie der Relativität, die im Jahr 1916 veröffentlicht wurde, war der erste große Schritt. In dieser Theorie erklärte Einstein, Raum, Zeit, Materie und Energie seien untereinander verbunden. Und die Schwerkraft könne als die Weise verstanden werden, in der Masse in die untereinander verbundenen Dimensionen von Raum und Zeit eindringe. Ein entscheidender Punkt in dieser Theorie wurde im Jahr 1919 auf eine dramatische Weise bestätigt, als Arthur Eddington einen Stern ganz in der Nähe der Sonne entdeckte – während einer Sonnenfinsternis, als das Sonnenlicht blockiert war und die Sterne sichtbar wurden – und sah, dass er nicht ganz an der Stelle stand, wo man ihn angesichts der Karten, die ohne die Ablenkung seiner Strahlen durch die Sonne gemacht worden waren, erwartet hätte. Wenn die Lichtstrahlen des Sterns dicht an der Sonne vorbeigingen, wurden sie durch die Schwerkraft der Sonne abgelenkt, das heißt, der Raum in der Nähe der Sonne war durch die Masse der Sonne gekrümmt worden. Einsteins Vermutung unterschied sich von dem, was aufgrund von Newtons Gesetzen eigentlich vermutet werden musste. Und nun zeigte sich, dass Einstein recht hatte.

Nachdem eine solche Krümmung des Raums eigentlich jede Materie betreffen müsste, enthüllte die Beobachtung ein Paradox. Schon mindestens seit Aristoteles war angenommen worden, das Universum sei seinem Wesen nach unveränderlich und ewig. Mit Kopernikus und Newton hatte sich in der Physik die noch breitere Annahme durchgesetzt, das Universum sei seinem Wesen nach überall und immer gleich. Wir gehen davon aus, dass dieselben Naturgesetze und mehr oder weniger dieselben physikalischen Grundverhältnisse in den entlegensten Galaxien ebenso zu finden sind wie in unserem eigenen Sonnensystem und dass sie in Vergangenheit und Zukunft immer gleich funktioniert haben und funktionieren werden. Warum aber war es angesichts all der Unendlichkeit der Masse des gesamten Universums noch nicht gelungen, sich an einem Punkt zusammenzuziehen?

Einstein vermutete, es gebe eine zweite Kraft, die wir bisher noch nicht kannten, eine Kraft, die die Masse auseinander hielt und dem Universum die Möglichkeit gab, sich in individuelle Galaxien, Sterne und Planeten aufzuteilen. Er bemerkte, eine solche Kraft könne unter der Bezeichnung »kosmologische Konstante« in seine Gleichungen eingeführt werden.

Im Jahr 1922 jedoch zeigte der russische Physiker Alexander Friedmann, dass Einsteins Gleichungen auch mit einem Universum kompatibel waren, das sich ausdehnte, und er wies mathematisch nach, in welchem Zusammenhang diese Ausdehnung mit der möglichen Krümmung des Raums stand. Friedman schlug vor, wenn das Universum sich mit einer genügend großen Geschwindigkeit ausgedehnt habe, dann könne es sich endlos weiter ausdehnen, selbst gegen die Schwerkraft, und damit die Notwendigkeit der kosmologischen Konstante aufheben.

Das Konzept, eine ganze Kosmologie auf der Ausdehnung des Universums aufzubauen und dabei von einem einzigen Quantenstadium höchster Dichte auszugehen, wird in der Regel in einem Atemzug mit einer Schrift aus dem Jahr 1927 genannt. Sie wurde von dem belgischen Mathematiker und Astrophysiker Georges Lemaître verfasst, der davon ausging, das Universum sei von einem ungeheuer dichten energetischen Punkt ausgegangen, den er »kosmisches Ei« nannte, und man könne sogar den Moment berechnen, an dem etwas aus diesem kosmischen Ei schlüpfte: das beginnende Universum.

Heute nennen wir diesen Moment den Urknall.

Paul: Und diese Sache verwirrt viele Leute. Sie fragen immer: »Wohin dehnt sich der Urknall denn eigentlich aus?«

Guy: Man darf sich das nicht als materielle Ausdehnung in eine Leere hinein vorstellen. Der Raum selbst dehnt sich aus. Raum und Zeit in ihrer Gesamtheit, die absolute Gesamtheit des Universums, waren bereits in diesem Anfangsstadium enthalten, und physikalisch ergibt es keinerlei Sinn, von etwas »außerhalb« dieses Zustands zu sprechen. Oder von einer physikalischen Zeit »vor« dieser Ausdehnung.

Wichtig ist es auch, zu erkennen, dass der Raum, der sich da ausdehnt, nicht gleichbedeutend ist mit dem Raum zwischen dir und mir oder zwischen der Sonne und nahe gelegenen Sternen oder gar zwischen unserer Galaxie und der benachbarten Andromeda-Galaxie. Unsere lokale Schwerkraft ist so groß, dass sie die Dinge gegen die Neigung zur Ausdehnung zusammenhält. Aber im Raum zwischen den Galaxienhaufen ist das nicht der Fall.

Paul: Wir haben also Planeten wie die Erde und den Mars, die um einen Stern wie unsere Sonne kreisen. Und Milliarden von Sternen wie unsere Sonne, die alle um eine gemeinsame Mitte kreisen und damit eine Galaxie bilden. Unsere Galaxie bezeichnen wir als Milchstraße. In unserer Nähe befinden sich die Magellan-Wolke und die Andromeda-Galaxie. Man kann sie mit bloßem Auge erkennen, wenn man weiß, wo man suchen muss, und wenn es richtig dunkel ist.

Guy: Genau. Aber die Galaxien sind im Universum nicht gleichmäßig verteilt, sondern ballen sich an bestimmten Stellen zusammen. Die Galaxien, die du gerade erwähnt hast, gehören alle zur »lokalen Gruppe«, wie moderne Astronomen das sehr nüchtern nennen. Aber bereits mit einem guten Amateur-Teleskop kann man am Nachthimmel andere Galaxienhaufen erkennen: im Großen Bären, in der Jungfrau und im Löwen beispielsweise.

Auch die Galaxien innerhalb eines Haufens sind durch die Schwerkraft miteinander verbunden, und ihre Schwerkraft dient auch dazu, ihren Raum zusammenzuhalten. Aber die verschiedenen Galaxienhaufen sind tatsächlich viel weiter voneinander entfernt. Im Raum zwischen ihnen ist die Schwerkraft so gering, dass der Raum sich dort ausdehnen kann. Im Jahr 1929 hat Edwin Hubble die relativen Bewegungen der Galaxien entdeckt, und heute können wir sie noch wesentlich genauer bestimmen, wenn wir die Ausdehnung des Universums messen wollen.

Paul: Die Theorie von der Ausdehnung des Universums wurde zu einem besonders interessanten Zeitpunkt in der Geschichte der Physik lanciert. Denn in den Zwanzigerjahren trafen Einsteins Arbeit an der Relativitätstheorie und Hubbles Beobachtungen zur Ausdehnung des Universums mit der Entwicklung der Quantentheorie zusammen. Dabei handelt es sich um eine Physik der Atome und subatomaren Teilchen. Im Bereich der Quanten funktioniert das klassische physikalische Bild eines mechanischen Universums aus Objekten mit klar definiertem Ort und klar definierter Bewegungsbahn einfach nicht mehr. Das Elektron in einem Wasserstoffatom hat keine klar definierte Bewegungsbahn, und deshalb kann ich auch nicht genau bestimmen, wo es ist oder wie schnell es sich in einem gegebenen Augenblick bewegt.

Das Zusammentreffen dieser drei Durchbrüche – Relativität, Quantenphysik und die Beobachtungen über die Ausdehnung des Universums – führten zu neuen kosmologischen Theorien und versorgten die Naturwissenschaftler mit den nötigen Werkzeugen, um Effekte vorherzusagen, die man beobachten würde, wenn diese Theorien zutrafen. Die seltsame Physik, die jetzt nötig war, um die Natur auf dieser Ebene zu beschreiben, ist aber höchst mühsam zu verstehen. Das Problem dabei: Sie widerspricht oft der Intuition und wird damit für normale Menschen unbegreiflich.

ZEITGENÖSSISCHE KUNST, 1945–1960

Paul: Um zu zeigen, was ich meine, würde ich gern hinüber in die Galerie für moderne Kunst gehen. Denn diese Kunst entstand ungefähr zur selben Zeit, als Einstein und Bohr und all die anderen die moderne Physik entwickelten. Und das ist einer der Gründe, weshalb wir heute überhaupt hier sind.

Wenn ich die Kunstwerke um uns herum betrachte, bin ich fasziniert von Dingen, die ich erkenne. So etwas begeistert mich. Zu vollkommen abstrakter Kunst habe ich keinen Zugang, sie lässt mich vollkommen kalt.

Erinnerst du dich an die Gemälde, die ich dir zu Beginn unseres Rundgangs gezeigt habe? Picassos alter Gitarrenspieler? Ein bisschen verrückt, aber das gefällt mir. Picassos Darstellung des alten Mannes überschreitet meine normale Erfahrung – ich habe noch nie einen Gitarrenspieler mit blauem Gesicht gesehen, auch keinen mit einer so eckigen Form – aber ich kann immerhin erkennen, dass es sich um einen alten Mann mit Gitarre handelt.

Das Gemälde zeigt also etwas Vertrautes auf neue Weise: blau und eckig. Einige Kunsthistoriker sagen, dass Picasso mit den Dimensionen spielte, um sein Modell auf die Leinwand zu »zwingen«. Auf diese Weise wird die Zweidimensionalität auf der Leinwand zur Realität und unsere Vorstellung von Perspektive zur Illusion.

Galileo und Newton entwickelten eine Physik, die uns in ähnlicher Weise herausforderte, über unseren »gesunden Menschenverstand« und unsere Erfahrungen hinauszugehen, indem sie uns vertraute Dinge auf neue Weise zeigte.

Unsere Alltagserfahrung sagt uns beispielsweise, dass Körper, die sich bewegen, irgendwann langsamer werden und anhalten. Galileo und Newton argumentierten jedoch: »Siehst du, ein Objekt auf einer glitschigen Oberfläche bewegt sich länger. Jetzt stell dir eine Oberfläche vor, die so glitschig ist, dass es überhaupt keine Reibung mehr gibt. Ein Objekt, das sich auf dieser Oberfläche bewegt, bleibt ewig in Bewegung.« Der Schluss daraus lautet: Von Natur aus bremst der Körper gar nicht ab und hält irgendwann an, sondern von Natur aus bewegt er sich in der einmal eingeschlagenen Richtung in konstanter Geschwindigkeit weiter. Niemand hat je eine vollkommen reibungsfreie Oberfläche oder einen Körper in ewiger Bewegung in einer Richtung gesehen, aber Galileo und Newton gingen von einer vertrauten Erfahrung aus und nahmen uns mit.

Einstein macht etwas Ähnliches in seinem berühmten Gedankenexperiment, in dem wir auf einem Lichtstrahl reiten. Er bittet uns, uns vorzustellen, wie die Welt dann für uns aussehen würde: mit gekrümmter Zeit und gekrümmtem Raum, zusammen statt getrennt. Eine ziemliche geistige Herausforderung, aber es gibt wenigstens etwas, was wir wiedererkennen und weiterdenken können. Selbst wenn wir mit der Mathematik dahinter nicht zurechtkommen, können wir uns die Sache wenigstens bildlich vorstellen.

In diesem Sinne entspricht die klassische Physik der gegenständlichen Kunst. Beide gehen von unserer Alltagserfahrung aus und bringen uns dann über die Grenzen dieser Erfahrung hinaus. Die Grundeinsichten sind jedermann mit etwas Phantasie zugänglich, selbst wenn er nichts von Mathematik (oder Kunstgeschichte) versteht.

In der »nichtklassischen« Physik, so beispielsweise in der Quantenphysik, sieht die Sache anders aus. Da geht es vielen Leuten so wie mir mit der abstrakten Kunst: Sie haben das Gefühl, man lässt sie draußen in der Kälte stehen. Wie soll ich mich für ein Kunstwerk begeistern, das vollkommen allein zu stehen scheint, ohne Bezug zu irgendeinem Teil meiner Erfahrung?

Gerade kommen wir an so einem Beispiel vorbei: Jackson Pollocks *Greyed Rainbow* aus dem Jahr 1953. Keine Figuren, keine Farben. Nur ein unglaublich komplizierter Wirbel von weißen Linien auf schwarzem Hintergrund.

Guy: Ein bisschen hypnotisch.

Paul: Kann schon sein, aber ich finde einfach keinen Zugang dazu. Es gibt nichts Vertrautes darin, nur abstrakte Wirbel und Formen.

In Picassos Bild war der alte Gitarrist auf verschiedene Weise verfremdet: blau und eckig. Aber er war immerhin als alter Mann erkennbar. In Pollocks Bild gibt es eine solche Mischung aus vertraut und fremd nicht, da ist alles fremd. Wenn ich dafür ausgebildet wäre, könnte ich Pollocks Bild sicher wertschätzen, aber ich habe diese Ausbildung ja nicht. Ich bin kein Experte. Und deshalb bleibt mir das alles fremd.

Das Unbehagen, das ich bei rein abstrakter Kunst empfinde, ähnelt dem Unbehagen vieler Menschen an der modernen, nicht-klassischen Physik und an der ganzen Urknall-Theorie.

Viele wichtige Quantenvorstellungen haben keine Analogie in unserer Alltagserfahrung. Wir können sie uns nicht vorstellen. In der Quantenphysik können die Größe, Geschwindigkeit und der Aufenthaltsort eines Elektrons nicht zur gleichen Zeit bestimmt werden. Und zwar nicht nur, weil wir ein Problem mit dem Messen und Bestimmen haben, sondern weil bei etwas so Kleinem wie einem Elektron die Parameter »Größe«, »Ort« und »Geschwindigkeit« nicht mehr dasselbe bedeuten wie in unserer Alltagswelt. Für studierte Physiker, die mit der Mathematik dahinter umgehen können, ist das überhaupt kein Problem. Aber für Nicht-Experten kann die Quantenphysik schwer zugänglich und fremd bleiben. Denn wann immer man versucht, die einfachsten Quantenvorstellungen mit unserer Alltagserfahrung zu verbinden, landet man im Paradox.

Guy: Es gibt da ja das berühmte Beispiel von Schrödingers Katze. Erwin Schrödinger hat es sich im Jahr 1935 ausgedacht, um einen Quanteneffekt zu illustrieren, den er Superposition nannte. Es handelt sich um ein Rätsel: In einer Kiste befindet sich eine Katze. Außerdem befindet sich in dieser Kiste ein radioaktives Atom, das sich spalten oder auch nicht spalten wird. Wenn es sich spaltet, entsteht ein giftiges Gas, das die Katze tötet. Erst wenn du die Kiste öffnest, kannst du feststellen, was passiert ist: ob die Katze noch lebt oder tot ist. Schrödinger ging es dabei um ein seltsames Merkmal der Quantenphysik: Bevor du eine Messung vornimmst, zwingt die Quantenphysik dich dazu, Atom und Katze so zu behandeln, als befänden sie sich in einer Superposition, einer Überlagerung zweier Zustände. Der eine sieht so aus, dass das Atom sich gespalten hat und die Katze tot ist. Der andere sieht so aus, dass sich das Atom nicht gespalten hat und die Katze lebt. In der Quantenphysik lässt sich unsere normale Vorstellung vom wohldefinierten »Zustand« eines Objekts nicht mehr aufrechterhalten. Und das gilt ganz besonders für sehr kleine Objekte.

Aber in den meisten Fällen verwirrt Schrödingers Beispiel die Leute nur. Außerdem tut ihnen die Katze leid. Wenn ich mit solchen Beispielen zu unterrichten versuche, sind meine Schüler in der Regel so abgelenkt, dass sie den entscheidenden Punkt verpassen. Man muss lange Zeit mit der Quantenphysik leben, bevor man auch nur begreift, wie fremdartig sie ist. Das beste Buch, das ich über diese unheimliche »neue« Physik gelesen habe, ist *The Quantum Enigma* von Bruce Rosenblum und Fred Kuttner, zwei Hippie-Professoren von der University of California in Santa Cruz. Und nach den Rezensionen zu schließen, die ich gelesen habe, macht dieses Buch viele Leute richtig wütend. Einige Kritiker nehmen Anstoß an der Rolle des »bewussten Beobachters«, den die Autoren in die Quantenphysik einführen. Andere finden die Beschreibungen der Quanteneffekte in diesem Buch »wirr« – ein Problem, das viele populäre Darstellungen haben. Andere jedoch regen sich offenbar einfach über die Botschaft auf, darüber, dass so viele Annahmen, die wir uns in den Anfängerkursen in Physik mühsam angeeignet haben, einfach über Bord geworfen werden.

Paul: Solange die schwer vorstellbaren Effekte der nicht-klassischen Physik schön unsichtbar bleiben, können die meisten Leute sie ignorieren, ähnlich wie es vielen leichtfällt, Gott zu vergessen, solange sie nicht in Schwierigkeiten geraten. Aber wenn wir uns mit der Urknall-Theorie beschäftigen wollen, können wir die fremdartige, abstrakte Natur der modernen Physik nicht mehr ignorieren.

Der Urknall beschreibt unsere Vorstellung von den frühen Stadien des Universums. Er ist eine Art Bericht über unsere weit entlegene Vergangenheit, unsere »Tiefengeschichte«. Der Urknall verweist auf eine Zeit, als das Universum sehr, sehr klein und sehr, sehr dicht war. Auf eine Zeit also, in der nicht-klassische Quanteneffekte sich auf das gesamte Universum auswirkten. Das heißt, ausgerechnet da, wo die Naturwissenschaft in die Lage kommt, uns erzählen zu können, »woher wir kommen«, muss sie das mit Begriffen tun, die jedem Nicht-Physiker unzugänglich und abstoßend erscheinen. Deshalb fühlen sich manche Leute wohl auch von den biblischen Schöpfungsgeschichten angezogen. Das sind wenigstens Geschichten, die man sich vorstellen und verstehen kann.

Stell dir für einen Moment vor, ein neues Kunstwerk würde gehypt, das den Titel trägt: *Der Anfang von allem*. Alle Kunstkenner würden sagen: »Das ist es! Ein Geniestreich! Es zeigt die tiefste Wahrheit über die Anfänge des Universums und unseren Platz darin.« Und du gehst ins Museum, um es dir anzuschauen. Aber es ist ein abstraktes Kunstwerk ohne jeden Bezug zur Gegenständlichkeit, man sieht nur orangefarbene, grüne und blaue Flecken. Du wirst einfach nicht schlau daraus, du findest keinen Zugang. Aber überall um dich herum stehen Leute und machen »Aaah« und »Oooh« und schwatzen drauflos, was für ein großartiges Bild das doch ist und welche tiefen Einsichten über den Ursprung des Universums es doch bietet. Bitter enttäuscht und mit dem Gefühl, ausgeschlossen zu sein, verlässt du das Museum und ärgerst dich schwarz über diese angeblichen Highflyer-Künstler, die den »Anfang von allem« in einer Weise darstellen, die du nicht verstehst.

So geht es vielen Leuten mit der Urknalltheorie als Mittel, unsere Anfänge zu erklären. Und ihre Reaktion wird noch schärfer, wenn die Urknalltheorie zur Unterstützung oder Widerlegung anderer Geschichten herangezogen wird, beispielsweise der biblischen Schöpfungsgeschichten. Leider reagieren sie dann so, dass sie die (verständlichen und zugänglichen) biblischen Schöpfungsgeschichten Wort für Wort für bare Münze nehmen statt der (abstoßenden und unzugänglichen) Urknalltheorie. Schließlich geht es uns doch darum, den Sinn, den Wert und Zweck unseres Lebens zu erfassen. Da ist es nur logisch, wenn wir uns zu einer Ursprungsgeschichte hingezogen fühlen, die wir verstehen und zu der wir Zugang haben.

Guy: Nicht nur religiöse Fundamentalisten sind da in Versuchung. Ich war mal zu einer Konferenz der amerikanischen *Skeptics Society* eingeladen, wo der Gastgeber eine schöne Darstellung des Urknalls gab – so auf dem Niveau eines Astronomiekurses für Studienanfänger. Die Zuhörer waren entsetzt. Sie kamen mit den mathematischen Hintergründen nicht klar und warfen ihm vor, er hätte sich blind auf irgendwelche Autoritäten gestützt, als er versuchte, ihnen die derzeitigen Theorien über die ersten Sekunden des Universums nahezubringen.

Selbst die Astronomen haben sich der Urknalltheorie am Anfang widersetzt. Sie konnten sie sich nicht »vorstellen«, und sie widersprach ihrer vertrauten Annahme, das Universum sei zu jeder Zeit und an jedem Ort unveränderlich. Ein solches ewiges, unveränderliches Universum war ihnen wesentlich lieber.

Die Ironie bei der Sache besteht nicht zuletzt darin, dass Georges Lemaître, der die Urknalltheorie entwickelte, nicht nur Astrophysiker war, sondern auch katholischer Priester. Das hat einige Astronomen misstrauisch gemacht, was seine Motive anging, denn der Urknall zeigt ja durchaus Parallelen zum Beginn der Schöpfung, wie er in der Genesis beschrieben wird. Als ein atheistischer Kosmologe namens Fred Hoyle sich über die Theorie lustig machte und sie als »Pater Lemaîtres Urknall« bezeichnete, hatte die Sache ihren Namen weg. Wobei Hoyle und Lemaître später, allen wissenschaftlichen und theologischen Differenzen zum Trotz, sehr gute Freunde wurden.

Einige Leute hatten den Verdacht, Lemaître suche nach einer »naturwissenschaftlichen Grundlage« für die Genesis. Er selbst hat das immer abgestritten. Im Jahr 1951, als

Papst Pius XII. die interessante Tatsache bemerkte, dass die Naturwissenschaftler sich allen Ernstes über den Anfang des Universums unterhielten, drängte Pater Lemaître den Papst, auf keinen Fall diese Theorie als Beweis für die Genesis zu unterstützen. Und tatsächlich ließ der Papst das dann auch klugerweise sein. Wer kann schließlich wissen, wie die kosmologischen Theorien in tausend Jahren aussehen werden?

Paul: Atheisten und Christen haben der Urknalltheorie theologische Bedeutung zugemessen, entweder als Bestätigung der biblischen Schöpfungsgeschichte oder als Ersatz dafür. Aber es ist ein Fehler (und strategisch unklug), religiöse Glaubensvorstellungen auf der Basis derzeit akzeptierter naturwissenschaftlicher Theorien beweisen oder widerlegen zu wollen, weil sich diese Theorien ja höchstwahrscheinlich irgendwann ändern. Als naturwissenschaftliche Theorie bleibt der Urknall offen für die weitere Entwicklung. Und er wird sich zweifellos irgendwann in eine andere, vielleicht ganz und gar fremde Theorie verwandeln, die besser zu den Daten passt oder neue Fragen besser beantwortet – Fragen, die wir heute vielleicht noch gar nicht stellen können.

Guy: Das heißt aber auch, dass wir zwei Dinge in Sachen Urknall im Kopf behalten müssen:

Zum einen wird diese Theorie von vielen Beobachtungen gestützt. Es handelt sich um eine gute naturwissenschaftliche Theorie, die belastbare Voraussagen möglich macht. Und bisher hat sie alle Tests bestanden. Beispielsweise müsste sich eigentlich die Ausdehnungsenergie vom Beginn des Universums irgendwann in Materie verwandeln, wenn Einsteins berühmte Gleichung $E=mc^2$ zutrifft. Diese Materie sollte die Form von Wasserstoff- und Heliumatomen haben, die beiden einfachsten Formen von Materie, und zwar in einem berechenbaren Mengenverhältnis. Tatsächlich passt das beobachtete Verhältnis von Wasserstoff und Helium im Universum zu diesen Voraussagen.

Eine andere Voraussage besagt, dass die Reststrahlung der Ausdehnung im Hintergrund des Universums in Form von Radiowellen feststellbar sein müsste. Sie müssten fast isotropisch (also in alle Richtungen gleich) sein, aber sehr wenig Energie besitzen, nur wenige Grad über dem absoluten Nullpunkt, weil die starke Hitze des winzigen Anfangsstadiums sich inzwischen über einen riesigen Raum verteilt. Diese Mikrowellenstrahlung wurde im Jahr 1965 entdeckt.

Das zweite Merkmal der Urknalltheorie: Sie ist noch nicht komplett. Wir wissen, dass wir noch sehr vieles nicht wissen. Und vieles dieser Defizite hätten wir ohne diese Theorie nie bemerkt.

Unter den aufregendsten Beobachtungen der letzten Zeit mit Blick auf immer weiter entfernte Galaxiehaufen ist jene, die besagt, dass die Ausdehnung des Universums sich nicht verlangsamt, wie man erwarten könnte, wenn die Schwerkraft gegen die Anfangsgeschwindigkeit anarbeitet. Tatsächlich beschleunigt sich die Ausdehnung noch. Offenbar hatten Lemaître und Einstein beide recht: Sowohl Lemaîtres Ursprungsausdehnung als auch Einsteins »kosmologische Konstante« existieren.

Verschiedene Daten, darunter die detaillierten Beobachtungen dieser Beschleunigung und die offenbar fehlende räumliche Krümmung dieser Ausdehnung, haben Kosmologen zu der Annahme gebracht, dass nur vier Prozent der Masse des Universums aus sichtbarer Materie bestehen, also beispielsweise aus Sternen und Planeten. Die Essenz des Universums ist offenbar dominiert von so schwer verständlichen Dingen wie »dunkler Energie« und »dunkler Materie«.

Paul: Und wenn der größte Teil des Universums aus »etwas, was wir nicht kennen« besteht, das wir als »dunkle Materie«

und »dunkle Energie« bezeichnen, dann hat die Physik noch einiges vor sich, obwohl sie schon so große Fortschritte gemacht hat. Und wir sollten auch nicht vergessen, dass wir immer noch nach einer angemessenen Theorie der Schwerkraft suchen. Laut Newtons Allgemeiner Schwerkrafttheorie besitzen alle massiven Objekte (also sowohl Planeten als auch Äpfel) eine Anziehungskraft. Einsteins Allgemeine Relativitätstheorie hat Newtons Theorie ersetzt, aber wir suchen immer noch nach einer Theorie der Schwerkraft, die mit der Quantenphysik zusammenstimmen könnte.

Guy: Das kürzlich entdeckte Higgs-Boson (genau jenes Ding, das die Presse hartnäckig als »Gottesteilchen« bezeichnet) stellt einen wichtigen Entwicklungsschritt im Verständnis von Masse im subatomaren Bereich dar.

In den letzten hundert Jahren haben die Physiker ihre Theorien über den Aufbau von Atomen immer wieder überprüft, indem sie Atome gegeneinander krachen ließen und dann die verschiedenen Fragmente betrachteten, die in ihren Detektoren auftauchten. Das Standardmodell der Teilchenphysik existiert jetzt seit vierzig Jahren. Es macht Voraussagen darüber möglich, welche Arten von Partikeln in einem Atom existieren könnten, und das Higgs-Boson war das letzte auf der Liste, das noch niemand zu sehen bekommen hatte.

Laut dieser Theorie würde es eine Kollision mit besonders hoher Energie brauchen, damit sich einer dieser kleinen Kerle löst. Deshalb wurde ein komplett neuer Teilchenbeschleuniger im CERN gebaut, dem europäischen Kernforschungszentrumin der Schweiz. Im Jahr 2012 fand man dann endlich etwas, was zu den Voraussagen passte. Wenn es tatsächlich das ist, wonach sie suchten (und es wird Jahre dauern, alle Daten auszuwerten, um wirklich sicher zu gehen), dann könnten wir damit ziemlich sicher annehmen, dass das

Standardmodell uns wirklich hilft, die Vorgänge innerhalb eines Atoms zu verstehen.

Paul: Dann sag mir, Guy … in deinen Augen als Naturwissenschaftler, Theologe und gläubiger Mensch: Lässt irgendeine Erkenntnis aus diesen oder ähnlichen Experimenten einen Schluss zu, ob und wie Gott das Universum erschaffen hat?

Guy: Was wir über das Higgs-Boson oder den Urknall wissen, hat nicht mehr und nicht weniger Bedeutung als alle anderen Beobachtungen der Natur: Jede neue Beobachtung in der Natur zeigt uns das Tun des Schöpfers.

Gott offenbart sich in den Dingen, die er gemacht hat. Das sage nicht ich, sondern es steht bei Paulus im Römerbrief (Kapitel 1, Vers 20). Von all den vielen Möglichkeiten, die Gott zur Erschaffung des Universums gehabt hätte, hat er ausgerechnet diese gewählt. Und dass er sie gewählt hat, sagt uns etwas über seine »Persönlichkeit«.

Paul: Zum Beispiel?

Guy: Nun, zum Beispiel sagt es uns, dass nichts »einfach so« passiert. Das Handeln, das wir im Universum beobachten können, entspringt nicht der zufälligen Laune irgendeiner heidnischen Gottheit. Die erstaunliche Komplexität der physikalischen Welt ergibt sich aus logischen, vernünftigen Regeln, die im Grunde genommen ganz einfach sind.

Und obwohl schon die Vorstellung, wir Menschen könnten diese Regeln verstehen, unglaublich arrogant klingt, können wir das tatsächlich, wenn auch nur bruchstückhaft. Trotzdem bleibt uns immer genug Stoff zum Nachdenken. Das Universum ist genau wie sein Schöpfer unerschöpflich.

Aber mehr noch: Die Physik hinter dem Leuchten der Sterne ist nicht nur logisch und vernünftig, sie ist auch schön. Auch der Stern selbst ist schön. Und das sagt mir einiges über denjenigen, der für diese Sterne verantwortlich ist.

Paul: Das heißt, die Schönheit spielt auch in der Naturwissenschaft eine Rolle, nicht nur in der Kunst.

Guy: Und ebenso wie in der Kunst muss jede Generation auch auf dem Gebiet der Naturwissenschaft diese Schönheit für sich selbst entdecken. Aber die Freude, die es uns bereitet, diese Schönheit zu erfahren, macht es für uns auch so erfreulich, damit zu spielen – und dieses Spiel nennen wir »Naturwissenschaft«. Ein wunderbares Spiel, das Gott uns geschenkt hat.

Das Higgs-Boson wurde ja nur metaphorisch »Gottesteilchen« genannt, um zu betonen, wie wichtig den Physikern seine Entdeckung war, und um zu erklären, dass die Eleganz einer Theorie, die dieses Teilchen berücksichtigt, die Eleganz des Schöpfers spiegelt. Leon Lederman, der den Begriff prägte, hat das Ganze eigentlich scherzhaft gemeint, weil die Existenz des Higgs-Bosons bis vor Kurzem eine Glaubenssache war.

Das erinnert uns daran, dass die Naturwissenschaft oft mit Metaphern arbeitet. Die Leute, die darauf bestehen, die Bibel buchstabengetreu zu interpretieren, täten gut daran, zu bedenken, dass auch die Naturwissenschaft die Dinge nicht »buchstäblich« beschreibt. Wenn man das Higgs-Boson beispielsweise mit dem Begriff »Teilchen« bezeichnet, dann ist schon das eine Metapher. Ein Boson ist eine winzige subatomare Einheit, die wir eigentlich nur mathematisch beschreiben können. Es ist nicht als »Teilchen« erkennbar wie beispielsweise ein Staubkorn. Wenn wir in Bezug auf das Boson von einem »Teilchen« sprechen, zeichnen wir ein Bild, das unserem Vorstellungsvermögen hilft. Aber es ist und bleibe eine Metapher.

Paul: So wie die Gemälde hier im Museum Ölfarben und Kreide benutzen, um die Farben der Natur nachzuahmen.

Guy: Selbst die Mathematik, die wir benutzen, um die Natur zu beschreiben, ist nur eine metaphorische Umschreibung dessen, was die Natur wirklich tut. Die Formel, die beschreibt, wie sich ein Körper im freien Fall verhält, wenn die Schwerkraft seiner eigenen Masse und der Masse der Erde an ihm zieht, gibt nur einige Aspekte des Objekts und seiner Bewegung wieder. Der Weg des fallenden Objekts entspricht in bestimmter Hinsicht der Gleichung, in anderen nicht. Und die Genauigkeit der Berechnung ist davon abhängig, ob die Formel auch beispielsweise den Windwiderstand oder die Tatsache berücksichtigt, dass weder die Erde noch unser fallender Körper eine perfekte Kugel oder eine einheitliche Masse darstellt. Außerdem sagt die Formel nichts darüber aus, ob da eine Perle fällt oder ein Vogel.

Alle Begriffe und Metaphern haben ihre Grenzen. Aber nur mit ihrer Hilfe können wir die Realität subatomarer Teilchen begreifen – ebenso wie die Realität der Liebe oder die Realität Gottes. Es gibt Fälle, in denen die schlicht gestrickte menschliche Sprache dem, was wir beschreiben wollen, einfach nicht gerecht wird.

Paul: Ich erinnere mich, dass wir in meiner Kindheit ein tolles Brettspiel namens *Mouse Trap* hatten. Weißt du noch, wie es funktionierte? Die Spieler konstruierten im Verlauf des Spiels Stück für Stück eine lächerlich komplexe Vorrichtung, eine besonders ausgefeilte Mausefalle. Ich fand es großartig, die kuriose Abfolge mechanischer Vorgänge zu beobachten, die allesamt miteinander verbunden waren und dazu führten, dass die Maus gefangen wurde. Heute glaube ich, dieses Spiel hat schon früh mein Interesse an der Naturwissenschaft geweckt.

Dabei war mir durchaus klar, dass der Mechanismus albern war. Aber es passte alles so schön zusammen! Und ich fragte mich, ob die Welt selbst nicht auch eine Art Mechanismus war, ob nicht alles, was ich um mich herum sah, Teil einer großen kosmischen Kausalkette war, einer riesigen kosmischen Mausefalle. Das war meine Vorstellung vom Urknall, als ich ein Kind war: Der Auslöser im kosmischen Mausefallenspiel.

Physiker versuchen das Universum als einen riesigen Mechanismus zu beschreiben. Eine gigantische Mausefalle, die von Anfang bis Ende genau definierten Kausalgesetzen folgt. Wir hoffen, das Universum sei nicht so lächerlich kompliziert wie das Mausefallenspiel. Wir hoffen und erwarten, dass die Mechanismen des Universums relativ einfach sind, selbst wenn die Mathematik, mit der man sie beschreibt, herausfordernd und einschüchternd ist.

Aber die Physik beschreibt die Mausefalle nicht nur, also die Mechanismen im Innern unseres Universums. Die Physik versucht auch herauszufinden, welche anderen Mausefallen stattdessen existiert haben könnten. Könnte das Universum auch nach ganz anderen physikalischen Gesetzen und Mechanismen funktionieren? Oder ist es so, wie es ist, das einzig mögliche Universum? Physiker wollen nicht nur die kosmische Mausefalle erklären, die wir nun mal vor uns haben. Sie wollen herausfinden, ob es theoretisch auch andere kosmische Mausefallen geben könnte.

Das Warum kann uns die Physik allerdings nicht erklären. Warum gibt es überhaupt eine Mausefalle? Warum gibt es überhaupt etwas und nicht nichts? Das weiß sie nicht. Und die Physik weiß auch nicht, warum wir gerade diese Mausefalle vor uns haben und keine andere. Sie kann uns nicht sagen, warum wir ausgerechnet in diesem Universum mit diesen Naturgesetzen leben und nicht in einem anderen möglichen Universum.

Guy: Wenn die Leute von der Urknalltheorie reden, machen sie immer wieder einen ganz bestimmten Fehler. Um noch einmal deine Mausefallen-Metapher zu benutzen: Sie versuchen, Gott zum Mitspieler in diesem Spiel zu machen, zu demjenigen, der den ersten Zug macht. Dabei ist er vielmehr einer von den Leuten, die das Spiel erfunden und die Regeln entwickelt haben.

Der Urknall ist eine schöne Beschreibung für das, was passierte, als die ganze Sache losging, aber die Theorie kann nicht erklären, warum es diese Sache gibt, die da losging.

Die Verwirrung an dieser Stelle lässt sich bis auf die Naturwissenschaftler und Theologen zu Newtons Zeit zurückverfolgen, die Gott als Füllsel für die Lücken in der physikalischen Theorie einsetzten. Aber eigentlich sind die christlichen Apologeten schuld, die versuchten, den Ersten unbewegten Beweger der aristotelischen Physik zu »taufen«, indem sie ihn mit dem christlichen Gott identifizierten.

Paul: Einige Leute würden die Urknalltheorie gern benutzen, um die Überflüssigkeit einer biblischen Schöpfungsgeschichte oder irgendeiner entsprechenden Sache zu beweisen. Sie würden gern sagen: »Seht ihr, die Naturwissenschaft kann den Ursprung aller Dinge ganz allein erklären, wir brauchen keine Schöpfungsgeschichte. Wir brauchen Gott nicht, um zu erklären, warum das Universum so ist, wie es ist. Das ist alles mit Naturwissenschaft zu machen. Oder jedenfalls wird es so sein, wenn wir daran weiterarbeiten.«

Guy: Ein Beispiel: Vor Kurzem haben zwei der klügsten Physiker unserer Zeit, Stephen Hawking und Lawrence Krauss, versucht, die Frage zu beantworten: »Warum ist etwas und nicht nichts?« Und zwar, indem sie von Quantenfluktuationen im ursprünglichen Gravitationsfeld sprachen, die, wie sie vermuten, zum Urknall geführt haben könnten. Naturwissenschaftlich gesehen ist diese Theorie umstritten, und sie könnte falsch sein.

Aber selbst wenn sie korrekt ist, erklärt sie immer noch nicht, warum etwas ist und nicht nichts. Sie macht Gott nicht arbeitslos. Wenn das Universum aus Fluktuationen in einem ursprünglichen Gravitationsfeld entstanden ist, dann bleibt immer noch die Frage: Warum gab es dieses ursprüngliche Gravitationsfeld, und warum gibt es Naturgesetze, die es zulassen, dass dieses Feld mit einem großen Knall auseinanderfliegt?

Außerdem: Wenn man »die Einheit, die das Universum auslöste«, mit »Gott« übersetzt und dann zeigt, dass die Schwerkraft dieser Auslöser ist, dann hat man nicht die Existenz Gottes widerlegt, sondern bewiesen, dass Gott Schwerkraft ist.

Paul: Und in der Gegenrichtung wird der Fehler ebenfalls begangen. Einige religiöse Leute möchten den Urknall gern als Argument für die biblische Schöpfungsgeschichte sehen: »Die Wissenschaft hat gezeigt, dass es einen Anfang gibt, das Universum hat also nicht immer existiert, sondern ist irgendwann entstanden. Und damit ist die biblische Schöpfungsgeschichte bewiesen.«

Guy: Wer versucht, die Naturwissenschaft für den Gottesbeweis heranzuziehen, gibt ihr größere Autorität als der Religion und das letzte Wort in Sachen Glauben.

Natürlich kann man sagen, die komplexe Schönheit der Natur spiegele die Größe des Schöpfers, und man kann sich selbstverständlich an dem Plan erfreuen, der in der Natur sichtbar wird. Man kann auch sagen, wir betreiben Naturwissenschaft, um der Wahrheit und dem Schöpfer der Wahrheit die Ehre zu geben. Das ist schöne, anständige Religion. Aber Gott auf eine Naturkraft zu reduzieren, die in einer Reihe mit dem Elektromagnetismus und der Schwerkraft steht, wie es manchmal passiert, das ist schlechte Theologie und ebenso schlechte Philosophie.

Wer das versucht, will in der Regel eine buchstabengetreue Lesart der Genesis retten. In solchen Fällen haben wir es mit einem Fundamentalismus in naturwissenschaftlicher Verkleidung zu tun.

Diese Art von Fundamentalismus hat eigentlich keine Tradition in der katholischen Kirche. Sie ist eine neue, moderne Entwicklung außerhalb unserer Tradition. Wie wir schon bei Augustinus gesehen haben, waren die antiken und mittelalterlichen Theologen daran gewöhnt, die Bibel auf vielen Ebenen zu interpretieren, sowohl im buchstäblichen als auch im übertragenen Sinne. Erst die Reformation mit ihrer Betonung des Wortes – »allein durch die Schrift« – hat es möglich gemacht, die Interpretation der Bibel auf den buchstäblichen Sinn hin zu verflachen (auch wenn sie von Reinigung spricht). Die großen protestantischen Erweckungsbewegungen im Amerika des 18. Jahrhunderts, die unter dem Namen »the Great Awakening« zusammengefasst werden, haben diese Art der Interpretation in den evangelischen Kirchen zementiert. Eine buchstabengetreue Lesart der Bibel ist also im Grunde genommen eine protestantische Idee. Erst in den letzten vierzig Jahren haben sich einige Katholiken (die von unserer Geschichte und Theologie nicht genug wussten) davon anstecken lassen.

Noch in den 1950-er Jahren, als ich zur Schule ging, hatten die Nonnen in unserer Schule überhaupt kein Problem mit moderner Naturwissenschaft. Auch die Kirche hatte keine Schwierigkeiten mit den großen Fragen der Kosmologie. Es gibt viele Erklärungen verschiedener Päpste in den letzten hundert Jahren und darüber hinaus, die die moderne Astronomie und Naturwissenschaft befürworten. Papst Pius XII. hat 1951 davon gesprochen, dass das unglaubliche Alter der Spiralnebel und der ältesten Mineralien auf der Erde nicht im Widerspruch zu den Zeitvorstellungen der Genesis steht. Er hat gesagt, nicht einmal der schlichteste Gläubige würde hier einen Widerspruch sehen. Und Papst Johannes Paul II. hat 1988 erklärt, Religion und Naturwissenschaft müssten ihre Autonomie und Unterschiedlichkeit bewahren. Sie lassen sich nicht auseinander begründen, besitzen ihre eigenen Prinzipien, Vorgehensweisen, Interpretationen und Schlussfolgerungen.

Paul: 1996 hat er über das Thema Evolution gesprochen und darin bekräftigt, dass »Wahrheit nicht der Wahrheit widersprechen kann«. Er hat dann eine wichtige alte katholische Lehre weiterentwickelt, die auf Augustinus zurückgeht, nämlich die Vorstellung einer letzten »Einheit der Wahrheit«.

Sie lässt sich etwa folgendermaßen zusammenfassen: Gott offenbart sich auf zwei unterschiedliche Weisen. Zum einen durch die Ereignisse der Menschheitsgeschichte, wie sie in den geisterfüllten Schriften der Bibel und in Lehre und Tradition der Kirche niedergeschrieben und reflektiert sind. Aber er offenbart sich auch in der Struktur und Schönheit der Natur. Kurz gesagt: Gott hat »zwei Bücher geschrieben«, das Buch der Heiligen Schrift und das Buch der Natur. Die traditionelle katholische Position besagt, diese beiden Bücher könnten einander nicht widersprechen, wenn man sie richtig versteht. Sie sind vom selben Autor geschrieben, und Gott kann sich selbst nicht widersprechen: Wahrheit kann der Wahrheit nicht widersprechen.

Wenn wir also scheinbare Unterschiede zwischen Bibel und Naturwissenschaft wahrnehmen, was die Erschaffung des Universums und des Lebens auf der Erde angeht, dann heißt das nur, dass wir die beiden Bücher noch nicht richtig lesen oder interpretieren. Möglicherweise haben wir die Naturwissenschaft noch nicht ganz verstanden und lesen das Buch der Natur noch nicht richtig.

Guy: Naturwissenschaft ist eine Sache von Versuch und Irrtum, die lange braucht, um die Wahrheit zu erkennen. Und ich bin sicher, wir werden nie eine letztgültige »Theorie von allem« finden, die uns alle arbeitslos macht. Je mehr wir lernen, desto mehr begreifen wir, wie wenig wir wissen.

Der größte Teil der naturwissenschaftlichen Alltagsarbeit besteht in dem Versuch, unterschiedliche Daten zusammenzufügen, die sicher alle wahr sind, aber einander scheinbar widersprechen. Der Konflikt zwischen Naturwissenschaft und Bibel ist ein Witz, verglichen mit den Konflikten, die man innerhalb der Naturwissenschaft findet. Tatsächlich macht Naturwissenschaft gerade deshalb so viel Spaß, weil wir wissen, dass wir wieder vor einem neuen Lernschritt stehen, wenn wir widersprüchliche Daten vor uns haben.

Auch wenn wir fest davon überzeugt sind, dass die Naturwissenschaft sich die Wahrheit zum Ziel gesetzt hat, wissen wir , dass wir noch längst nicht angekommen sind. Und wir wissen nicht, welche Teile unseres Wissens wahr sind und welche nicht. Wir können also nicht sicher sein, ob und in welchem Maße wir das Buch der Natur richtig lesen und interpretieren.

Paul: Andererseits kann es aber auch sein, dass wir die Bibel noch nicht richtig interpretieren, wenn wir Widersprüche zwischen Naturwissenschaft und Bibel wahrnehmen. Vielleicht haben wir auch noch nicht gelernt, das Buch der Heiligen Schrift richtig zu lesen. Vielleicht lesen wir sie an einer Stelle zu buchstäblich, wo wir sie im übertragenen Sinne lesen sollten – oder umgekehrt.

Die dritte Möglichkeit ist, dass wir *beide* Bücher nicht richtig lesen, dass wir also sowohl die Naturwissenschaft als auch die Bibel falsch verstehen.

Die katholische Tradition setzt in allen Fällen, in denen Bibel und Naturwissenschaft scheinbar im Konflikt zueinander stehen, auf ein Vertrauen in die letzte Einheit der Wahrheit. Wir können zumindest vorläufig mit solchen Konflikten leben, weil wir darauf vertrauen, dass sich alle Konflikte am Ende auflösen werden. Wir erkennen jetzt noch nicht, wie das gehen wird, weil wir die beiden Bücher noch nicht richtig lesen können. Der Vorteil an diesem Vertrauen in die Einheit des Glaubens ist: Wir müssen nicht darauf bestehen, dass Naturwissenschaft und Heilige Schrift in jeder Hinsicht jetzt schon im Einklang miteinander stehen. Wir können einfach weiter gute wissenschaftliche Arbeit leisten und versuchen, die Welt zu verstehen und zu interpretieren. Und wir können weiter die Bibel studieren und versuchen, Gottes Wort immer besser zu verstehen und zu interpretieren.

Guy: Im Übrigen wirken sich solche Konflikte zwischen den Beschreibungen des natürlichen Universums in Religion und Naturwissenschaft nur selten, wenn überhaupt, in der Praxis aus. Die Konflikte, von denen wir gelegentlich in der Zeitung lesen, betreffen nicht die Naturwissenschaft als solche, sondern ihre Anwendung. Niemand bezweifelt die Biologie hinter den Stammzellen, das Problem liegt nicht in der akkuraten Beschreibung, sondern in der Frage, ob es eine gute Idee ist, eine Technologie zu nutzen, die auf dieser Naturwissenschaft beruht. Leider machen wir ja immer wieder die Erfahrung, dass Leute mit besten Absichten neue Technologien anwenden, die unbeabsichtigte Folgen nach sich ziehen. Die Jungs mit den tollen Ideen sind sich der Risiken nicht immer unmittelbar bewusst.

Mit anderen Worten: Die Religion macht sich nicht nur Sorgen über das, was physikalisch passiert, sondern über die Leute, die dieses Wissen anwenden und über die möglichen Nebenwirkungen auf Einzelne und Gesellschaft – also über die Dinge, die die moderne Naturwissenschaft ganz bewusst aus der alten, aristotelischen Art, Wissenschaft zu betreiben, eliminiert hat.

Paul: Aber selbst wenn offensichtliche Widersprüche zwischen unserem Glauben und den Erkenntnissen der Naturwissenschaft über das Universum auftauchen sollten, müssen wir nicht in Panik geraten, sondern können diesen Konflikt, diese Spannung aushalten, weil wir auf die letzte Einheit der Wahrheit vertrauen. Wir glauben, dass wir am Ende, wenn wir die Welt und die Bibel endlich ganz richtig verstehen, sehen werden, dass es keinen wirklichen Konflikt gibt. Ein und derselbe Gott hat beide Bücher geschrieben, Bibel und Natur, und er widerspricht sich nicht. Die Wahrheit kann der Wahrheit nicht widersprechen. Mit diesem Vertrauen können wir alle scheinbaren Konflikte zwischen Naturwissenschaft und Glauben aushalten.

Guy: Die große Ironie darin ist für mich, dass die religiösen Fundamentalisten am Ende als Kleingläubige dastehen. Wenn sie darauf bestehen, dass Naturwissenschaft und Glaube jetzt und hier bereits zusammenfallen müssen (und das heißt für sie, die Naturwissenschaft muss dem Glauben weichen), dann zeigt das nur, dass ihnen das Vertrauen in die letzte Einheit der Wahrheit fehlt. Sie glauben nicht daran, dass Gott beide Bücher geschrieben hat, und sie glauben nicht daran, dass er uns nach seinem Bild geschaffen hat – mit einer beschränkten, aber durchaus vorhandenen Fähigkeit, beide Bücher zu lesen und zu verstehen.

Paul: Was das angeht, bete ich für alle Fundamentalisten. Ich bete, dass sie in einen Glauben hineinwachsen, der es ihnen gestattet, endlich nicht mehr destruktiv darauf zu bestehen, dass die Naturwissenschaft hier und heute in allen Belangen mit der Bibel übereinstimmen müsse.

Aber mit solchen Schwierigkeiten haben nicht nur religiöse Fundamentalisten zu kämpfen. Es gibt auch naturwissenschaftliche Fundamentalisten. Leute wie Richard Dawkins nehmen scheinbare Widersprüche zwischen einer buchstäblichen Interpretation der Bibel und der aktuellen Naturwissenschaft zum Argument, die Bibel komplett zu verwerfen. Genau wie religiöse Fundamentalisten die Wissenschaft dem Diktat des Glaubens unterwerfen wollen, versuchen naturwissenschaftliche Fundamentalisten, den Glauben unter das Diktat der Naturwissenschaft zu stellen. Beide Arten von Fundamentalismus scheinen von dem ängstlichen Bedürfnis nach vollkommener Sicherheit und Konsistenz getrieben.

Guy: Und zwar hier und jetzt. Die Vorstellung von »naturwissenschaftlichen Fundamentalisten« gefällt mir. Schließlich ist ein Fundamentalist ja nicht mehr und nicht weniger als ein Mensch, der eine verflachte, eindimensionale Sicht auf die Dinge vertritt und glaubt, wenn seine Sicht auf das Universum wahr sei, müssten alle anderen Richtungen falsch sein. Wenn man die »Fundamente« oder das Wissen um diese Fundamente für das einzig Wichtige hält, dann verhält man sich wie jemand, der in Georges Seurats Gemälde nur die Punkte sieht.

Paul: Schlimmer noch: Man wird dazu verführt, die »Fundamente« des einen Themas zu benutzen, um Probleme bei einem anderen Thema zu lösen. Man benutzt die falschen Werkzeuge zur Beantwortung von Fragen, für die sie nicht gemacht sind. Es ist einfach irreführend, zu fragen, ob die Urknalltheorie die biblische Schöpfungsgeschichte beweist oder widerlegt. Die Urknalltheorie ist eine naturwissenschaftliche Theorie, in der es um physikalische Ursachen geht, in sich annähernder, kontingenter Weise. Ebenso falsch ist es, zu fragen, ob die biblische Schöpfungsgeschichte die Urknalltheorie beweist oder widerlegt. Die biblischen Schöpfungsgeschichten beschäftigen sich mit dem letzten Ursprung und mit der persönlichen Beziehung der Menschheit zu Gott. Mit falschen Werkzeugen kommt man zu falschen Ergebnissen.

Guy: Aber wenn diese Fragen falsch sind, wie lauten dann die richtigen Fragen? Was kann ich Leuten sagen, die mich nach den Verbindungen zwischen Urknalltheorie und biblischer Schöpfungsgeschichte fragen? Es ist ja schließlich nicht so gut, einfach zu sagen: »Vergessen Sie's, die Frage ist falsch gestellt.«

Paul: Beide – Urknalltheorie und biblische Schöpfungsgeschichte – stellen scheinbar dieselbe Frage: Warum sind wir hier? Aber diese Frage bedeutet für einen Naturwissenschaftler etwas vollkommen anderes als für einen Philosophen.

Die Naturwissenschaft gibt nur näherungsweise Antworten, und jede ihrer Antworten führt zu einer neuen Frage: Du willst wissen, warum Gegenstände auf dem Mond langsamer fallen als auf der Erde? Dazu kann Isaac Newtons Schwerkrafttheorie eine Antwort geben. Du willst wissen, warum Newtons Theorien zutreffend sind? Dazu kann das Standardmodell der Teilchenphysik etwas sagen. Du willst wissen, warum das Standardmodell der Teilchenphysik die Realität zutreffend beschreibt? Vielleicht wird eines Tages ein Wissenschaftler eine Theorie entwickeln, die diese Frage in noch grundlegenderer Weise beantwortet. Und so kommen wir zu immer weiteren, breiteren Erklärungen. Aber bei jeder neuen, breiteren Erklärung wird irgendwann jemand fragen: Warum ist das so? Warum ist das wahr?

Ich war vor einiger Zeit mit meiner Familie im Urlaub, und mein kleiner Neffe Craig fing mit einer endlosen Reihe von Warum-Fragen an, die mich fast wahnsinnig machten.

Wären wir nicht im Urlaub gewesen, hätte ich ihm wohl irgendwann gesagt, er solle den Mund halten, oder wäre weggelaufen. Aber wir waren im Urlaub, und ich hatte nichts Besseres zu tun, also beantwortete ich alle seine Fragen, um zu sehen, wie weit wir damit kommen würden. Craig fing an mit: »Warum gibt es Wellen auf dem Ozean?« Von da aus ging es weiter mit: »Warum gibt es Wind, warum gibt es Wolken, warum ist der Himmel blau, warum sind Sandkörner so klein, warum haben Muscheln scharfe Kanten, warum riechen Fische so komisch …« und so weiter. Ohne Ende. Wenn ich A mit B erklärte, forderte er eine Erklärung für B. Und genauso machen es Naturwissenschaftler. (Inzwischen hat mein Neffe Craig selbst einen Sohn, welche Genugtuung. Ich kann es kaum erwarten, bis der kleine Jack anfängt, seinen Vater mit endlosen Fragen zu löchern. Da wäre ich gern in der ersten Reihe dabei.)

Im Grunde genommen ähneln Naturwissenschaftler kleinen Kindern mit einer enormen Fähigkeit, »Warum« zu fragen. Aber auf eine andere Weise sind sie diesen Kindern vollkommen unähnlich. Wenn Kinder »Warum« fragen, versuchen Sie herauszufinden, wie die Welt im Ganzen zusammenhängt. Sie haben ja noch nichts darüber gelernt, oder besser gesagt, sie haben noch nicht gelernt, irgendetwas für selbstverständlich zu halten. Wenn sie »Warum« fragen, experimentieren sie auch mit der Bedeutung dieser Frage.

Das ist bei Naturwissenschaftlern anders. Sie nehmen an, halten also für selbstverständlich, dass es in der Natur Zusammenhänge gibt. Im Unterschied zu den Kindern setzen sie voraus, dass die Natur durch Kausalgesetze zusammengehalten wird und dass der menschliche Geist in der Lage ist, sie zu verstehen. Naturwissenschaftler wissen also, was es bedeutet, »Warum« zu fragen.

Ergibt die Natur wirklich einen Sinn? Ist die Natur dem menschlichen Verstand wirklich zugänglich? Wird sie wirklich durch Kausalgesetze zusammengehalten? Die Antwort auf diese Fragen muss Ja oder Nein lauten, wir brauchen Fakten. Entweder ist das Universum rational oder eben auch nicht. Entweder ist es rationaler *logos* oder nicht-rationales *chaos*.

Guy: *Logos* (nicht zu verwechseln mit *Lego*, auch wenn beides Bausteine sind) bedeutet im Griechischen »Wort«. Der Begriff ist die Wurzel unseres Wortes »Logik« und steht am Anfang der griechischen Fassung des Johannesevangeliums: »Am Anfang war das Wort ....« Christus ist »das Wort«, *logos*, er wird also mit Logik, Vernunft und Ordnung identifiziert. Diese Dinge können eine Welt retten, die uns oft sehr chaotisch erscheint.

Paul: Aber jetzt kommt's: Indem du die Frage stellst, ob das Universum *logos* oder *chaos* ist, setzt du bereits voraus, dass es einen *logos* gibt. Wenn du eine »Warum«-Frage stellst und eine Antwort erwartest, setzt du bereits voraus, dass das Universum rational und durchschaubar ist, dass es also eigentlich *logos* ist. Wenn es nämlich *chaos* wäre, wenn es also nicht rational verstehbar wäre, dann wäre jede »Warum«-Frage bedeutungslos. Mit anderen Worten: Schon indem du die Frage stellst, ob das Universum *logos* ist, setzt du voraus, dass die Antwort Ja lautet.

Guy: Und nur weil es Dinge im Universum gibt, die wir als *chaos* bezeichnen, heißt das noch lange nicht, dass das gesamte Universum chaotisch ist. Ein Roulette oder ein Paar Würfel bringen »zufällige« Ergebnisse hervor, aber nur aufgrund einer sorgfältigen Konstruktion. Und selbst diejenigen mathematischen Systeme, die wir als chaotisch bezeichnen, bauen auf einer tiefen mathematischen Struktur auf.

Wieder einmal muss ich an die abstrakte Kunst denken, die wir in diesem Museum gesehen haben. Selbst wenn es sich nur um zufällig auf der Leinwand verteilte Farbkleckse handelt, sind sie von einem Künstler dort angebracht worden, der beschlossen hat, so vorzugehen, und der danach beschlossen hat, das Ergebnis zu rahmen und auszustellen, nicht etwa eine andere Version.

Paul: Die Naturwissenschaft kann die Frage: »Warum ist das Universum rationaler *logos* und nicht nicht-rationales *chaos?*« nicht beantworten. Das wäre, als würde sie die Frage stellen: »Warum ist Naturwissenschaft möglich?« Oder als würde man mithilfe des Verstandes die Frage zu beantworten versuchen: »Was sind die Gründe für den Verstand?« Die Gründe können nicht mithilfe des Verstandes selbst beantwortet werden; wenn das möglich wäre, dann wären sie keine Gründe. Wir können also keine vernünftige Erklärung erwarten, wenn wir die Frage stellen: »Warum ist das Universum rational?« Wir können auch keine vernünftige Antwort erwarten, wenn wir fragen: »Warum können wir ›Warum‹ fragen?« In solchen Fällen wären wir wie Kinder – wir wüssten nicht genau, was wir meinen, wenn wir »Warum« fragen. Wir können also nur immer neue, andere Fragen stellen, so wie mein Neffe Craig es tat. Und hoffen, dass wir irgendwann, nach vielen Fragen, einmal dahinter kommen, was wir eigentlich fragen wollen.

So ähnlich läuft es in den verschiedenen Schöpfungsgeschichten der Bibel. Sie stellen immer wieder dieselbe ultimative Frage: Warum ist die Welt durchschaubar und rational? Warum sind wir hier? Wie sieht unsere Rolle aus?

Die biblischen Schöpfungsgeschichten lassen vermuten, dass die Antworten irgendwie mit Güte und Liebe verbunden sind. Als Gott die Erde erschuf, sah er, »dass es gut war«. Und Gott – der der Grund allen Seins auf der Erde ist – ist Liebe.

Man muss all das nicht glauben, um naturwissenschaftlich zu arbeiten. Unabhängig von der Frage, ob man meint, die Erde sei gut, kann man ein guter Naturwissenschaftler sein. Und unabhängig von der Frage, ob man glaubt, Gott sei Liebe, kann man die Urknalltheorie entwickeln. Aber in der Güte der Welt und in der Liebe Gottes machen wir Christen die Antwort auf die Frage fest: »Warum können wir ›Warum‹ fragen?«

Guy: Wenn ich gefragt werde: »Wie sollen wir den Urknall im Licht der Heiligen Schrift verstehen?«, dann ist das so, als würde man mich fragen, wie wir das Bild von dem blauen Gitarristen »im Licht der Heiligen Schrift« verstehen können. Was hat die Bibel damit zu tun? Vielleicht gar nichts, vielleicht aber auch etwas sehr Tiefes. Ich könnte eine alberne oder sehr tiefgründige Antwort darauf finden. Aber keine vernünftige Antwort würde versuchen, das Bild und die Heilige Schrift miteinander in Einklang zu bringen.

Das Bild zeigt mir etwas an dem Gitarristen, das ich von mir aus nie entdeckt hätte. Aber natürlich ist mehr an einem Gitarristen, als diese Leinwand zeigt. Die Urknalltheorie ist ein naturwissenschaftliches Gemälde, um zu beschreiben, was am Anfang des Universums passiert ist. Sie ist eins von vielen Bildern, die im Laufe der Geschichte gemalt worden sind. Und so wird es weitergehen, das Thema ist noch lange nicht erschöpft. Es zeigt uns Dinge an unserem Ursprung und unserer Geschichte, die wir sonst womöglich nie erkannt hätten.

Aber die Urknalltheorie selbst ist sicher nicht die Summe des Universums. In dieser Theorie gibt es keinen letzten Sinn. Ich könnte ja bei dem Schnellrestaurant aus Hoppers Gemälde *Nighthawks* auch keine Pastete bekommen.

Wobei mir einfällt … hier im Untergeschoss gibt es doch sicher eine Cafeteria?

Zweites Kapitel
Was ist mit dem
armen Pluto passiert?

Ort: Ein Eisfeld in der östlichen Antarktis

DIE FÜSSE AUF DEM EIS

Guy: Gestern waren wir in Chicago, da dachte ich wir könnten mal ein bisschen weiter reisen, wenigstens in unserer Vorstellung. Ich gehöre ja zu der Generation, die mit der Ansicht aufgewachsen ist, Denken sei die beste Art des Reisens. Tatsächlich würden wir bei all den typischen wetterbedingten Verspätungen wohl mindestens eine Woche brauchen, um von Chicago über Neuseeland zur McMurdo-Station zu reisen, die im Inneren der Antarktis liegt.

Warum die Antarktis? Nun, wir reden ja hier viel über Naturwissenschaft und Religion, aber Tatsache ist: Die meisten Menschen haben mehr oder weniger gute Erfahrungen mit Religion gemacht, aber deutlich weniger kennen die Naturwissenschaft von innen. Und da dachte ich mir, dann gehen wir doch mal an einen Ort, an dem es eigentlich nichts anderes gibt als Naturwissenschaft. Schließlich gibt es nur wenige Orte auf der Erde, die so leer sind wie die östliche Antarktis.

Und das Beispiel, anhand dessen ich erklären will, wie die Naturwissenschaft funktioniert, betrifft einen Ort, an dem es noch kälter ist als in der Antarktis. Einen Ort, der vor einiger Zeit ziemliche Schlagzeilen gemacht hat: Pluto.

Paul: Die Pluto-Geschichte lässt uns einige grundsätzliche Dinge über die Naturwissenschaft erkennen. Beispielsweise, wie sich Wissenschaftler verhalten, vor allem wenn sie nicht wissen, was sie tun. Außerdem wirft sie die Frage auf, wie wir Veränderungen in der Naturwissenschaft verstehen. Was passiert, wenn echte Veränderungen passieren?

Das alles hat Auswirkungen auf das Verhältnis zwischen naturwissenschaftlichen und religiösen Wahrheiten.

Aber ich muss gestehen, mir tut der arme Pluto leid, nachdem ihr Astronomen beschlossen habt, ihn zu degradieren. Er ist ja nun kein Planet mehr, sondern nur noch ein Zwergplanet. Mir ist durchaus klar, dass Pluto selbst davon emotional vollkommen unberührt ist. Aber für mich und viele andere, die mit neun Planeten aufgewachsen sind, ist es doch ein Schlag.

Guy: Du bist nicht der Einzige, der sich verletzt fühlt. Etwa ein Jahr nach der Neueinordnung des Pluto habe ich am *Cranbrook Institute of Science* einen Vortrag darüber gehalten. Dieses Institut befindet sich in einem nördlichen Vorort von Detroit, wo ich aufgewachsen und als Kind mit dem Fahrrad herumgefahren bin. Ich habe mich sehr darüber gefreut, nun als Wissenschaftler dorthin zurückzukehren – für mich war es auch eine Art tätiger Dank für all das Gute, das ich dort erlebt hatte.

Na, jedenfalls, erzählte ich in meinem Vortrag von den Beobachtungen, die ich mit dem Teleskop des Vatikans in Tucson, Arizona, mache, wenn ich mich mit Objekten jenseits der Neptunbahn beschäftige, mich also zusammen mit

Pluto weit draußen am Rand unseres Sonnensystems bewege. Ich erklärte die Grundbegriffe der planetaren Nomenklatur, zeigte jede Menge Computergrafiken und sprach von ausgefeilter Astronomie. Dann war der Vortrag zu Ende. Und ein Achtjähriger, der mich sehr an mich selbst in diesem Alter erinnerte, kam zu mir. Es war klar, dass ich vollkommen über seinen Kopf hinweggeredet hatte. Und er platzte heraus: »A-a-aber ... was ist mit Pluto passiert?«

Der kleine Kerl tat mir leid. Ich freue mich, dass er sich so für Naturwissenschaft interessiert, und ich hoffe, er wird sich auch noch als Erwachsener damit beschäftigen. Es fiel mir nicht leicht, ihm die Sache zu erklären – mit Pluto ist *gar nichts* passiert. Aber mit uns Astronomen und unserem Verständnis von Pluto ist eine ganze Menge passiert. Und die »Degradierung« von Pluto ist ein Ergebnis dieser Veränderungen und spiegelt wider, was da geschehen ist.

Paul: Vielleicht ist die Frage nach dem Status des Pluto – ist er nun ein Planet oder nicht? – doch eher eine Insidersache für Astronomen. Vielleicht sollten wir Normalsterblichen euch einfach in Ruhe eure Arbeit tun lassen. Nennt den armen Pluto doch, wie ihr wollt. Wir regen uns ja auch nicht auf, wenn die Biochemiker beschließen, dass eine bestimmte Substanz nun doch kein Enzym mehr ist, oder wenn die Botaniker beschließen, eine bestimmte Blume neu zu klassifizieren. So etwas passiert ja ständig.

Trotzdem stimme ich dir zu, ich bin voller Mitgefühl für den achtjährigen Jungen. Ich bin mit der Vorstellung aufgewachsen, dass Pluto ein Planet sei, da hängen Kindheitserinnerungen dran, irgendwie gehört er zu mir. Klingt komisch, ist auch nicht wirklich rational, aber als ihr verkündet habt, dass Pluto jetzt kein Planet mehr ist, fühlte ich mich regelrecht verletzt. Es war, als hätte man mir etwas Kostbares geraubt, etwas, was zu meiner Kindheit gehörte. Im ersten Moment dachte ich: Pluto ist kein Planet mehr? Wo soll das bloß enden? Mickey ist keine Maus mehr, Donald keine Ente? Ihr spinnt doch!

Das Ganze erinnert mich an die Aufregung in meiner Gemeinde während des Zweiten Vatikanischen Konzils. Damals war ich ja noch ein Kind. Die Veränderungen betrafen das Leben vieler braver Katholiken in einer Weise, die ihnen viel bedeutete, vor allem die Veränderungen der Messfeier. Einige fanden es toll, was da passierte, sie waren der Ansicht, das alles sei längst überfällig. Aber so ging es nicht allen. Die Messe und die Art, wie sie in derselben Sprache und mit denselben Gesten überall auf der Welt gefeiert worden war, hatte in ihrem Glaubensleben eine wichtige Stabilität ausgemacht. Und die Veränderungen waren für sie gleichbedeutend mit einem heftigen Verlust. Sie mussten etwas loslassen, an das sie ihr Leben lang geglaubt hatten. Darüber waren sie traurig und zornig, und in unserer Gemeinde kam es daraufhin für einige Zeit zu ziemlichen Spannungen und Spaltungen.

Ich finde es interessant, dass etwas Ähnliches auch bei Veränderungen in der Naturwissenschaft passieren kann. Leute, die nach dem Zweiten Vatikanum aufgewachsen sind, haben keine Erfahrungen mit der katholischen Messe alten Stils gemacht, sie werden sie also kaum vermissen. Und Kinder, die nach der Reklassifizierung des Pluto aufwachsen, haben ihn nicht als Planeten gekannt, sie werden also auch nichts »vermissen«. Aber für die Älteren, die die Veränderung miterlebt haben, wird es immer einen emotionalen Spagat geben zwischen dem, was sie gewonnen, und dem, was sie verloren haben. Das gilt für die katholische Messe genauso wie für den Planeten oder Zwergplaneten Pluto.

Ich verstehe schon, dass die Naturwissenschaft sich von nicht-wissenschaftlichen Faktoren wie einem emotionalen Spagat nicht aufhalten lassen darf. Wenn sie damit anfängt, gibt es keinen Fortschritt mehr. Aber der emotionale Spagat sagt etwas darüber aus, dass die Naturwissenschaft den Menschen etwas bedeutet, wenn auch nicht immer aus den richtigen Gründen. Und er zeigt, dass die Erkenntnisse der Wissenschaft eng mit unserem Alltag verbunden sind.

Wir müssen also bei jedem wissenschaftlichen Fortschritt mit Widerstand aus der breiten Öffentlichkeit rechnen, vielleicht sogar mit starkem Widerstand. Der Grund liegt im manchmal starken emotionalen Engagement der Menschen für bestimmte Aspekte der Naturwissenschat. Und deshalb gibt es hier keine Insidersachen.

Apropos Insider – könnten wir vielleicht reingehen? Meine Füße frieren gleich fest! Ich habe immer gedacht, die Winter in Chicago wären kalt, aber das ist ja kein Vergleich mit der Kälte hier!

Guy: Ich habe dir gesagt, zieh dich warm an. Deshalb haben sie uns ja auch diese dicken weißen Stiefel gegeben. Ich habe extra Fußwärmer reingetan, in den Handschuhen habe ich auch welche.

Aber ehrlich, ich könnte mir keinen besseren Ort für unser Gespräch über Pluto vorstellen. Hier in der Antarktis, draußen auf dem Eis – näher kommen wir dem Gefühl, auf einem anderen Planeten zu stehen, hier nicht.

Paul: Oder einem Zwergplaneten.

Guy: In einem meiner liebsten Science-fiction-Romane, Robert Heinleins *Have Space Suit, Will Travel* (1958, dt. Ausgabe zuletzt unter dem Titel *Raumjäger*), sind seine Helden auf dem Pluto gefangen und er beschreibt ganz meisterhaft, wie es sich anfühlt, an einem so entlegenen, kalten Ort zu sein: »Die Sonne ... Der Wind machte mir nicht nur Angst, er tat weh. Es war eine so intensive Kälte, dass es sich anfühlte wie eine Flamme. Es brannte und tat weh, dann betäubte es.«

Man kann die Kälte in dieser Beschreibung geradezu spüren. Natürlich überschätzte Heinlein die Schwerkraft des Pluto und die Dichte seiner Atmosphäre erheblich. Seine Vermutung, es müsse dort Methan geben, war richtig, aber es gibt kein Ammonium (eine Mischung aus Stickstoff und Wasserstoff), sondern denselben Stickstoff wie hier auf der Erde, nur eben zu Eis gefroren.

Im Übrigen ist es auf dem Pluto wesentlich kälter als hier in der Antarktis. Jetzt ist hier Sommer, wir haben nur etwa zwanzig Grad unter Null. Obwohl es sich durch den Wind eher nach minus vierzig Grad anfühlt.

Paul: Fahrenheit oder Celsius?

Guy: Ha, eine Fangfrage! Aber du erwischst mich nicht.

Paul: Gut! Vierzig Grad minus ist die einzige Temperatur, die auf beiden Skalen gleich ist.

Guy: Die altgedienten Recken hier in der Antarktis sagen, man merkt, wenn die Temperatur bei vierzig Grad minus liegt. Wenn man dann draußen pinkelt, friert es ein, bevor es auf dem Boden aufkommt. Oder sollte ich lieber sagen, auf dem Eis? Als ich im Jahr 1996 sechs Wochen hier in einem Zelt gelebt habe, habe ich viele nützliche Kleinigkeiten wie diese gelernt. Damals war ich mit einem Team auf der Jagd nach Meteoriten. Wir waren zwar im Frühling hier, also November/Dezember, aber es war elend kalt. An einigen Tagen betrug die gefühlte Temperatur minus siebzig Grad.

Paul: Ich habe davon gelesen, in deinem Buch *Brother Astronomer: Adventures of a Vatican Scientist*. Und natürlich haben wir oft darüber gesprochen. Deshalb wollte ich ja so gern mal mit dir hierher kommen. Ich wollte ein Gefühl dafür kriegen, wie es euch bei eurem wochenlangen Aufenthalt in der Kälte ergangen ist.

Aber warum hast du in der Antarktis nach Meteoriten gesucht? Landen hier tatsächlich mehr Meteoriten? Oder ist es eher wie bei dem Typen, der seinen verlorenen Schlüsselbund unter der Straßenlaterne sucht, nicht weil er dort wahrscheinlich liegt, sondern weil da mehr Licht ist?

Guy: Auf eine Art ist es tatsächlich wie bei dem Typen mit dem Schlüsselbund. Meteoriten fallen überall in gleicher Menge auf die Erde, egal wo man sucht. In der Antarktis gibt es nicht mehr von ihnen als anderswo. Aber es gibt drei Vorteile, wenn man sie dort sucht:

Zum einen sind sie dort leichter zu finden, ähnlich wie die Schlüssel unter der Straßenlaterne. Und im Gegensatz zu dem Schlüsselbund sind sie ja wirklich da. Verstehst du, die meisten Meteoriten sehen von Weitem erst mal aus wie ganz normale Steine, und wenn sie beispielsweise in den Bergen landen, findet man sie zwischen all den anderen Felsbrocken gar nicht. Auf dem Eis sieht die Sache schon anders aus. Meteoriten sind schwarz, das Eis ist weiß, sie springen dich regelrecht an.

Zum zweiten haben Meteoriten viele kleine metallische Eisenflecken, die anfangen zu rosten, sobald sie in unsere Atmosphäre eindringen. Wenn sie irgendwo im Dschungel runterkommen, sind sie nach ungefähr zwanzig Jahren verrostet. Aber hier bleiben sie Tausende von Jahren intakt, weil sie sofort gefrieren. Sie liegen also lange Zeit herum und warten, dass einer kommt und sie aufsammelt. Deshalb kann man hier mehr von ihnen finden.

Und schließlich bewegt sich die Eisschicht hier langsam Richtung Meer und nimmt die Meteoriten mit. Wenn das Eis aber an einen Bergrücken wie diesen hier kommt, stoppt es und fängt an, sich aufzutürmen. Der trockene Wind lässt das Eis sublimieren, es wird zu Gas und verschwindet. Und die

Meteoriten bleiben liegen. Das bewegliche Eis wirkt also wie eine Art Transportband, sammelt die Meteoriten auf dem ganzen Kontinent und bringt sie in Regionen mit blauem Eis wie diese hier.

Und schließlich gibt es noch einen ganz unvernünftigen Grund: Es ist einfach toll, hierhin zu kommen. Kalt, aber toll.

Paul: Die Meteoriten müssen dir viel bedeuten, wenn du dich dafür wochenlang einem solchen Klima aussetzt. Keine Ahnung, wie ihr das überlebt habt. Also, was ist mit diesem kleinen schwarzen Stein, den ich hier im Schnee gefunden habe? Ist das ein Meteorit?

Guy: Nicht anfassen!

Paul: Er wird mich doch nicht kontaminieren, oder? Trägt er am Ende ein tödliches Virus aus dem All?

Guy: Nein, natürlich nicht, da mache ich mir keine Sorgen. Ich will bloß nicht, dass *du ihn* kontaminierst.

Paul: Ah, wie im Krimi an einem Tatort, verstehe. Vermutlich tragen wir auch aus diesem Grund die Handschuhe, oder? Ich lasse ihn schon in Ruhe, aber schau ihn doch mal an. Kannst du mir was dazu sagen? Ist er irgendwie was Besonderes?

Guy: Klar. Tatsächlich kann man an diesem Beispiel einiges über Naturwissenschaft sehen. Erst mal würde man bei einem Stein wie diesem hier herauszufinden versuchen, was für ein Meteorit er ist. Also: Ähnelt er irgendwelchen anderen Funden? Unterscheidet er sich? Mit anderen Worten, man klassifiziert ihn. So mit bloßem Auge kann man nicht viel dazu sagen, aber es gibt immer Möglichkeiten, zu raten. Manche Meteoriten sind Klumpen aus metallischem Eisen und Nickel, aber die sind sehr selten. Sie sind auch leicht zu erkennen, weil sie sehr schwer und dicht sind. Das ist bei diesem hier nicht der Fall. Andere seltene Arten sind Basalte, Lavastückchen von irgendeinem Körper, der groß genug war, zu schmelzen und wieder zu erstarren. Das sind die besten, sie stammen möglicherweise vom Mond oder Mars. Aber die schwarze Kruste, die sie bilden, wenn sie durch die Erdatmosphäre zischen und die äußeren Schichten weggebrannt werden, bevor sie landen, hat einen ganz bestimmten Schimmer. Den hat der hier auch nicht.

Paul: Die ersten Kriterien zur Klassifizierung eines Fundes sind also Dichte und äußere Erscheinung.

Guy: Die meisten Meteoriten, so wie dieser hier, sind sogenannte »gewöhnliche Chondriten«. Das heißt, sie bestehen aus millimetergroßen Perlen aus geschmolzenem und wieder erstarrtem Stein, sogenannten »Chondrulen«. Und »gewöhnlich« heißen sie, weil wir davon besonders viele finden. Etwa 80 Prozent aller Meteoriten hier in der Antarktis gehören zu dieser Gruppe.

Paul: Und eine Aussage über die Häufigkeit oder Seltenheit kann man nur machen, wenn man viele Fundstücke hat und sie auf eine ganz bestimmte, wohldefinierte Weise in Gruppen einteilt. Natürlich braucht man dafür viele Leute, für einen Einzelnen sind es einfach zu viele Fundstücke. Ein wichtiger Arbeitsschritt ist also die Entwicklung einer allgemein akzeptierten Klassifikation.

Guy: Genau. Und wenn man sie dann in Gruppen eingeteilt hat, kann man sie weiter unterteilen – H und L je nachdem, ob sie viel oder wenig Eisen enthalten; C, wenn sie Kohlenstoff enthalten, E für einen hohen Gehalt an Enstatit …

Paul: Man entwickelt also eine eigene, spezialisierte Terminologie für diese Klassifikation. Was ist übrigens Enstatit?

Guy: Eine Unterart des Minerals Pyroxen, ein Silikat mit Magnesiumoxid und fast keinem Eisenoxid. In diesen Meteoriten liegt Eisen nur in metallischer Form vor. Es ...

Paul: Das heißt, ihr klassifiziert eure Meteoriten nach ihrer chemischen und mineralischen Zusammensetzung. Und für jede Gruppe gibt es bestimmte Kriterien und Namen, die allgemein akzeptiert sind.

Guy: So ist es. Dann werden sie weiter unterteilt nach ihrem physikalischen Zustand, also je nach dem Grad ihrer Abkühlung oder Erhitzung. Bei jeder Datensammlung muss zunächst einmal sortiert und klassifiziert werden. Auf diese Weise kann man dann nach Mustern in den Datenbeständen suchen. Und wenn man die Muster gefunden hat, kann man anfangen, herauszufinden, wodurch diese Muster entstehen. Die Klassifikation der Meteoriten ist also sehr wichtig.

Paul: Aber ich frage mich, muss die Terminologie nicht manchmal geändert werden, wenn wir immer mehr über ein Objekt herausfinden? Haben sich die Kategorien, mit denen ihr arbeitet, mit der Zeit verändert? Musstet ihr je irgendwelche Meteoriten nach neuen Kategorien re-klassifizieren, so wie es bei Pluto geschehen ist?

Guy: Natürlich. Beispielsweise gab es in den 1970-er Jahren große Veränderungen in der Benennung von kohlenstoffhaltigen Chondriten. Früher wurden sie nummeriert, heute bekommen sie Buchstaben. Und um die Sache noch ein bisschen verwirrender zu gestalten, werden einige Funde, die wir früher C1 nannten, jetzt mit CI bezeichnet, aus C0 (also mit der Ziffer Null) wurde CO mit dem Buchstaben O. Es hat Jahre gedauert, bis sich die neuen Bezeichnungen der Meteoritenforscher-Community durchgesetzt hatten.

Oft läuft es allerdings darauf hinaus, dass wir neue Definitionen für alte Bezeichnungen entwickeln, und das ist dann sehr verwirrend. Die Kohle-Meteoriten wurden zunächst so genannt, weil sie dunkel wie Kohle sind; erst später zeigte sich dann, dass einige von ihnen tatsächlich sehr viel Kohlenstoff enthalten. Aber nur einige - mit der Folge, dass nun in einer Gruppe Meteoriten zusammengefasst sind, die ganz unterschiedliche Mengen von Kohlenstoff enthalten. Dunkel sind sie alle, aber das kann auch vom Magnetit herrühren. Und deshalb gibt es jetzt neue Klassen und Unterklassen, je nach dem Anteil an Kohlenstoff. Nach wie vor trägt diese Gruppe die Kohle im Namen, aber die ursprüngliche Bedeutung ist verloren gegangen.

Noch ein anderes Beispiel, das uns näher liegt: Zwei Untergruppen von Enstatit-reichen Chondriten haben die Bezeichnung EL und EH, weil man früher dachte, sie enthielten viel (high) bzw. wenig (low) metallisches Eisen. In Wirklichkeit unterscheiden sie sich auf ganz andere Weise. Mein Laborkollege, Bruder Robert Macke, SJ, hat ihre Dichte und ihre magnetischen Eigenschaften untersucht und festgestellt, dass sich der Metall-Anteil in den beiden Gruppen im Durchschnitt gar nicht unterscheidet. Tatsächlich gibt es wichtige Unterschiede zwischen den beiden Gruppen, aber die haben nichts mit dem Eisengehalt zu tun. Wir behalten die alte Terminologie nur deshalb bei, weil es im Moment zu verwirrend wäre, das alles zu ändern.

Paul: Manchmal verändern sich also die Grundkategorien, die in der Naturwissenschaft verwendet werden. Und dann müssen Dinge neu klassifiziert werden. Das passiert immer mal wieder, selbst mit Planeten. Die Kontroverse in Bezug auf Pluto war nicht die erste, bei der diskutiert wurde, ob ein Himmelskörper als Planet angesehen werden sollte oder nicht.

Guy: Stimmt. Erinnerst du dich an unseren Besuch im Kunstmuseum? Für die alten Griechen war ein Planet ein »wandernder Stern«, also ein Himmelskörper, der aussah wie ein Stern, sich aber von Monat zu Monat im Verhältnis zum restlichen, weitgehend festen Sternenhimmel weiterbewegte. Die Griechen kannten folgende Planeten: Sonne, Mond, Merkur, Venus, Mars, Jupiter und Saturn. Die Erde betrachteten sie nicht als Planeten, weil sie sich nicht bewegte, sondern unbeweglich in der Mitte des Universums lag. Außerdem beobachteten sie gelegentlich Kometen, die sich ebenfalls über den Sternenhimmel bewegten. Aber die Kometen bewegten sich unregelmäßig und unvorhersagbar, während die Bewegungen der Planeten regelmäßig und vorhersagbar waren.

Paul: Was ich meine, ist Folgendes: Im 17./18. Jahrhundert vollzog sich in der Definition von Planeten ein großer Wandel. Nachdem das kopernikanische Weltbild (das heliozentrisch ist, das heißt, die Planeten bewegen sich um die Sonne, nicht um die Erde) weitgehend akzeptiert worden war, verstand man unter einem Planeten einen Himmelskörper, der sich in einer regelmäßigen Umlaufbahn um die Sonne bewegt. Die Sonne selbst galt also nicht mehr als Planet und verschwand aus der Liste. Dafür wurde die Erde in die Liste aufgenommen, weil man nun sah, dass sie sich in einer regelmäßigen Bahn um die Sonne bewegt, genau wie Merkur, Venus, Mars, Jupiter und Saturn. Der Mond wurde ebenfalls aus der Liste genommen und zum Begründer einer ganz neuen Kategorie der Monde. Das sind Himmelskörper, die sich in einer regelmäßigen Umlaufbahn um einen Planeten bewegen. Weitere Mitglieder dieser Gruppe sind die vier Monde des Jupiter, die Galileo als Erster beobachtet hat.

In den folgenden Jahrhunderten wurden weitere Planeten entdeckt. Zuerst Uranus, dann Ceres und Vesta und ein paar andere kleine Himmelskörper, deren Umlaufbahn zwischen Mars und Jupiter verläuft, dann Neptun und noch später Pluto. Auch viele weitere Monde wurden entdeckt. Aber Mitte des 19. Jahrhunderts, nachdem noch mehr winzige Objekte neben Ceres und Vesta gefunden wurden, bezeichnete man sie alle, einschließlich Ceres und Vesta, als Kleinplaneten oder Asteroiden und nahm sie von der Liste.

Guy: So wiederholt sich die Geschichte. Neue Beobachtungsdaten haben auch in der Vergangenheit Naturwissenschaftler dazu veranlasst, den Begriff »Planet« neu zu definieren. Und genau das ist auch vor ein paar Jahren passiert, als man den Status von Pluto verändert hat.

AUF DER SUCHE NACH NEUEN WAHRHEITEN

Paul: Was hat es nun mit der Geschichte dieser Antarktis-Expeditionen auf sich? Wer hatte die geniale Idee, ausgerechnet hier nach Meteoriten zu suchen? Und wie lange macht man das schon?

Guy: Das ANSMET-Programm (ANSMET ist die Abkürzung für *Antarctic Search for Meteorites*) wurde im Jahr 1976 gestartet. Der erste Leiter des Programms, Bill Cassidy, hat ein Buch darüber geschrieben; es trägt den Titel *Meteorites, Ice, and Antarctica*. Ich erinnere mich noch, dass ich als frisch promovierter Assistent einen Vortrag über das Programm gehört habe, gehalten von der Harvard-Geologin Ursula Marvin. Sie war eine der Ersten, die hier nach Meteoriten gesucht haben. Das war in den späten Siebzigern, und seitdem hatte ich den Wunsch, selbst mal hierherzukommen.

Aber eigentlich haben die Japaner angefangen, hier systematisch zu suchen. Keizo Yanai, den ich bei einer Japan-Reise einmal besuchen durfte, hat in den frühen Siebzigern im Rahmen eines japanischen Forschungsprogramms mit der Meteoritensuche begonnen. Er war dann auch Mitglied im ersten ANSMET-Team, um sein Wissen weiterzugeben. Das japanische Programm unterscheidet sich erheblich von unserem. Wir fliegen mit Militärmaschinen von Christchurch in Neuseeland hierher und verbringen sechs Wochen in Zelten auf dem Eis. Die Japaner kommen mit Schiffen aus Japan, sind Teil eines größeren Antarktis-Forschungsprogramms und leben achtzehn Monate hier, allerdings in dauerhafteren Unterkünften.

Ich habe ja schon erklärt, warum die Antarktis sich für die Suche nach Meteoriten so hervorragend eignet. Heiße, trockene Wüsten wie die Sahara sind ebenfalls gute Fundorte. Tatsächlich beschreibt der berühmte französische Autor und Flieger Antoine de Saint-Exupéry – der mit dem *Kleinen Prinzen* – in seinem Buch *Nachtflug* eine Landung in der Sahara und die Entdeckung von schwarzen Steinen im Sand: lauter Meteoriten.

Bis zum Beginn dieser Expeditionen wurden Meteoriten entweder zufällig gefunden oder man hat sich sofort auf die Suche gemacht, wenn irgendwo ein großer Feuerball gesichtet wurde. Der Gedanke, man könne sie an einem Ort wie diesem systematisch »ernten«, war neu. Und der Zugang zu diesen Sammlungen hat unser Denken und die wissenschaftliche Arbeit mit Meteoriten deutlich verändert. Eisenhaltige Meteoriten sind oft in Museen zu finden, weil sie irgendwo auf freiem Feld leicht zu entdecken sind. Aber die große Zahl von ganz unterschiedlichen Arten von Meteoriten, die wie hier auf dem Eis finden, macht uns klar, wie selten Eisen-Meteoriten im Vergleich mit anderen Arten sind.

Paul: Und das bringt uns wieder zu dem, was wir vorhin über die zentrale Rolle der Klassifikation und die Notwendigkeit einer allgemein akzeptierten Methode gesagt haben. Denn darum ging es ja bei der Degradierung des Pluto. War sie eigentlich unter Naturwissenschaftlern genauso umstritten wie in der Öffentlichkeit?

Guy: Es gab viele Kommentare dazu und sicher auch einige Kontroversen. In der Öffentlichkeit war die Reaktion zwar ziemlich intensiv, aber eigentlich handelte es sich um einen Sturm im Wasserglas. Die Hürden sind ja ziemlich niedrig. Aber gerade weil sie so niedrig sind, ist so etwas ein interessanter Test für die Interaktion zwischen Wissenschaft und Öffentlichkeit. Wir können diese Interaktion so auf eine vernünftige, objektive Weise betrachten. Wenn jemand viel bei einer solchen Diskussion zu verlieren hat, wird die Sache viel komplizierter.

Paul: Wer hat eigentlich entschieden, dass Pluto kein Planet mehr ist?

Guy: Die IAU, die *International Astronomical Union*, der internationale Dachverband der Astronomen.

Paul: Und wer sind diese Leute? Wer hat ihnen das Recht zu solchen Entscheidungen gegeben?

Guy: »Diese Leute«, das sind wir. Die Astronomen weltweit. Die IAU wurde im Jahr 1919 gegründet, kurz nach dem Ersten Weltkrieg, und zwar von Vertretern der nationalen Vereinigungen von Astronomen weltweit. Es ging darum, die internationale Zusammenarbeit in der Astronomie zu fördern. Eine wichtige Aufgabe der IAU bestand darin, internationale Standards zu entwerfen, auf die sich alle Astronomen beziehen konnten: willkürliche, aber notwendige Definitionen wie die Grenzen von Sternbildern, die Namen neu entdeckter Monde und Asteroiden. Dazu kommen technische Definitionen von Koordinatensystemen und so weiter, genug für ein eigenes Buch.

Eine undankbare Arbeit, weitgehend von Freiwilligen erledigt, die in Komitees und Arbeitsgruppen sitzen. Und alle drei Jahre gibt es eine Generalversammlung, bei der alle wichtigen Entscheidungen bestätigt oder ergänzt werden. Stimmberechtigt sind alle Nationen, aus denen Astronomen an der Versammlung teilnehmen.

Die Idee, das Stimmrecht an die Nationen zu binden und nicht an die Individuen, die sich mehr oder weniger zufällig zur Teilnahme an der Generalversammlung entschließen, stammt noch aus den unruhigen Zeiten des Nationalismus, aus der Gründungszeit der IAU. Aber die Regelung erweist sich auch heute als sehr praktisch, weil sie dafür sorgt, dass kein Land dominiert. Nur weil ein Land größer oder reicher ist, sollte es nicht die Diskussionen bestimmen. Jedes Land hat eine Stimme, so klein es auch sein mag. Auch der Vatikanstaat. Deshalb war ich als amerikanischer Astronom, der am Vatikanischen Observatorium arbeitet, in die Entscheidungen über Pluto involviert.

Paul: Der Vatikan hat da tatsächlich mit entschieden?

Guy: So ist es. Tatsächlich waren wir sogar zu zweit. Der zweite Astronom aus dem Vatikan war Pater Christopher Corbally, SJ, der britische Jesuit, der an unserem Teleskop in Arizona stellare Spektren untersucht. Die IAU-Regeln sehen vor, dass man das Land vertritt, in dem man arbeitet.

Mein Anteil an der Geschichte geht zurück auf die Generalversammlung im Jahr 1994 in den Niederlanden. Da mussten die Mitglieder der Kommission 16 (die sich mit Planeten und ihren Monden beschäftigt) entscheiden, wer die nächsten drei Jahre den Vorsitz innehaben würde. Zunächst gab es eine Liste mit den »üblichen Verdächtigen«: lauter große alte Männer. Ja, damals waren es fast alles Männer. Aber dann fiel jemandem auf, dass alle Kandidaten auf der Liste entweder Amerikaner oder Russen waren.

Das war nicht besonders überraschend, denn zu dieser Zeit betrieben ja nur die Amerikaner und die Russen Raumfahrt. Heute sind die Europäer und die Japaner ziemlich aktiv, ganz zu schweigen von den jüngsten Missionen der Inder und Chinesen. Ja, und ich war eben auch da und vertrat den Vatikanstaat. Ein Freund, der in meiner Nähe saß, drehte sich auf einmal zu mir um und meinte: »Du bist doch Europäer!« Unabhängig von der Tatsache, dass ich in Detroit geboren und aufgewachsen bin, erfüllte ich alle Kriterien und kam in den Vorstand der Kommission.

Und als ich neun Jahre später turnusmäßig den Vorsitz übernahm, wurde ich *ex officio* Mitglied der neunzehnköpfigen Arbeitsgruppe, die sich mit der Frage beschäftigte, wie man mit Pluto und allen anderen großen Himmelskörpern jenseits der Neptunbahn verfahren sollte.

Inzwischen war unser Kollege Pater Corbally allerdings in einer Position, in der er auf die Entscheidung noch mehr Einfluss nehmen konnte. Er war nämlich Mitglied der Antragskommission, die den Entwurf der endgültigen Definition verfassen musste, die dann zur Abstimmung gestellt wurde.

Paul: Aber warum ist es euch so wichtig, ob Pluto ein Planet ist oder nicht? Hat diese Definition wirklich praktische Auswirkungen auf euch Astronomen und eure Arbeit?

Guy: Als wir beschlossen haben, das Pluto kein Planet ist, hatte das die praktische Auswirkung, dass die Daten über seine Umlaufbahn und andere Merkmale in den Tabellen der anderen kleineren Himmelskörper auftauchen und nicht mehr bei den großen Planeten. Wenn wir die Namen neuer Himmelskörper festlegen, die ähnlich aussehen wie Pluto, gehen wir nicht nach den Regeln für die Benennung von Planeten vor (solche Regeln gibt es auch gar nicht), sondern wir folgen den Regeln, die für andere Objekte im Sonnensystem bereits gelten.

Letztlich ist es eine pragmatische Entscheidung. Große Planeten haben ziemlich stabile Umlaufbahnen, man muss also nicht so viele Daten sammeln, um sie jederzeit lokalisieren zu können.

Die Umlaufbahnen kleinerer Himmelskörper wie beispielsweise der Asteroiden werden durch die Schwerkraft der Planeten ständig verformt, man braucht also mehr und andere Daten, um einigermaßen akkurat berechnen zu können, wo sie sich irgendwann in der Zukunft befinden werden. Pluto ist so klein, dass er ständig vom Neptun beeinflusst werden kann – und das passiert auch tatsächlich. Es ist einfach sinnvoller, seine Daten in derselben Datenbank aufzuzeichnen wie die von anderen kleineren Objekten in unserem Sonnensystem.

Du kannst Pluto natürlich weiterhin als Planeten bezeichnen, wenn du willst. Von mir aus auch als Orange, wer sollte dich daran hindern? Aber wenn man mit anderen Wissenschaftlern, die sich mit ihm beschäftigen, sprechen will, wenn man beispielsweise wissen will, wo die wichtigsten Daten über Pluto und ähnliche Himmelskörper zu finden sind, dann ist es sinnvoll und praktisch, dieselbe Terminologie zu benutzen wie die Leute, die die Tabellen pflegen. Wenn man unter »Orangen« sucht, wird man Mühe haben, etwas Nützliches zu finden.

Naturwissenschaft ist kein großes Lehrbuch mit lauter feststehenden Fakten, sondern ein Gespräch. Und Gespräche brauchen eine gemeinsame Sprache. Deshalb brauchten wir auch hier eine Konvention, die für die teilnehmenden Wissenschaftler sinnvoll war.

Paul: Wo fing die Verwirrung in Sachen Pluto denn an, und warum ist sie vor Kurzem noch mal so hochgekocht?

Guy: Das Problem entstand durch den Fluch jeder wissenschaftlichen Hypothese: ein unerwartetes Zusammentreffen. Im Jahr 1846 stellten zwei Astronomen, John Couch Adams und Urbain Le Verrier, fest, dass die Umlaufbahn des Uranus (der erst fünfzig Jahre zuvor entdeckt worden war) leicht verändert worden war. Sie vermuteten, diese Veränderung würde durch einen bisher unbekannten Planeten hervorgerufen, und sie stellten sogar Berechnungen darüber an, wo man diesen Planeten wohl finden würde. Als Johann Gottfried Galle genau an dieser Stelle suchte, fand er den Planeten Neptun. Die nächste logische Frage lautete: Konnte man dasselbe Spiel noch einmal spielen und möglicherweise einen weiteren Planeten jenseits der Neptunbahn finden?

Wohlgemerkt, große Planeten verändern ihre Umlaufbahnen nicht so sehr, selbst wenn andere große Planeten in der Nähe sind. Der Effekt, nach dem diese Forscher suchten, musste also ganz klein sein. Aber gegen Ende des 19. Jahrhunderts waren einige Astronomen – darunter ein reicher Gentleman-Gelehrter namens Percival Lowell – der Ansicht, man wisse jetzt genug über die Umlaufbahn des Neptun, um zu bestimmen, wo man nach einem möglichen weiteren Planeten suchen müsse.

Lowell hatte sich vor allem in der populären Presse einen Namen gemacht, weil er Kanäle auf dem Mars entdeckt hatte. Einige »seriöse Astronomen« waren eher skeptisch, was seine Arbeit anging. Andererseits verfügte er über ein beträchtliches Vermögen und hatte sich außerhalb von Flagstaff in Arizona ein wirklich schönes Observatorium gebaut, konnte also Astronomen anstellen, die auf ihrem Gebiet einen guten Ruf hatten.

Lowell vermutete, der Planet, der den Neptun beeinflusste, müsste etwa zehn Mal so viel Masse haben wie die Erde und sich in einer ganz bestimmten Umlaufbahn bewegen. Und so wies er seine Leute im Observatorium an, an der Stelle zu suchen, die er errechnet hatte. Zwanzig Jahre lang fanden sie nichts. Dann, im Jahr 1930, fünfzehn Jahre nach Lowells Tod, entdeckte Clyde Tombaugh endlich etwas, was sich auf einer Umlaufbahn jenseits des Neptun bewegte – ziemlich genau in dem Bereich, den Lowell ursprünglich vorausgesagt hatte. Doch das Objekt leuchtete viel schwächer als vermutet.

Nicht etwa Tombaugh, sondern der Leiter des Lowell-Observatoriums, Vesto Slipher, gab dem Objekt den Namen Pluto. Er machte es schriftlich der American Astronomical Society bekannt, ebenso der britischen *Royal Astronomical Society* und der *New York Times*. Die International Astronomical Union (IAU) war in den gesamten Vorgang nicht mit einbezogen.

Pluto war so weit weg, dass niemand überrascht war, als selbst die besten Teleskope dieser Zeit ihn nicht als Scheibe sichtbar machen konnten. So groß die Teleskope auch sein mochten, man sah immer nur einen Lichtpunkt, der dann auch noch ziemlich schwach war. Nachdem seine Masse vermutlich das Zehnfache der Erde betrug, nahmen die Astronomen an, er sei klein und sehr dicht.

Aber dann stellte sich etwas Seltsames heraus: Die Astronomen wussten, dass man Plutos tatsächliche Größe messen konnte, indem man beobachtete, wie er vor einem anderen Stern herzog – der Fachbegriff dafür ist »Okkultation« –, und dann maß, wie lange es dauerte, bis der Stern im Hintergrund wieder aufblitzte. Je länger das »Blinzeln«, desto größer der Planet. Aber Pluto verpasste ständig die Sterne, die er eigentlich verdunkeln sollte. Und jedes Mal wurde die Vermutung stärker, dass Pluto viel, viel kleiner war als vorhergesagt. Bald zeigte sich, dass Pluto unwahrscheinlich dicht sein musste, um die Masse zu besitzen, die Lowell aufgrund der Beeinflussung des Neptun errechnet hatte.

In den 1970-er Jahren brachten dann zwei weitere Entdeckungen die Idee endgültig zu Fall, Pluto könne den Neptun beeinflussen. Eine neue Analyse der Neptun-Umlaufbahn auf der Basis von Daten, die ein Jahrhundert lang gesammelt worden waren, zeigt, dass die kleinen Schwankungen, die Lowell und andere benutzt hatten, um Pluto vorherzusagen, tatsächlich auf Messfehlern und Unsicherheiten in der Kartierung der Neptun-Position beruhten. Je nachdem, welche Datensätze man in der Analyse berücksichtigte oder ausließ, konnte man für den Pluto jede beliebige Masse errechnen, sogar eine negative. Die Vorhersage, aufgrund derer Tombaugh den Pluto entdeckt hatte, war nichts als Schall und Rauch.

1978 fand man dann einen Mond, der um den Pluto kreiste, und gab ihm den Namen Charon. Endlich konnte man die Masse direkt errechnen, und zwar aufgrund der Geschwindigkeit, mit der Plutos Schwerkraft Charon in seiner Umlaufbahn bewegte. Das Ergebnis: Pluto besaß nicht die zehnfache Masse der Erde, tatsächlich war er kaum ein Tausendstel so groß wie die Erde und gerade ein Zehntel so groß wie unser Mond. Damals berechnete ein Witzbold die Masse von Pluto als Funktion des angenommenen »Herstellungsjahres« und veröffentlichte ein Scherzpapier, in dem er vorhersagte, die Masse des Pluto würde im Jahr 1984 ins Unermessliche steigen.

Tombaugh hatte einen Himmelskörper entdeckt, wo Lowell einen Planeten vermutet hatte. Aber seine Entdeckung war keine Bestätigung von Lowells Vorhersagen, es handelte sich nur um ein dummes Zusammentreffen. Pluto war ein kleiner Himmelskörper, der rein zufällig genau an der Stelle lag, wo Lowell einen wesentlich größeren Planeten vermutet hatte.

Seine Umlaufbahn unterschied sich, wie man inzwischen wusste, erheblich von denen der anderen Planeten. Sie war sehr exzentrisch und wies starke Schwankungen und Neigungen auf, verglichen mit der ebenen Form der anderen Umlaufbahnen. Trotzdem war er das einzig bekannte Objekt da draußen jenseits der Neptunbahn. Tombaugh hatte ja jahrelang nach einem entsprechend hellen Himmelskörper gesucht und nichts gefunden. Obwohl wir also jetzt wussten, dass es sich um einen sehr kleinen Himmelskörper handelte, sah man keine unmittelbare Notwendigkeit, seinen Status anders zu definieren. Und so zählten die Schulkinder auf der ganzen Welt den kleinen, exzentrischen Planeten am Rande des Sonnensystems weiterhin mit und identifizierten sich mit ihm.

Paul: Pluto ist so weit weg und so klein – ich verstehe, dass es nicht einfach war, ihn oder irgendetwas anderes da draußen zu finden.

Guy: Seine Helligkeit beträgt 14 Magnituden (je größer die Magnitude, desto schwächer die scheinbare Helligkeit). Das ist zehntausend Mal schwächer als der schwächste Stern, den wir mit bloßem Auge erkennen können. Tombaugh musste unter seinem Teleskop fotografische Platten eine Stunde lang belichten, um genug Licht zu sammeln, damit er ihn sah. Eine längere Belichtung würde auch noch schwächere Objekte sichtbar machen, aber je mehr Zeit man an einem kleinen Teil des Himmels verbringt, desto mehr Nächte braucht man, um auch den restlichen Himmel abzusuchen. Und aus technischen Gründen – man spricht dabei vom Schwarzschildeffekt – kann man ab einem bestimmten Punkt nicht mehr annehmen, dass sich bei längerer Belichtung der fotografischen Platte noch schwächer leuchtende Sterne zeigen. So empfindlich sind diese Platten einfach nicht. Und die dunklen Nachtstunden reichten nicht aus, um die Platten länger zu belichten und auf diese Weise noch ein paar Magnituden weiter zu kommen. Tombaugh hat den Rest seines Lebens damit zugebracht, nach einem weiteren Objekt dort draußen zu suchen – vergeblich.

In den 1990-er Jahren jedoch gab es elektronische CCD-Chips, die viel empfindlicher waren als Tombaughs Platten und deshalb auch schwächer leuchtende Objekte einfangen konnten. Und so entdeckten David Jewitt und Jane Luu, die eigentlich nach den Ursprungsorten bestimmter Kometen suchten, die ersten Trans-Neptun-Objekte (TNOs), wie wir sie heute nennen. Diese Himmelskörper, vermutlich Klumpen aus Eis und Gestein mit einem Durchmesser von ein paar Dutzend oder Hundert Kilometern, waren schon Jahre zuvor von mehreren Forschern (darunter Gerard Kuiper) vorhergesagt worden. Sie galten als Ursprungsort einer wohlbekannten Kometenfamilie. In den nächsten zehn Jahren fand man tausend solche Objekte im sogenannten Kuipergürtel.

War Pluto einfach nur ein solches TNO? Das wohl nicht. Die anderen TNOs hatten zwar ähnlich exzentrische, geneigte Umlaufbahnen und befanden sich in der gleichen Region, aber sie waren wesentlich kleiner als Pluto. Sein Durchmesser betrug etwa 2.300 Kilometer; die TNOs waren höchstens ein paar Hundert Kilometer groß. Ihre scheinbare Helligkeit betrug 20 bis 25 Magnituden, war also um Hunderte Male schwächer als Pluto. Deshalb hatte Tombaugh sie auch nicht finden können.

Trotzdem begriffen einige Forscher, was los war, und argumentierten für eine Neudefinition des Pluto. Es war klar, dass seine Daten bei den TNOs wesentlich besser aufgehoben waren. Doch noch im Jahr 1999 erklärte der Exekutivrat der IAU, es gäbe keinerlei Pläne, den Status des Pluto zu ändern. Nicht lange danach war diese Behauptung nicht mehr zu halten. Inzwischen gab es spezielle Beobachtungsprogramme zur Beobachtung von Asteroiden und Kometen, die möglicherweise die Erde treffen konnten, und mit ihrer Hilfe ließen sich auch langsamere Asteroiden im Außenbereich des Sonnensystems auffinden. Im Jahr 2000 entdeckte das Spacewatch-Projekt in Arizona ein TNO mit einem Durchmesser von mehr als 1000 Kilometern, vergleichbar dem Pluto-Mond Charon und etwa so groß wie der bisher größte bekannte Asteroid Ceres. Es wurde als ein weiterer Asteroid behandelt, obwohl es sich im Kuipergürtel und nicht im Asteroidengürtel befand, bekam eine Asteroidennummer (die 2000, weil es so groß war) und den Namen Varuna nach dem Hindu-Gott, der oft mit dem römischen Gott Neptun verglichen wird.

Zwei Jahre später fanden Michael Brown und Chad Trujillo vom Cal Tech, dem California Institute of Technology, ein noch größeres TNO mit einem Durchmesser von etwa 1200 Kilometern. Es war also eindeutig größer als Ceres, der größte traditionelle Asteroid in dem Gürtel zwischen Mars und Jupiter, aber eben auch wesentlich kleiner als Pluto. Auch Ceres bekam eine schöne Nummer (die 50.000, denn inzwischen waren mithilfe des Spacewatch-Projekts viele, viele kleinere Asteroiden gefunden worden) und den Namen Quaoar nach dem Schöpfergott der Tongvas, die ihr Ursprungsgebiet in Kalifornien unweit des Cal Tech haben.

Und im Jahr 2003 schließlich wurde ein bemerkenswertes Objekt entdeckt, das den Namen Sedna und die Nummer 90377 bekam. Es war doppelt so weit von der Sonne entfernt wie Pluto und besaß eine Umlaufbahn, die es tausend Mal so weit von der Sonne entfernt hielt wie die Erde. Um überhaupt sichtbar zu sein, muss Sedna etwa 2000 Kilometer Durchmesser haben, also doppelt so groß sein wie Ceres. Allmählich wurde klar, dass Plutos Status als größter Himmelskörper jenseits der Neptunbahn in Gefahr war.

Sedna war ebenfalls von Mike Brown und seinem Team am Cal Tech gefunden worden. Sie hatten auch den Namen ausgewählt, nach der Inuit-Göttin des Meeres, und vorgeschlagen, weitere ähnliche Objekte ebenfalls nach Gestalten aus der Mythologie dieses arktischen Volkes zu benennen. Sie wussten, dass sie noch viele solche Objekte finden würden ... Sedna bekam gar keine Nummer mehr. Aber wenn wirklich noch mehr Himmelskörper von ihrer Sorte da draußen waren, dann bestand eine reelle Chance, dass einer von ihnen genauso groß oder größer war als Pluto. Und deshalb beschloss die IAU, die Angelegenheit wieder aufzugreifen. Ein Komitee wurde gegründet, und ich war mit dabei.

IM WHITEOUT

Paul: Kommt mir das nur so vor, oder verändert sich das Licht hier draußen? Die Wolken sind dichter geworden, mir wird irgendwie ganz schwummerig. Keine Ahnung ...

Guy: Das ist ein Whiteout. Da Eis und Wolken genau dieselbe Farbe haben, weiß man auf einmal nicht mehr, wo der Schnee aufhört und wo der Himmel anfängt. Der Horizont verschwindet, und damit verlierst du alle visuellen Anhaltspunkte zu deinem Standort. Man kann dabei leicht die Orientierung verlieren.

Wenn die Wolken die Sonne verdecken und das Licht so diffus wird, leuchtet es auch den Boden überall gleich aus.

Dann sieht man keine Schatten mehr, und ohne die Schatten ist der weiße Schnee unter deinen Füßen sehr schwer zu erkennen. Manchmal weißt du dann gar nicht mehr, wohin du deine Füße setzen sollst oder wo es Buckel oder Senken im Schnee gibt. Tatsächlich ist es ziemlich gefährlich, bei solchen Verhältnissen draußen rumzulaufen. Wir ziehen uns lieber ins Zelt zurück.

Paul: Ja, das ist besser. Wenn jetzt noch der kleine Campingkocher brennt, können wir uns aufwärmen und eine Tasse Tee oder heiße Schokolade trinken. Schön, die Kälte endlich hinter sich zu haben.

Aber zurück zu Pluto. Du hast also zu dem Komitee gehört, das für seine Degradierung sorgte?

Guy: Nicht wirklich. Ich gehörte zu einem von mehreren Komitees, die von der IAU zusammengestellt wurden. Ein sicheres Mittel, um Chaos zu stiften. Und außerdem wurde die Zahl der Mitglieder immer größer, bis wir irgendwann neunzehn Leute waren, sowohl Mitglieder *ex officio* als auch Forscher, die sich intensiv mit Pluto und ähnlichen Himmelskörpern beschäftigt hatten. Wir waren viel zu viele, als dass wir in der Lage gewesen wären, alle gleichzeitig am selben Ort zu sein. Also entstanden kleiner Ad-hoc-Gruppen, die sich am Rande irgendwelcher internationaler Konferenzen trafen und dort windige Kompromisse aushandelten, mit denen definiert werden sollte, was ein Planet war und was nicht. Und dieser Kompromiss wurde dann garantiert von der nächsten Untergruppe ignoriert, die sich auf der nächsten internationalen Konferenz traf.

Es war hoffnungslos. Das Problem war schwer fassbar, es gab persönliche Animositäten und Ego-Probleme, und so wurde es immer schwieriger, einen für alle akzeptablen Kompromiss zu finden.

Paul: Das sagst du!

Guy: Ja, das sage ich. Denn mein Ego spielte dabei durchaus eine Rolle. Ich war in großer Versuchung, meine Position anderen Mitgliedern aufs Auge zu drücken, nur um irgendwann als der Typ in die Geschichte einzugehen, »der festgelegt hat, was ein Planet ist«. Und ich glaube, auch den anderen Mitgliedern des Komitees war diese Neigung nicht fremd. Das Äußerste, was wir zustande brachten, war ein willkürliches Limit: ein Radius von 1000 Kilometern.

Mit dieser Regel war aber niemand so richtig glücklich, und so fand sie auch keine große Unterstützung. Schlimmer noch: Es entwickelten sich drei verschiedene Richtungen bei der Ausarbeitung der Details, wie man diese Regel anwenden sollte, und keine dieser drei Richtungen fand eine Mehrheit.

Unser Komitee untersuchte Dutzende von Vorschlägen für eine Definition, was ein Planet sei, vorgebracht von Mitgliedern des Komitees oder von außerhalb. Jeder hatte eine eigene Meinung. Tatsächlich würde ich sagen, ich habe in allen Diskussionen, die später folgten, keine Definition mehr gehört, die wir nicht bereits durchdacht hatten. Und natürlich hörten wir auch jede Menge gute Gründe, warum der entsprechende Vorschlag entsetzliche Mängel hatte.

Einige Vorschläge besagten, ein Himmelskörper könne nur dann ein Planet sein, wenn er eine Atmosphäre oder eine aktive Oberflächengeologie besäße. Aber es ist heute noch unmöglich, solche Beobachtungen an schwach leuchtenden, weit entfernten Objekten zu machen. Selbst im besten Fall sind sie nicht mehr als Lichtpunkte in unseren Teleskopen. Sollen wir noch hundert Jahre warten, wie es mit der Entwicklung von Teleskopen und Raumfahrt weitergeht, damit wir irgendwann in der Lage sind, einen neu entdeckten Himmelskörper zu klassifizieren?

Ganz eindeutig gibt es einen Größenunterschied zwischen Pluto und dem nächstgrößeren Planeten Merkur, sodass man es durchaus als möglich ansah, eine Klassifizierung aufgrund der Größe vorzunehmen. Aber wo war die Grenze? Und wer sagt uns denn, dass jedes Planetensystem, das wir rund um andere Sterne entdecken, ähnlich günstige Größenunterschiede aufweist? Was, wenn wir irgendwo jenseits von Sedna einen Himmelskörper entdecken, der größer ist als Pluto, aber kleiner als Merkur?

Sollten wir auf einer Definition bestehen, die man auch einem Schulkind erklären konnte, oder die uns wenigstens nicht zur Lachnummer in jeder Talkshow im Spätprogramm macht?

Die Frage nach der Definition eines Planeten war davon abhängig, woran man gerade arbeitete. Wenn man sich mit der Physik im Inneren eines Planeten beschäftigt, dann ist unser Mond ein perfektes Beispiel für einen Planeten. Wenn es darum geht, wie sich Planeten in ihrer Umlaufbahn verhalten und in welcher Weise sie von anderen Himmelskörpern beeinflusst werden, dann ist selbst Merkur ein Zweifelsfall.

Aber das Wichtigste war: Wir konnten dem Exekutivkomitee der IAU schon deshalb keine definitive Aussage über die allgemein anerkannte Definition eines Planeten liefern, *weil innerhalb der astronomischen Community darüber absolut kein Konsens herrschte.*

Paul: Ich denke, ich verstehe jetzt zumindest eines der Probleme. Die Art, wie man Dinge klassifiziert – die Kriterien oder Regeln, die man anwendet, um zu entscheiden, ob etwas zu einer Gruppe gehört oder nicht –, sind davon abhängig, was man erreichen will. Man kann eine Bibliothek alphabetisch nach Autoren oder Titeln sortieren, wenn man sich die Suche nach einem bestimmten Buch oder Autor erleichtern will. Man kann sie aber auch nach Themen sortieren, wenn man auf diese Weise suchen will.

Guy: Ich kenne sogar jemanden, der seine Bücher nach der Umschlagfarbe einordnet, weil er sich normalerweise weder Titel noch Autor merken kann, wohl aber den Umschlag.

Paul: Es heißt manchmal, unser Ziel beim Aufstellen von Kategorien solle darin bestehen, an den natürlichen Gelenkstellen einzugreifen, also solche Kategorien zu entwickeln, die auch in der Natur zu Unterscheidungen führen. Andere sagen, wir haben ohnehin keine Ahnung, wo die Natur Unterschiede macht. Wenn wir also Kategorien aufstellen, geht es nur darum, was für uns am bequemsten und nützlichsten ist. Und wieder andere behaupten, es gäbe in der Natur gar keine Unterschiede.

Immer wieder wird behauptet – allerdings ist die Sache nicht ganz unumstritten –, die Eskimosprachen hätten mehr Wörter für Schnee als andere Sprachen. Man vermutete, das läge daran, dass Menschen, die ständig mit Schnee leben und arbeiten, die kleinen Unterschiede verschiedener Schneearten präziser wahrnehmen und deshalb subtilere, nuanciertere Kategorien aufstellen. Ich will gern zugeben, dass ich hier in der Antarktis um mich herum nur Schnee sehe und keine unterschiedlichen Arten von Schnee. Aber vielleicht hast du bei deinem längeren Aufenthalt bei der Jagd nach Meteoriten mehr Sensibilität für die verschiedenen Arten von Schnee entwickelt.

Guy: Jedenfalls kann ich dir versichern, dass dein Hintern eine gewisse Sensibilität entwickelt, wenn du mit einem Schneemobil über Sastrugi fährst! Sastrugi sind Schneeverwehungen, die aushärten, wenn der Wind sie verbläst. Und sie werden wirklich richtig hart. Aber das Wort ist eine Mischung aus Deutsch und Russisch, mit den Eskimosprachen hat es nichts zu tun.

Paul: Einige Leute behaupten, alle Kategorien seien künstlich und es gäbe keine klaren Trennlinien. Sie sagen zum Beispiel, wenn du Sandkorn um Sandkorn auf einen Ameisenhaufen gibst, ist es nicht so einfach, den Moment zu identifizieren, in dem durch das nächste Sandkorn aus dem Ameisenhaufen ein Berg wird.

Guy: Man spricht in diesem Zusammenhang auch von »fuzzy logic«.

Paul: Heißt das nun aber, es gibt keine echten oder klaren Grenzen oder Unterschiede zwischen einem Ameisenhaufen und einem Berg? Oder ist es eher so wie mit dem Horizont während eines Whiteouts: Es gibt eine solche Grenze und es gibt einen Unterschied, aber wir können sie nicht sehen und wissen nicht, wo sie liegen? *Oder* heißt das, die Grenze und der Unterschied sind abhängig von uns und dem, was wir erreichen wollen?

Guy: Das Beispiel mit dem Ameisenhaufen ist wichtig in Bezug auf das Wachstum von Asteroiden, die ja letztlich nur Steinhaufen sind. Mit Ameisenhaufen und Bergen kenne ich mich nicht so aus, aber mit Asteroiden verhält es sich jedenfalls anders als in deinem Beispiel.

Da wäre zunächst einmal die Physik. Wir wissen, dass die meisten bisher entdeckten Asteroiden nur lose zusammengetragene Steinhaufen sind. Sie bestehen aus einzelnen Felsbrocken, und einige dieser Brocken landen als Meteoriten auf der Erde. Hier in der Antarktis, wo sie leicht zu finden sind, können wir sie einfach einsammeln. Aber die Dichte der einzelnen Meteoriten – die wir in unserem Labor im Vatikan messen – ist etwa doppelt so hoch wie die der Asteroiden, von denen sie stammen. Das können wir mit unseren Teleskopen feststellen. Daraus schließen wir, dass die Asteroiden lose Steinhaufen mit viel leerem Raum zwischen den Steinen sind.

Nehmen wir nun an, ein Asteroid wächst, indem er Staub oder Kiesel oder Felsbrocken ansammelt. Das ist in der Frühzeit unseres Sonnensystems passiert, als noch sehr viel loses Material um die Sonne kreiste. Es gibt zwei verschiedene, widerstreitende Kräfte in einem solchen Steinhaufen. Auf der einen Seite wird jeder einzelne Steinhaufen von seiner eigenen Schwerkraft zusammengehalten. Je mehr Steine, desto größer die Schwerkraft. Außerdem ist die Schwerkraft abhängig von der Dichte: Ein kompakter, weniger loser Haufen hat eine größere Schwerkraft als ein loser, zerklüfteter Haufen mit der gleichen Menge Material.

Andererseits besitzen auch die einzelnen Steine eine gewisse Kraft. Diese Kraft und die Reibung zwischen den Steinen hält die einzelnen Teile eher auseinander, wirkt also der Schwerkraft entgegen.

In einem Steinhaufen ist die Kraft des einzelnen Steins größer als die lokale Schwerkraft, sodass jeder Stein seine individuelle Form behält und der Raum zwischen den Steinen offen bleibt. Aber wenn der Haufen größer wird, erhöht sich auch die Schwerkraft, während die Kraft der einzelnen Brocken gleich bleibt. Irgendwann entsteht also eine Größe, eine kritische Schwelle, ab der die lokale Schwerkraft groß genug ist, um die einzelnen Steine zu zerbrechen und den Raum zwischen ihnen auszufüllen, zumindest in der Mitte des Haufens, wo der Druck am größten ist.

Aber was passiert dann? Sobald die Steine und Zwischenräume zerdrückt werden, wächst die Dichte des gesamten Haufens und damit auch seine Schwerkraft; das Zerdrücken beschleunigt sich also, die Schwerkraft wächst weiter, bis das ganze Ding irgendwann ganz plötzlich zusammenbricht und eine kleinere, aber dichtere neue Form annimmt. Es gibt keine generelle Abstufung zwischen locker und weniger locker. Wenn die Steine stark genug sind, um der Schwerkraft zu widerstehen, dann tun sie das. Und wenn sie nicht mehr stark genug sind, dann bricht das ganze System zusammen. Es kann also sehr wohl das eine Sandkorn sein – oder irgendeine andere relativ kleine Veränderung –, die ausreicht, um eine ganze Kettenreaktion auszulösen.

Paul: Das heißt aber doch auch, es gibt eine ganz einfache Methode, einen Planeten zu definieren. Vor dem Zusammenbruch ist es ein Asteroid, nach dem Zusammenbruch handelt es sich um einen Planeten.

Guy: Tja, könnte man meinen! Tatsächlich wurde diese Definition der IAU auch vorgeschlagen. Und sie hat noch einen großen Vorteil: Sie definiert nicht nur zwei klar voneinander abgegrenzte Existenzformen, sondern erklärt auch ganz deutlich, warum man gerade hier die Trennlinie zieht. In einem Steinhaufen gibt es keine interessanten geologischen Vorgänge. Aber wenn der Himmelskörper groß genug ist, um sich zu verfestigen, dann verhält er sich wie ein Planet, mit Tektonik und inneren Schmelzvorgängen und anderem Verhalten, das man auf der Oberfläche ablesen kann. Dann gibt es Vertiefungen und Ströme und alle möglichen anderen Strukturen, die ein Geologe untersuchen kann. Die Frage, ob es sich bei einem Objekt um einen Steinhaufen oder einen einzigen Körper handelt, sagt dir also, welche Werkzeuge du brauchst, um es zu untersuchen.

Und noch ein weiterer Vorteil: Ein fester Körper wie dieser wird von seiner eigenen Schwerkraft in eine glatte, runde Form gezwungen. Steinhaufen sehen eher aus wie alte Kartoffeln. Man kann also eigentlich schon von Weitem sehen, bei welchen Objekten es sich um feste Körper handelt und bei welchen um lose Haufen.

Paul: Womit das Problem gelöst wäre.

Guy: Nicht ganz. Denn zum einen ist der Punkt des Zusammenbruchs davon abhängig, woraus der Körper besteht und wie heiß er ist. Wenn ich zwei identisch aussehende Körper habe, aber der eine besteht aus relativ weichem Eis und der andere aus hartem Eisen, dann kann man schon die Frage stellen, warum das Teil aus Eis ein Planet sein soll und das aus Eisen nicht.

Es kann ja wohl nicht angehen, dass ein Himmelskörper nur aufgrund seiner Temperatur (und damit seiner Fähigkeit, eine glatte Kugelform anzunehmen) zum Planeten wird, dann aber kein Planet mehr ist, weil er abkühlt und hart wird. Das klingt weit hergeholt? Tatsächlich gibt es ein Beispiel dafür, nämlich 4 Vesta, den zweitgrößten Himmelskörper im Asteroidengürtel. In seiner frühen Geschichte war er geschmolzen und kugelförmig. Dann gefror er und wurde durch äußere Einwirkung zu einem sehr seltsamen, unförmigen Klumpen mit einem großen Pickel am Südpol. Ist das nun ein Planet oder nicht?

Und es gibt noch ein anderes Problem. Wenn du wissen willst, ob es sich bei einem Objekt um einen Planeten handelt, weil du seine Geologie studieren willst, dann ist die eben entwickelte Definition in Ordnung. Andere Leute studieren aber Planeten vielleicht aus ganz anderen Gründen, und für sie ist diese Definition vollkommen irrelevant. Leute, die untersuchen, wie Planeten geformt sind oder wie sich das gesamte Planetensystem im Zeitverlauf entwickelt, legen vollkommen andere Kriterien an.

Für manche von ihnen geht es darum, wie der Körper gebildet wurde. Ist er aus einem substellaren Klumpen aus

Gas und Staub entstanden oder aus einer Ansammlung kleinerer Steine? Wir können nicht sehen, wie Pluto oder seine Nachbarn entstanden sind, aber wir können einige gut begründete Vermutungen anstellen. Zumindest scheint klar, dass Pluto nicht auf die gleiche Weise entstanden ist wie Neptun. Wie sollte man sonst ihre unterschiedliche Größe erklären?

Andere machen sich Gedanken über die Stabilität der Umlaufbahnen. Und wenn wir in diesem Zusammenhang von zwei ganz unterschiedlichen Himmelskörpern sprechen, dann ist es sinnlos, sie in eine Gruppe zu stecken. Schon aus dem Grund, weil wir die Umlaufbahn eines kleineren Himmelskörpers viel sorgfältiger beobachten müssen als die eines großen, weil sie von den größeren Nachbarn viel leichter beeinflusst werden kann. Und es geht noch weiter. Wenn Neptun seine Umlaufbahn verändert (was er durchaus tut, wenn auch nur ganz leicht, und zwar unter dem Einfluss von Saturn oder Jupiter), dann bleibt das nicht ohne Auswirkungen auf Pluto. Wenn aber Pluto von einem anderen Körper beeinflusst wird, bleibt das nicht lange so, weil Neptun ihn wieder zurückzerrt.

Sollte man also nur solche Himmelskörper als Planeten klassifizieren, deren Umlaufbahnen kaum fremden Einflüssen unterworfen sind? Das hieße aber, dass ein Himmelskörper dann als Planet gilt, wenn er sich in der Nähe seines Sterns befindet, denn dann wird seine Umlaufbahn durch die Schwerkraft des Sterns stärker stabilisiert. Der gleiche Himmelskörper wäre kein Planet, wenn er weiter von seinem Stern entfernt und deshalb auch in seiner Umlaufbahn leichter zu beeinflussen wäre.

Paul: Ich verstehe, es geht nicht um den Ameisenhaufen und den Berg. Es geht auch nicht um einen Mangel an klaren Kriterien, nach denen man einen Planeten von einem

Nicht-Planeten unterscheiden könnte. Vielmehr gibt es viele unterschiedliche klare Kriterien, die man anwenden könnte. Und es wäre natürlich schön, wenn sie alle zum selben Ergebnis kämen, aber das ist nicht der Fall. Und deshalb ist das Ergebnis auch nicht so eindeutig.

Für mich klingt das so, als verliefe die Trennlinie zwischen Planet und Nicht-Planet ungefähr so wie zwischen gesund und ungesund. Die Entscheidung, ob ein bestimmter Mensch gesund ist, beruht auf einer Vielzahl von Faktoren. Vielleicht hat jemand hervorragende Blutwerte, kann aber schlecht sehen und hören. Ist er nun gesund oder nicht? Kommt drauf an.

Es scheint, als suchten wir nach einer einfachen Antwort (Planet oder Nicht-Planet) auf eine Frage, die wesentlich komplizierter ist.

IM SCHNEESTURM

Paul: Wo wir gerade von komplizierten Fragen sprechen: Was für ein Lärm ist das eigentlich da draußen? In den letzten paar Minuten ist es furchtbar laut geworden.

Guy: Der Wind hat zugenommen. Jetzt bläst er Schnee übers Eis, der auf unsere Zeltwände trifft. Vielleicht hört es gleich wieder auf, vielleicht dauert es aber auch ein paar Tage. Bei solchem Wetter kann man nicht draußen arbeiten. Einmal waren wir zwölf Tage am Stück praktisch in unseren Zelten eingesperrt, das war 1996. Der Wind kommt hier übrigens immer vom Südpol, es ist ein sogenannter katabatischer Wind oder auch Fallwind. Kalte Luft gleitet vom Südpol herunter bis zum Meer.

Paul: Laute, kalte Luft, die vom Südpol kommt. Na gut. Wie war es aber mit der lauten heißen Luft aus den Sitzungszimmern, als ihr euch über den Status des Pluto gestritten habt?

Guy: Ha ha. Na ja, die Argumente gingen hin und her, und die Planetenentdecker hatten in der Zwischenzeit natürlich wieder neue Welten gefunden. Im Sommer 2005 war klar, dass ein bestimmtes TNO, das man Ende 2003 gefunden hatte, weit genug weg und trotzdem hell genug war, sodass man annehmen musste, es sei größer als Pluto. Vorläufig bekam es die Bezeichnung 2003 UB313 – dahinter verbirgt sich das Entdeckungsjahr, der halbe Monat und eine Ordnungszahl. Außerdem gab es noch zwei weitere neu entdeckte Objekte, die nur wenig kleiner waren.

Das alles löste eine regelrechte Krise in der IAU aus. Jetzt musste wirklich eine Entscheidung fallen. Aber die ursprüngliche Kommission hatte keine Entscheidung zustande gebracht.

Da man wusste, dass es an der Frage »Was ist ein Planet?« ein enormes Publikumsinteresse gab, bildete das Exekutivkomitee eine neue Kommission, diesmal nur mit fünf Mitgliedern plus Vorsitzendem: Wissenschaftler, Journalisten und Historiker. Die Verhandlungen liefen im Geheimen ab, damit nicht wieder so viel Einfluss von außen genommen wurde wie beim ersten Mal. Und die Entscheidung dieser Kommission wurde dann in Form einer Presseerklärung zu Beginn der zweiwöchigen Generalversammlung 2006 in Prag veröffentlicht.

Die erste Etappe vollzog sich allerdings bereits, bevor die Entscheidung verkündet wurde. Bei der Eröffnungssitzung schlugen die IAU-Offiziellen eine Änderung des Abstimmungsmodus vor: Bei wissenschaftlichen Fragen (also nicht bei Haushaltsfragen oder anderen IAU-internen Themen) sollten nicht mehr die Nationen abstimmen, sondern die einzelnen Wissenschaftler. Auf diese Weise hofften sie, kontroverse Themen (wie beispielsweise die Definition eines Planeten) wirklich fair zu behandeln und eine möglichst breite Basis für die Abstimmungsergebnisse herzustellen.

Der Vorschlag der kleinen Kommission in Bezug auf die Definition eines Planeten wurde am Mittwoch der ersten Sitzungswoche veröffentlicht. Er lautete so, wie ich es vorhin beschrieben habe: Ein Planet ist ein Himmelskörper, dessen Schwerkraft groß genug ist, die individuellen inneren Kräfte zu überwinden und so eine Kugelform entstehen zu lassen, sodass das entsteht, was die Geophysiker ein »hydrostatisches Gleichgewicht« nennen. Nach dieser Definition war Pluto nicht der einzige kleine Himmelskörper, der als Planet gelten konnte, das Gleiche galt auch für den größten Asteroiden, Ceres, und sämtliche neu entdeckten Objekte im Kuipergürtel: alles Planeten.

Außerdem wurde vorgeschlagen: Wenn der Mond eines Planeten so groß ist, dass das gemeinsame Gravitationszentrum außerhalb von ihnen liegt, dann sollten beide als Planeten bezeichnet werden, die paarweise auftreten. Das ist bei Pluto und Charon der Fall. Damit erhöhte sich die Zahl der Planeten, einschließlich des noch namenlosen 2003 UB313 auf zwölf, und zweifellos würden es noch mehr werden.

Aber wie wir schon gesehen haben, beschreibt diese Definition zwar die inneren Eigenschaften, die für einen Geologen von Bedeutung sind, aber über die Dynamik der Umlaufbahn ist damit nichts gesagt. Entsprechend unglücklich war die Gruppe der Dynamiker. Einige von ihnen entwickelten eine alternative Definition, die sie am Freitag der ersten Sitzungswoche bei einem offenen Forum zu dem Thema präsentierten. Sie behielten die Definition der Geologen bei, fügten aber hinzu, dass ein Planet seine »Region im Weltraum« auch schwerkraftmäßig dominieren müsse. Mit anderen Worten: Er muss so groß sein, dass er auf den Stern, den er umkreist, und die Umlaufbahn der anderen großen Planeten einen erkennbaren Einfluss ausübt. Außerdem argumentierten sie, dass ein echter Planet bei seiner Entstehung die betreffende Region im Sonnensystem »gereinigt« haben müsse.

Bei der Sitzung, auf der diese Definition präsentiert wurde, waren etwa dreihundert Wissenschaftler anwesend. Und sie waren mit überwältigender Mehrheit für diesen Vorschlag. Ich war damals nicht nur Vorsitzender der Kommission 16 »Monde und Planeten«, sondern diente auch als Schriftführer der gesamten Abteilung für Planetare Forschung. Deshalb habe ich die Diskussionen mit aufgezeichnet. Selbst die Teilnehmer, die mit dem neuen Vorschlag nicht einverstanden waren, mussten zugeben, dass zwischen 60 und 80 Prozent der Anwesenden dafür waren.

Aber die Überlegungen der Dynamiker waren schwer zu erklären, vor allem für Leute, die nichts von diesem Thema wussten, geschweige denn für die breite Öffentlichkeit oder die Witzbolde, die nun in den Late-Night-Shows über uns herfallen würden.

Paul: Ich bin überrascht und erfreut, dass ihr euch Gedanken darüber gemacht habt, wie man die Sache auch der breiten Öffentlichkeit verständlich machen könnte. Ich hatte angenommen, ihr hättet euch nur mit internen Überlegungen und mit den Bedürfnissen der Astronomen beschäftigt. Aber offenbar haben die Verfasser der neuen Definition nicht nur ihre eigenen Bedürfnisse im Blick gehabt, sondern auch die Nöte und den Blickwinkel der Öffentlichkeit.

Ich denke, dass zeigt eine gute, realistische und reife Wertschätzung für die Tatsache, dass Naturwissenschaft nicht isoliert von der restlichen Gesellschaft arbeiten kann und darf. Schließlich wird die Forschung ja auch von der Öffentlichkeit bezahlt, man muss die Leute also mit ins Boot nehmen. Und es ist ja auch oft genug so, dass die Ergebnisse und Entdeckungen der Wissenschaft ihre gesellschaftlichen Auswirkungen haben. Auch die künftigen Astronomen kommen aus der Mitte unserer Gesellschaft, es kann also nicht schaden, die Astronomie so verlockend zu präsentieren, dass sie etwas davon verstehen.

Trotzdem frage ich mich, was mit der Qualität von Wissenschaft passiert, wenn sie zu viel Rücksicht auf die Bedürfnisse und das Verständnis der Öffentlichkeit nimmt. Wenn man die Begriffe und Kategorien herunterschraubt, damit sie allgemein verständlicher werden, kann das auch zur Folge haben, dass Wissenschaftler nicht mehr vernünftig miteinander reden können. Schließlich ist die interne Kommunikation ja sehr wichtig, wie du schon gesagt hast. Und sie wird sicher nicht erleichtert, wenn man nur noch eine Art Babysprache benutzen darf.

Ich denke, Isaac Newton hat sich nicht besonders viele Gedanken darüber gemacht, wie er seinen Diskurs an das allgemeine Publikum anpassen könnte.

Guy: Für die endgültige Formulierung war die Antragskommission zuständig: eine kleine Gruppe von Astronomen, darunter kein einziger Planetenforscher, die alle Anträge für die Abstimmung vorbereiten. Hier kommt nun ein zweites Mal die Vatikan-Connection ins Spiel, denn der Vorsitzende dieser Antragskommission war kein Geringerer als unser Repräsentant, Pater Corbally.

Gemeinsam mit der ganzen Antragskommission tat er sein Bestes, die Definition so einfach wie möglich zu formulieren, damit die breite Öffentlichkeit zumindest den Grundgedanken verstand. Am Dienstag der zweiten Sitzungswoche wurde der neue Vorschlag veröffentlicht. Aber jetzt hatten die Dynamiker den Eindruck, ihre Vorstellungen kämen zu simpel rüber. Am Dienstagmittag fand unter der Leitung des

IAU-Vorsitzenden Ron Ekers eine einstündige Plenumssitzung zu dem Thema statt. Es kam zu einer erbitterten Diskussion, bei der manche so weit gingen, das Exekutivkomitee zu verdächtigen, es wollte den versammelten Astronomen eine falsche Definition unterjubeln, die ihren Überzeugungen widersprach.

Am Abend gab es eine zweite öffentliche Plenumssitzung, diesmal nicht unter der Leitung des IAU-Vorsitzenden, sondern eines Mitglieds der Antragskommission – und diese Frau ist mit Sicherheit eine der angesehensten Forscherinnen in der gesamten Community: Dame Jocelyn Bell Burnell.

Jocelyn Bell hat schon während der zweiten Hälfte ihres Studiums ihren ersten Pulsar entdeckt. Als ihr Doktorvater Antony Hewish für diese Entdeckung den Nobelpreis für Physik bekam und nicht sie, gab es einen internationalen Aufschrei. Aber sie verteidigte die Entscheidung und erklärte, sie sei nur Hewishs Ratschlägen gefolgt, er habe das Experiment geplant und die Ergebnisse interpretiert, und deshalb habe er den Preis zu Recht bekommen. Es ist schon eine schöne Ironie, dass sie aufgrund ihrer eleganten Intervention letztlich berühmter wurde als die meisten Nobelpreisträger – dafür, dass sie ihn nicht bekommen hatte.

In der Sitzung jedenfalls leistete Dr. Bell Burnell hervorragende Arbeit, indem sie vor allem zuhörte und erklärte. Nachdem alle angehört worden waren, bereitete die Gruppe einen neuen Vorschlag für die Schlussabstimmung am Donnerstagnachmittag vor.

Ich erinnere mich noch, wie ich an jenem Nachmittag die Versammlungshalle betrat. Wir wurden alle überprüft, ob wir einen »Mitglied«-Button trugen – nur dann bekamen wir eine gelbe Abstimmungskarte. Außerdem gab es viele Teilnehmer mit Gäste- oder Pressebuttons. Ich schätze, etwa tausend Leute waren anwesend, die Hälfte davon stimmberechtigte Mitglieder.

Zunächst wurde über einige technische Entschließungen zu anderen Themen abgestimmt. Dann wurden die Pluto-Entschließungen zur Abstimmung aufgerufen: Antrag 5 und 6.

Die Antragstexte waren zuvor verteilt worden, sodass alle wussten, worum es ging und worüber sie abstimmten. Auf dem Podium waren Jocelyn Bell Burnell, um alles zu erklären, und Pater Corbally, der den Abstimmungstext vorbereitet hatte, außerdem Richard Binzel, Vorsitzender der Kommission, deren ursprünglicher Vorschlag abgeschossen worden war.

Die Abstimmungen wurden jeweils in zwei Teile geteilt. Antrag 5a teilte alle Objekte im Sonnensystem in drei Klassen ein: Planeten, Zwergplaneten und kleine Objekte des Sonnensystems. Darüber wurde eine Weile diskutiert, dann kam es zur Abstimmung. Der Antrag wurde mit überwältigender Mehrheit angenommen, sodass gar nicht genau ausgezählt werden musste. Ich habe ebenfalls dafür gestimmt. Jedem dort war klar, dass Objekte wie Pluto sich definitiv von Objekten wie Neptun unterschieden, aber eben auch von den Steinhaufen der Asteroiden.

Antrag 5b war deutlich problematischer. Er enthielt das Wort »klassisch«, um die erste Kategorie der Planeten zu charakterisieren. Um zu erklären, was damit gemeint war, brachte Jocelyn Bell Burnell einen großen Ball mit aufs Podium, der die acht großen Planeten repräsentierte, dann eine Handvoll kleinerer Steine und dazu eine Schachtel mit Frühstücksflocken und einen kleinen gelben Spielzeughund als Bilder für Ceres und Pluto. Schöne Idee – die Göttin des Ackerbaus und Getreides und die berühmte Disney-Figur. Dann hielt sie einen Regenschirm über den Ball, die Frühstücksflocken und den Hund, aber nicht über die Steine. Die Idee hinter diesem Antrag, so sagte sie, lief darauf hinaus, die acht großen Himmelskörper und die »Zwerge« unter der gemeinsamen Bezeichnung »Planet« zu behalten. Die großen waren die »klassischen« Planeten, die kleinen die Zwergplaneten.

Damit war klar, dass jetzt die große Entscheidung anstand. Stimmst du mit Ja, dann sind Pluto und die anderen Planeten, stimmst du mit Nein, dann sind sie es nicht. Die Ja-Stimmen standen auf, ein paar Hundert Leute. Dann kamen die Nein-Stimmen, und es war klar, dass sie in der Mehrheit waren. Alle waren sich einig, dass man nicht auszählen musste. Ich habe mit Ja gestimmt und verloren.

Antrag 6a legte fest, dass Pluto der erste in einer besonderen Klasse von Zwergplaneten war, die jenseits der Neptunbahn liegen (im Gegensatz zu Ceres, die ebenfalls die Größe eines Zwergplaneten hat, sich aber im Asteroidengürtel befindet). Diesmal wurde ausgezählt, und es ergaben sich 237 Ja- und 157 Nein-Stimmen. Ich habe dafür gestimmt. Antrag 6b schließlich benannte diese Himmelskörper als »Plutonier«. Er scheiterte ganz knapp: 183 Ja- und 186 Nein-Stimmen. Ich habe auch in diesem Fall mit Ja gestimmt. Vielleicht hielten viele diese Abstimmung für eher technischer Art, jedenfalls enthielten sich viele Teilnehmer.

Vielleicht lag es an dem ziemlich uneleganten Namen, dass dieser Antrag scheiterte. Plutonier klingt schon sehr nach dem chemischen Element Plutonium. Andere Vorschläge brachten ähnliche sprachliche Probleme mit sich.

Paul: Für Nicht-Wissenschaftler klingt es ziemlich seltsam, dass man so etwas per Abstimmung regelt. Sie fragen sich vielleicht: Moment mal, ich habe immer gedacht, Wissenschaft sei eine ganz objektive Angelegenheit. Seit wann werden wissenschaftliche Wahrheiten durch Abstimmungen und politische Entscheidungen festgelegt?

Aber ich verstehe es eigentlich nicht so. Größe, Form und Eigenschaften der verschiedenen Himmelskörper in unserem Sonnensystem standen ja nicht zur Abstimmung, darüber konnte man sich leicht einigen. Es ging um die Frage, wie man sie am besten kategorisiert.

Und in diesem Fall war das Ziel der Kategorisierung ein ganz pragmatisches: Man braucht Kategorien, mit denen man in Zukunft gut arbeiten kann. Das heißt für mich, wenn Wissenschaftler in ihrer Arbeit bestimmte Klassifikationen und Kategorien benutzen, dann behaupten sie nicht, dabei die Natur nachzuahmen oder ihre Einteilungen anhand realer Trennlinien in der Natur vorzunehmen (obwohl sie vielleicht hoffen, dass sie nicht ganz falsch liegen). Und sie nehmen auch nicht an, dass ihre Einteilungen für alle Zeit in gleicher Weise gültig sein werden. Es handelt sich lediglich um Werkzeuge, die der Arbeit auf diesem Gebiet dienen.

Man hofft einfach, dass man mit diesen Werkzeugen künftigen Fortschritt am besten befördern kann. Und man hofft auch, dass die Werkzeuge in der Zukunft nicht allzu sehr verändert werden müssen, weil solche Veränderungen immer schwierig sind. Das erscheint mir sinnvoll und klärt einiges für mich.

Die Kategorie »Planet« hat zwar eine große historische Bedeutung, aber in den Augen der heutigen Wissenschaftler ist sie vor allem ein Werkzeug. Indem die Astronomen über die Definition eines Planeten entschieden, veränderten sie ein Werkzeug. Und dazu mussten sie darüber nachdenken, welches Werkzeug am besten zu ihrer Arbeit passte. Aber sie mussten auch berücksichtigen, dass der Begriff »Planet« eine lange Geschichte hat und der Allgemeinheit wohlbekannt ist. Wichtig ist dabei letztlich: Der Begriff »Planet« beschreibt eine Konzeption und ein Werkzeug, er ist kein Ehrentitel. Und deshalb ging es überhaupt nicht darum, Pluto zu »degradieren«. Was im Übrigen nichts daran ändert, dass er mir irgendwie leidtut.

Aber was passierte denn nun nach den ganzen Abstimmungen?

Guy: Die Teilnehmer der Generalversammlung, einschließlich derer, die bei den Abstimmungen »unterlegen« waren, hatten das Gefühl, an einer fairen Entscheidungsfindung mitgewirkt zu haben. Um die Leidenschaften rund um dieses Thema zu verstehen, muss man dabei gewesen sein. Aber auch, um beeindruckt zu sein von der guten Art, in der alles ablief, gerade angesichts dieser Leidenschaften.

Aber dann landete die Entscheidung in der Presse (es war August, Saure-Gurken-Zeit, und die Zeitungen waren froh um alles, was ihre Seiten füllte). Und ein paar amerikanische Planetenforscher, die bei der Abstimmung nicht dabei gewesen waren – viele von ihnen hatten sich bisher überhaupt nicht in der IAU engagiert –, waren der Ansicht, die »Degradierung« ihres Lieblingsplaneten sei ein Fehler. Sie brachten eine »Petition« in Umlauf, die Angelegenheit noch einmal zu behandeln. Wie sie sich die Definition vorstellten, ließen sie absichtlich offen. Mich erinnerte das Ganze an die Erfahrungen mit der ersten Kommission, die ja gescheitert war: Man findet immer eine Mehrheit, die der Ansicht ist, es ging irgendwie besser, aber wie dieses »irgendwie besser« aussehen soll, darauf einigt man sich nur schwer.

Und ganz praktisch gesehen: Welche Veränderungen kann eine solche »Petition« bewirken? Es entsteht der Eindruck, die Abstimmung habe eine wichtige wissenschaftliche Entscheidung getroffen, es gäbe Mehrheitsentscheidungen über die wissenschaftliche Wahrheit und wissenschaftliche Ergebnisse könnten durch politische Agitation beeinflusst werden. Aber du hast es ja selbst schon gesagt: Das ist nicht der Fall. Die Abstimmung betraf keine wichtige wissenschaftliche Entscheidung, es ging nicht darum, zu entscheiden, ob etwas wissenschaftlich wahr oder falsch war. Entscheidungen beruhen nur auf guten Daten. Bei der Abstimmung ging es um eine Anpassung der Kategorien, damit den aktiven Astronomen Werkzeuge an die Hand gegeben werden, die es ihnen möglich machen, gut miteinander zu kommunizieren und auch künftig gute Entdeckungen zu machen. Und es ging in diesem Fall zusätzlich darum, die Bedürfnisse und Wahrnehmungen der Öffentlichkeit mit zu berücksichtigen.

In meinen Augen war die Entscheidung wissenschaftlich sinnvoll. Die Unterscheidung zwischen Asteroiden und Zwergplaneten war dringend notwendig. Meine eigene Forschung über die Dichte von Meteoriten und Asteroiden zeigt einen klaren Unterschied zwischen kleinen, aber kompakten Objekten wie dem Pluto und den lockeren Steinhaufen, die wir Asteroiden nennen. Aber auch die Unterscheidung zwischen Zwergplaneten und großen Planeten ist sinnvoll, vor allem aus Sicht der Dynamiker. Und ein Vorteil der neuen Definition ist gerade ihre kreative Mehrdeutigkeit. Wer auf die Frage »Ist Pluto ein Planet?« antworten will, kann ebensogut sagen: »Ja, er ist ein Zwergplanet« wie »Nein, er ist ein Zwergplanet«. Und das spiegelt die Mehrdeutigkeit der Natur wider.

Ich bin zufrieden, weil die Entscheidungsfindung in der IAU so fair wie möglich ablief und weil die neue Definition es der Abteilung III der IAU (inzwischen heißt sie Abteilung F: »Planetensysteme und Bioastronomie«) möglich macht, gut weiterzuarbeiten. Genau darum ging es ja bei der Abstimmung: um eine IAU-Entscheidung über Angelegenheiten der IAU. Die IAU weiß – und das wurde bei der Generalversammlung auch ausdrücklich so gesagt –, dass sie weder die genaue Formulierung in allen Weltsprachen noch den allgemeinen Sprachgebrauch in der Öffentlichkeit kontrollieren kann. Sie kann die Begriffe lediglich für sich so definieren, dass die Arbeit auf die richtigen Kommissionen und Arbeitsgruppen verteilt wird.

Übrigens bekam bei dieser Gelegenheit 2003 UB313 einen Namen. Nach der Abstimmung akzeptierte die IAU den Vorschlag seines Entdeckers Mike Brown, ihn Eris zu nennen nach der griechischen Göttin des Streits und des Zwiespalts. Eris hat jetzt eine Nummer (136199) und einen Platz im Katalog der Himmelskörper innerhalb unseres Sonnensystems, genau wie Tausende andere Asteroiden und TNOs ... und genau wie Pluto.

DER MENSCHLICHE FAKTOR

Paul: In einem Zelt wie diesem, bei einer Tasse Kakao, während draußen der Blizzard heult, kann man wunderbar Geschichten erzählen. Ich vermute, ihr hattet viel Zeit für Geschichten, als du hier warst.

Die Geschichte über die »Degradierung« von Pluto baut mein Vertrauen in die Wissenschaft gleichzeitig auf und ab. Sie baut es ab, weil sie zeigt, wie sehr die eigentliche Tätigkeit »Wissenschaft« doch dem Wurstmachen gleicht. Sie umfasst Politik, Persönliches, Ego-Geschichten, einander widerstreitende Pläne, lauter menschliche Überlegungen, die weit entfernt sind von der »Reinheit«, mit der ein einzelner Wissenschaftler seine Beobachtungen macht und Daten analysiert.

Aber sie baut es auch auf, weil sie zeigt, dass niemand einfach so etwas bestimmten kann. Die moderne Wissenschaft ist eine Sache der Zusammenarbeit und des Wettstreits, mit vielen Teilnehmern und gegenseitiger Kontrolle. Das kann zu schwierigen, durchaus politischen Prozessen führen. Aber letzten Endes wird ein wissenschaftliches Ergebnis nur dann als wahr akzeptiert, wenn es sehr gründlich und von vielen verschiedenen Einzelpersonen und Gruppen überprüft worden ist.

Und ich verrate dir ein historisches Geheimnis: Viele religiöse Lehren sind durch ähnlich schwierige politische Prozesse zustande gekommen. Das »Datenmaterial«, mit dem die Kirche umgehen muss, betrifft viele verschiedene persönliche Begegnungen mit Gott, wie sie in der Bibel aufgeschrieben und in der Tradition der Kirche weitergegeben worden sind, wie sie von Päpsten und weltweiten Konzilen durchdacht worden sind. Gelegentlich kam es dann zu dem Beschluss, etwas in Bezug auf diese Begegnungen in Form von Lehren und Dogmen festzulegen.

In der Regel geschah das in der Kirche nur, wenn es zu schwierigen Kontroversen kam. Man macht sich erst dann die Mühe, zu entscheiden, ob Pluto ein Planet ist oder nicht, wenn die Unsicherheit darüber zu Konflikten und Verwirrung führt. Genauso macht man sich erst dann die Mühe, dogmatisch festzulegen, was es heißt, dass Jesus Christus der Sohn Gottes ist, wenn die Unsicherheit darüber zu Spaltung und Verwirrung führt. Denn das war zur Zeit des ersten Konzils von Nizäa der Fall. Das nizänische Glaubensbekenntnis, das von diesem Konzil verabschiedet wurde, war nicht etwa als Zusammenfassung aller wichtigen christlichen Glaubenssätze gedacht. Es konzentrierte sich auf Fragen, die kontrovers diskutiert worden waren und zu Spaltungen geführt hatten. Nirgendwo in diesem Glaubensbekenntnis findest du die Aussage, dass Gott Liebe ist – obwohl das eine sehr wichtige christliche Glaubensaussage ist. Aber sie war nie kontrovers und hat auch nie zu Spaltungen geführt, und deshalb hat sich die Kirche nie die Mühe gemacht, zu diesem Thema eine dogmatische Erklärung abzugeben.

Guy: Und noch etwas anderes ist wichtig. Von der Zeit, als die Vermutung aufkam, jenseits der Neptunbahn gebe es noch einen weiteren Planeten, bis zur Entdeckung des Pluto, seiner Vermessung und der Feststellung, dass er eigentlich nur eine kleine Eiskugel ist, hat sich unser Verständnis dieses Himmelskörpers und haben sich auch die benutzten Begriffe stark verändert. Denk nur mal an die Beschreibung in dem Science-Fiction-Roman von Robert Heinlein aus dem Jahr 1958. Manchmal gab es Veränderungen, weil wir etwas Neues gelernt haben, in anderen Fällen hat ein Wort wie »Planet« vor hundert Jahren etwas ganz anderes bedeutet als heute.

Dasselbe passiert natürlich auch in der Religion. Unsere Art, Gott zu beschreiben, ist ständig im Wandel und im Wachstum begriffen, weil wir Gott immer besser verstehen und weil unsere Worte neue Bedeutungen annehmen.

Aber trotz all dieses Wandels – die Wahrheit ändert sich nicht. Pluto hat sich nicht verändert. Und Gott ist derselbe, der er immer war. Wenn es Veränderungen gibt, dann vollziehen sie sich in uns, in den Menschen.

Paul: Und wie wir sowohl in Bezug auf Pluto als auch auf das Konzil von Nizäa gesehen haben, kann der Streit über die richtigen Worte zur Beschreibung der Wahrheit mit harten Bandagen geführt werden.

Das finde ich schon interessant. Die heftigsten Auseinandersetzungen in Sachen Pluto betrafen die Definition von Kategorien: Planeten, Zwergplaneten und so weiter. Um die Namen einzelner Objekte gab es viel weniger Streit. Das hätte ich anders erwartet, denn Namen überdauern normalerweise lange Zeit, während Kategorien kommen und gehen. Niemand wird versuchen, einen Namen zu ändern – kannst du dir vorstellen, was für ein Aufschrei durch die Reihen der Wissenschaftler und auch durch die Öffentlichkeit gehen würde, wenn man ernsthaft vorschlagen würde, Pluto einen neuen Namen zu geben?

Außerdem bekommen manche astronomischen Objekte Namen, andere haben nur eine Identifikationsnummer. Was soll das, steckt eine politische Absicht dahinter? Warum haben Charon, Varuna, Quaoar, Sedna und Eris Namen bekommen und nicht bloß Nummern? Welche politische Absicht steckt hinter diesen Namen?

Guy: Zufällig sitze ich ja auch in der IAU-Kommission, die sich mit der Namengebung von bestimmten Merkmalen der Planeten beschäftigt. Wir haben Regeln und Leitlinien, die einen Großteil der möglichen Kontroversen im Voraus regeln. Aber es gibt trotzdem gelegentlich Streit.

So haben wir zum Beispiel die Regel, dass die Träger des Nobelpreises für Physik es verdienen, dass man einen Mondkrater nach ihnen benennt. Aber was, wenn ein solcher Physiker auch ein glühender, unverhohlener Nazi war?

Ein zweites Problem: Wir wollen gern die Namen von Leuten verwenden, auf die wir uns alle einigen können. Gleichzeitig sollen die Namen aber eindeutig sein, also möglichst nur einmal vergeben werden. Fälle wie die Kopernikus-Krater auf dem Mond und auf dem Mars wollen wir vermeiden. Und wenn wir auf dem Merkur die Krater nach Künstlern benennen, was machen wir dann mit Manet und Monet? Ich verwechsle diese beiden Maler ständig!

Schließlich wollen wir auch sichergehen, dass wir all die verschiedenen Kulturen und Nationen der Erde angemessen repräsentieren und wertschätzen, nicht nur diejenigen, die zufällig einen Vertreter in unserer Kommission haben. Aber bei allen guten Absichten kann das daneben gehen: Namen, die uns ganz harmlos vorkommen, können in anderen Kulturen eine problematische religiöse oder politische Bedeutung haben.

Die Frage, welche Merkmale Namen bekommen, wird wieder ganz nach Nützlichkeitserwägungen beantwortet. Wir benennen nur solche Merkmale, die einen Namen brauchen. Wenn jemand beispielsweise eine wissenschaftliche Arbeit über eine bestimmte Region schreibt und dafür Namen braucht, um bestimmte Merkmale zu beschreiben, dann treten wir in Aktion.

Paul: Wo wir gerade dabei sind: Es gibt doch irgendwo einen Asteroiden namens Consolmagno. Wie ist das denn zustande gekommen?

Guy: Die Asteroiden bekommen ihre Namen von einer andere Kommission, damit habe ich nichts zu tun!

Alle Asteroiden bekommen nach ihrer Entdeckung zunächst eine Nummer. Sie enthält das Jahr der Entdeckung, Buchstaben, die auf die Zeit innerhalb des Jahres hinweisen, und dann eine Ordnungszahl je nach dem Zeitpunkt der Meldung bei der IAU. Dabei kann es natürlich sein, dass jemand in diesem Monat etwas findet, was schon vor Jahren angemeldet worden ist, bei dem aber seinerzeit nicht genug Daten vorlagen, um die Umlaufbahn festzulegen. Sobald nämlich die Umlaufbahn feststeht, bekommt das Objekt eine neue, dauerhafte Nummer. Das ist dann die offizielle Bezeichnung.

Asteroiden können zusätzlich Namen bekommen. Die Entdecker dürfen sich einen Namen aussuchen, die Regeln dafür sind ziemlich locker. Popstars und Figuren aus Büchern, auch lebende Personen sind möglich. Militärische oder wirtschaftliche Einheiten sind nicht erlaubt, genauso wenig wie Haustiere. Vielleicht konnte Pluto – kleiner Scherz – deshalb nicht zum Asteroiden werden, er ist ja schließlich das Haustier von Micky Maus.

Da es Hunderttausende Asteroiden gibt, findet man ziemlich mühelos einen, dem man zu Ehren einer bestimmten Person einen Namen geben kann. Alle drei Jahre trifft sich die Community der Forscher über Asteroiden, Kometen und Meteoriten zu einer großen wissenschaftlichen Konferenz, und beim Bankett werden dann einige Teilnehmer geehrt, indem man einen Asteroiden nach ihnen benennt. Auf diese Weise habe ich auch einen eigenen Asteroiden bekommen, der jetzt offiziell sowohl eine Nummer als auch einen Namen trägt: 4597 Consolmagno. Der Typ, der ihn entdeckt hat, ist ein Kollege und Freund von mir. Die Community ist ja relativ klein.

Paul: Ich bin immer noch fasziniert davon, dass ihr bei der Neudefinition des Begriffs »Planet« die Bedürfnisse und das Verständnis der Öffentlichkeit in eure Überlegungen mit einbezogen habt. Dazu würde ich gern noch etwas sagen.

Zum einen gibt es in dieser Angelegenheit ja eine interessante Ironie. Im 17. Jahrhundert, während des Streits zwischen Galileo Galilei und der katholischen Kirche, ging es auch um die Interpretation einiger Bibelstellen, in denen es scheinbar heißt, die Erde stehe regungslos im Zentrum des Universums. Damals wollte niemand behaupten, die Bibel sei im Irrtum, jeder wollte gern sagen, dass die Bibel in allen Dingen recht hat. Aber die Wissenschaft zeigte ja nun offenbar, dass sich die Erde bewegte und auch nicht den Mittelpunkt des Universums bildete. Galileo argumentierte nun, die Autoren der Bibel hätten die betreffenden Passagen unserem beschränkten menschlichen Verstehen angepasst.

Damit meinte er Folgendes: Die Autoren der Bibel wussten, dass sie mit einfachen Leuten zu tun hatten und formulierten die Dinge so, dass die Menschen sie verstehen und mit ihrer Alltagserfahrung in Einklang bringen konnten. Und deshalb sprachen sie eben auch von einer unbeweglichen Erde. Das Thema »Anpassung« wurde zu einem wichtigen Prinzip bei der Interpretation der Bibel. Es hilft uns zu verstehen, an welchen Stellen wir die Bibel buchstäblich interpretieren sollten und wo es eher um den übertragenen Sinn geht.

Als die Astronomen der IAU eine neue Definition des Begriffs »Planet« entwickelten, versuchten sie, sie mehr oder weniger an das Verständnis »normaler Menschen« anzupassen. Sie waren bereit, sich auf eine etwas weniger präzise oder nützliche Definition einzulassen, wenn diese dazu beitragen konnte, die Öffentlichkeit über Astronomie zu informieren und dafür zu interessieren.

Das Ergebnis entbehrt nicht einer gewissen Ironie. Wenn nämlich künftige Wissenschaftshistoriker versuchen werden, die Kategorien und Definitionen der Astronomen aus dem frühen 21. Jahrhundert zu interpretieren, werden sie berücksichtigen müssen, dass diese Kategorien und Definitionen in einem gewissen Maß an das Verständnis der einfachen Leute unserer Zeit angepasst waren. Das Gleiche müssen auch Bibelforscher bedenken: Die Sprache der Bibel wurde in einem gewissen Maß an das Verständnis der einfachen Menschen ihrer Entstehungszeit angepasst.

Wenn nun aber etwas an das Verständnis der Öffentlichkeit angepasst wird, dann hat die Öffentlichkeit auch das Gefühl, es gehöre ihr. Die Vorstellung, dass Pluto ein Planet sei, gehört nicht nur den Astronomen, sondern unserer gesamten Kultur. Die Planeten haben einen Platz in unserem kulturellen Erbe. In Geschichten, Büchern, Gedichten und Liedern weit außerhalb jeglicher Wissenschaft wird auf Pluto und die anderen Planeten Bezug genommen. Sie tauchen in Gemälden auf, in historischen Darstellungen in Planetarien und sogar auf Glasfenstern.

Als entschieden wurde, dass Pluto nicht mehr als Planet betrachtet werden soll, wurde ein ganzes Netz von kulturellen Bezügen auf einen Schlag zum Anachronismus, einschließlich aller Merksprüche, die wir benutzt haben, um unseren Kindern die Namen der Planeten beizubringen, und sogar einschließlich der Disney-Figur Pluto, die ihren Namen kurz nach der Entdeckung des Planeten 1931 bekam. So etwas ruft Probleme und Widerstände hervor. Und deshalb gab es in nicht-wissenschaftlichen Kreisen auch so viel Widerstand gegen Galileos Neubewertung der Erde als Planet.

Guy: Übrigens hat der Schneesturm sich gelegt, ich glaube, wir können jetzt wieder nach draußen. Komm, zieh dir die Stiefel und den langen roten Mantel an und folg mir.

Es gibt nämlich noch einen anderen Grund, warum wir unser Gespräch über Pluto hier in der Antarktis führen. Einen Grund, der etwas mit dem Wesen der Naturwissenschaft zu tun hat und letztlich mit dem Wesen der »Wahrheit, wie wir sie kennen«.

Ich habe es schon gesagt: Ein Besuch in der Antarktis ähnelt bis zu einem gewissen Grad dem Besuch auf einem anderen Planeten. Bleib einfach mal einen Moment hier stehen und nimm wahr, was du siehst. Spür es in deinen Knochen. Die Wolken verziehen sich, der Himmel wird wieder blau. Die weißen Hügel und die große blaue Eisfläche, leicht gewellt und mit Schnee überzuckert, sehen aus wie gefrorene Meereswellen. So weit weg von allem. So leer.

Atme tief ein und sag mir: Was riechst du?

Paul: Gar nichts.

Guy: Genau.

Hast du jemals eine so klare, reine Luft erlebt? Keine Dieselabgase, keine Luftverschmutzung. Keine Blumen, keine Bäume, kein frisch gemähtes Gras. Kein Salz, kein Fisch, keine Verwesung, kein Wachstum.

Nichts.

Wer in der Antarktis steht, befindet sich sozusagen mitten in einer Ebene aus reinen Daten. Das Ideal jedes Wissenschaftlers. Atemberaubend.

Aber eben auch gefroren und tot.

Selbst wenn du hier draußen in einem Zelt lebst und sechs Wochen nicht gebadet hast, ist nicht viel zu riechen, vermutlich weil die Kälte alle Gerüche unterdrückt. Aber wenn man dann zum Basislager in McMurdo kommt, wo im Sommer etwa tausend und im Winter immer noch ein paar Hundert Leute leben, dann sieht die Sache ganz anders aus. In den Unterkünften riecht es ständig nach nassen Wolldecken und zu vielen Menschen auf zu engem Raum. Aber eben auch lebendig.

Wissenschaft – das sind nicht nur reine Daten. Wissenschaft – das sind die Menschen, die mit, in, unter den Daten leben. Und ja, wir bringen unseren Menschengeruch mit, wenn wir etwas berühren. Dieser Geruch ist alles andere als rein, aber er ist der Duft des Lebens.

Paul: Deine Geschichte über die Neudefinition von Pluto hat mir viel über den Duft des Menschen in der Wissenschaft erzählt. Und ich muss zugeben, hier draußen vermisse ich den Geruch anderer Menschen.

Auf jeden Fall hat die Kontroverse über Pluto doch gezeigt, wie viele Menschen sich um ihn kümmern. Jetzt tut er mir nicht mehr so leid, der arme alte Kerl.

Paul: Weißt du, es ist ja auch so: Solange Pluto ein Planet unter vielen war, blieb er immer irgendwie das hässliche Entlein. Er hatte die falsche Größe und die falsche Umlaufbahn. Jedes Mal, wenn ich einen Kurs über das Sonnensystem hielt, musste ich ständig sagen: »Mit Ausnahme von Pluto.« Alle Planeten haben fast kreisförmige Umlaufbahnen, außer Pluto. Alle Umlaufbahnen liegen etwa in einer Ebene, parallel zum Äquator der Sonne. Mit Ausnahme von Pluto. Alle Planeten haben ihren eigenen Bereich im Weltraum und kreuzen die Bahnen anderer Planeten nicht. Außer Pluto.

Jetzt jedoch, nachdem Pluto als Zwergplanet definiert wurde – und die Zwergplaneten sind eine faszinierende, sehr wichtige Gruppe von Himmelskörpern, von denen wir bis vor Kurzem gar nichts wussten –, ist er eben kein hässliches Entlein mehr. Er gehört zu einer ganzen Familie mit Dutzenden von ähnlichen Objekten. Und er ist zu einem neuen Standard geworden, an dem alle anderen Zwergplaneten gemessen werden.

Jetzt ist er tatsächlich ein schöner Schwan.

Drittes Kapitel
Was war der Stern von Bethlehem?

Ort: Vatikanisches Observatorium, Teleskope
auf der päpstlichen Sommerresidenz in
Castel Gandolfo

EIN STERN MIT GESCHICHTE

Paul: Heute besuchen wir den Ort, der bis vor Kurzem das Hauptquartier des Vatikanischen Observatoriums darstellte. Wir stehen auf der Dachterrasse der päpstlichen Sommerresidenz in der kleinen Stadt Castel Gandolfo in den Albaner Bergen unmittelbar südlich von Rom. Unser neues Hauptquartier liegt ganz in der Nähe, in einem umgebauten Kloster, ein bis zwei Kilometer von hier. Dort leben und arbeiten die Astronomen des Vatikans jetzt, auch du und ich. Aber vorher haben sie siebzig Jahre lang hier gelebt und gearbeitet. Und wir können immer noch hierherkommen und die beiden altehrwürdigen Teleskope benutzen, die unter ihren schönen hölzernen Kuppeln oben auf dem Sommerhaus des Papstes stehen.

Guy: Ich komme sehr gern hierher, um die Teleskope zu benutzen. Aber ich liebe auch den Blick von hier oben und gehe gern an den alten Holzkuppeln aus den 1930-er Jahren vorbei an den Rand der Dachterrasse, um über die Brüstung auf den See zu schauen, der in dem wunderbaren Vulkankrater unter uns liegt. Ich mag den Blick über Rom und das Mittelmeer in die Ferne und über den See zu der kleinen Stadt Rocca di Papa auf der Schulter des Monte Cavo, des erloschenen Vulkankegels, der an die 1000 Meter hoch ist. Atemberaubend.

Paul: Schön, dass dir der Blick so gut gefällt. Aber ich hätte große Lust auf einen Teller *Pasta caccio e pepe* in unserem kleinen Lieblingsrestaurant auf der anderen Seite des Hauptplatzes von Castel Gandolfo, Sor Capanna. Es ist Dezember, die Sonne geht allmählich unter, und der feuchte Wind geht mir durch Mark und Bein. Wollen wir nicht was essen gehen?

Guy: Aber ehrlich! Die Abenddämmerung im Dezember ist die beste Zeit, um hier raufzukommen. Schau doch mal über den See nach Rocca di Papa. Siehst du den riesigen Kometen aus elektrischen Lichtern auf dem Hang über dem Dorf? Den stellen sie dort jedes Jahr zu Weihnachten auf, als Erinnerung an den Stern von Bethlehem. Hübsch, oder?

Paul: Jedenfalls hübscher als ein riesiger leuchtender Weihnachtsmann.

Paul: In Italien ist der leuchtende Komet das Weihnachtssymbol schlechthin, viel mehr als in Amerika. Man sieht ihn überall: Kometen über Kirchentüren, an Mauern, über den Krippen. Und fast immer wird er als großer Stern mit einem langen, geschwungenen Schweif dargestellt, mit jeder Menge Lichtern.

Paul: Der Komet oberhalb von Rocca di Papa ist ziemlich beeindruckend. Das sind doch bestimmt sechs Kilometer, oder? Und man sieht ihn trotzdem absolut deutlich. Der muss ja meilenweit sichtbar sein.

Aber warte mal. Wie sah der Stern von Bethlehem eigentlich aus? Und was *war* er eigentlich? Er war doch gar kein Komet, oder?

Guy: Die Frage wird uns in der Weihnachtszeit ständig gestellt. Was war der Stern von Bethlehem? Tatsächlich hat vor ein paar Jahren ein Reporter der britischen Zeitung *The Independent* einen Artikel geschrieben, in dem er mit großer Autorität und ohne sich jemals mit uns in Verbindung gesetzt zu haben erklärte, die Hauptaufgabe des Vatikanischen Observatoriums bestehe darin, herauszufinden, was denn nun eigentlich der Stern von Bethlehem gewesen sei. Offensichtlich hatte er schlecht recherchiert. Jahre zuvor hat die *Chicago Tribune* mit ähnlicher Überzeugung versichert, unsere eigentliche Aufgabe sei die Erstellung der Horoskope für den Papst!

Paul: Ich verstehe aber schon, warum die Leute gerade die Astronomen im Vatikan nach dem Stern von Bethlehem fragen, vor allem in der Weihnachtszeit. Schließlich stellt er ja so etwas wie ein Bindeglied zwischen Glauben und Naturwissenschaft dar. Weil in der Bibel von ihm die Rede ist, wollen gläubige Menschen gern etwas über ihn erfahren: Gab es wirklich einen Stern dort? War sein Erscheinen ein Wunder oder lässt es sich astronomisch erklären? Was bedeutet dieser Stern, was zeigt er an? Und weil er ein beobachtbares Phänomen gewesen wäre, interessieren sich die Naturwissenschaftler dafür, herauszufinden, ob es wirklich einen Stern gab und um was für eine Erscheinung es sich handelte.

Guy: Als Astronomen können wir fragen: Gab es zur Zeit der Geburt Jesu ein außergewöhnliches Himmelsereignis? Und wenn ja, worum handelte es sich? Wenn wirklich etwas Ungewöhnliches am Himmel passierte, kann es sich um etwas Übernatürliches oder um ein Wunder gehandelt haben, also etwas, was wissenschaftlich nicht zu erklären ist. Es könnte aber auch irgendein Naturphänomen gewesen sein, das man durchaus wissenschaftlich erklären kann. In diesem Fall wäre das einzig Wunderbare daran das besondere Zusammentreffen von Zeit und Ort, eine Art »göttlicher Zufall«, der dazu führte, dass es zum Zeichen für die Geburt Christi wurde.

Was die Daten angeht, haben wir nicht viel Material, abgesehen von ein paar Versen aus dem Matthäusevangelium:

> Als nun Jesus geboren war, zu Betlehem im Land Juda in den Tagen des Königs Herodes, da kamen Magier aus dem Osten nach Jerusalem und fragten: Wo ist der neugeborene König der Juden? Wir haben seinen Stern aufgehen sehen und sind gekommen, ihm zu huldigen. Als König Herodes das hörte, erschrak er und ganz Jerusalem mit ihm. [4]Er ließ alle Hohenpriester und Schriftgelehrten des Volkes zusammenkommen und forschte sie aus, wo der Messias geboren werden solle. Sie antworteten ihm: In Betlehem in Judäa. Denn so steht beim Propheten geschrieben: *Du, Betlehem im Land Juda, bist keineswegs die geringste unter den führenden Städten Judas; denn aus dir wird ein Herrscher hervorgehen, der mein Volk Israel weiden wird.*
> Da rief Herodes die Magier heimlich zu sich und horchte sie aus, wann ihnen der Stern erschienen war. Dann schickte er sie nach Betlehem und sagte: Geht und forscht sorgfältig nach dem Kind; und sobald ihr es gefunden habt, lasst es mich wissen, damit auch ich komme und ihm huldige. Nachdem sie den König angehört hatten, brachen sie auf. Und der Stern, den

sie hatten aufgehen sehen, zog vor ihnen her, bis er ankam und über dem Ort stehen blieb, wo das Kind war. Als sie den Stern erblickten, hatten sie eine überaus große Freude. Sie traten in das Haus ein und sahen das Kind mit Maria, seiner Mutter, fielen nieder und huldigten ihm. Dann öffneten sie ihre Schätze und brachten ihm Geschenke dar, Gold, Weihrauch und Myrrhe. Und da sie im Traum die Weisung empfingen, nicht zu Herodes zurückzukehren, zogen sie auf einem anderen Weg heim in ihr Land.

Das war's. Zwölf Verse, unser gesamtes Material.

Paul: Vielleicht werden wir nie genau wissen, ob zur Zeit der Geburt Jesu wirklich etwas Besonderes am Himmel passiert ist. Dazu kommen wir aber später noch. Zunächst einmal denke ich, die Wissenschaft sollte doch mindestens sagen können, was für eine Art Stern es war, wenn es überhaupt einen Stern gab.

Wie sieht es damit aus? Welche astronomischen Erscheinungen könnten den Stern von Bethlehem erklären? Wie würdest du als Naturwissenschaftler vorgehen, wenn du die eben zitierten zwölf Verse aus dem Matthäusevangelium erklären müsstest? Wir setzen jetzt für den Moment einmal voraus, dass es sich dabei um einen historisch präzisen Bericht über das handelt, was am Himmel zu sehen war.

EIN ASTRONOMISCHES EREIGNIS?

Guy: Nun, der Stern, wenn es ihn denn gab, muss ungewöhnlich ausgesehen haben. Aber mit Sternen verhält es sich eigentlich so, dass sie mit wenigen Ausnahmen sehr ordentlich und vorhersagbar sind. Im Verlauf eines Jahres kommt es immer wieder zu den gleichen Erscheinungen, die ihre Position so langsam ändern, dass man es im Lauf eines Menschenlebens mit bloßem Auge gar nicht erkennt. Wir suchen also nach der großen Ausnahme.

Eine wirklich große Ausnahme sind Sterne, die plötzlich zur »Nova« oder sogar zur »Supernova« werden. Eine Nova ist ein schwach leuchtender Stern, der für kurze Zeit hell aufflammt, bevor er wieder zu seiner Normalform zurückkehrt. Wenn man die Sterne gut kennt, sieht man so etwas, aber so eine Erscheinung kann auch leicht unbemerkt bleiben. Tatsächlich gibt es so etwas relativ häufig – etwa alle zehn Jahre ist eine Nova mit bloßem Auge sichtbar –, und man würde damit wohl kaum das Kommen des Messias verbinden. Wir können also ausschließen, dass es sich beim Stern von Bethlehem um eine normale Nova handelte.

Eine Supernova ist ein spektakuläres, ungewöhnliches Licht am Himmel. Wenn sie nah genug ist, kann man sie sogar am Tag sehen. So erklärte Arthur C. Clarke den Stern von Bethlehem in seiner berühmten Kurzgeschichte »The Star«. Eine Supernova ist ein echter Hingucker. Und sie kommt viel seltener vor als eine schlichte Nova. Die letzte Supernova, die in unserer Milchstraße mit bloßem Auge zu erkennen war, wurde im Jahr 1604 beobachtet, also vor mehr als vierhundert Jahren. Eine weitere mit bloßem Auge erkennbare Nova gab es 1987 in unserer Nachbar-Milchstraße, der Großen Magellanschen Wolke.

Aber Supernovas hinterlassen Rückstände. Im Jahr 1054 berichteten chinesische und arabische Astronomen beispielsweise von einem hellen Licht im Sternbild Stier. Die Beschreibung passt auf das, was wir heute eine Supernova nennen würden. Wenn man die entsprechende Stelle heute ansieht, kann man selbst mit einem kleinen Teleskop noch den Krebsnebel erkennen, die Asche dieser Explosion. Vor allem jedoch sind Überbleibsel wie der Krebsnebel wichtige Quellen für Strahlenemissionen, die wir auf den sich schnell drehenden Kern des ausgebrannten Sterns zurückführen. Radioastronomen entdecken sie unweigerlich. Wir können berechnen, wie weit sich ein Supernova-Nebel in zweitausend Jahren ausbreiten und verdünnen würde, nachdem wir den Krebsnebel nun schon seit Hunderten von Jahren beobachten. Mit einem Teleskop wurde er zum ersten Mal im Jahr 1731 von John Bevis gesehen. Aber es gibt keine unabhängigen Berichte über eine Supernova um die Zeit der Geburt Jesu. Und es gibt keine undefinierten Supernova-Reste aus der Zeit vor etwa zweitausend Jahren. Es scheint also, als könnte die Astronomie auch die Idee ausschließen, beim Stern von Bethlehem habe es sich um eine Supernova gehandelt.

Aber was dann? Nun, ein anderes spektakuläres und erstaunliches Zeichen am Himmel sind Kometen. Und wie wir hier in Italien gesehen haben, sind sie schon deshalb immer eine gute Wahl, weil sie so faszinierend und schön sind. Die regelmäßige Wiederkehr einer Handvoll Kometen, darunter der Halleysche Komet, lässt sich vorhersagen. Aber die meisten Kometenbahnen sind so weit von uns entfernt, dass wir erst von ihnen erfahren, wenn sie einmal in einer Million Jahren in der Nähe der Sonne vorbeiziehen. Und dann bewegen sie sich für die nächste Million Jahre wieder aus unserem Blickfeld. Die Möglichkeit, dass genau im richtigen Moment vor zweitausend Jahren ein besonders heller Komet vorbeizog, können wir also nicht ausschließen, und wir dürfen auch nicht damit rechnen, dass wir diesen Kometen heute beobachten könnten. Aber in der Antike galten Kometen eigentlich eher als Vorboten des Unglücks. Es ist also schwer vorstellbar, dass jemand einen Kometen als Boten eines freudigen Ereignisses interpretieren würde, wie es die Geburt eines Königs oder des Messias ja wäre.

Wenn wir also Supernovas und Kometen ausschließen können, was bleibt dann noch? Heutzutage konzentrieren sich die meisten Versuche einer naturwissenschaftlichen Erklärung für den Stern von Bethlehem auf interessante oder ungewöhnliche Planetenkonjunktionen.

Im frühen 17. Jahrhundert unternahm Johannes Kepler – der aufgrund von Tycho Brahes Beobachtungen als Erster über genaue Aufzeichnungen der Planetenpositionen verfügte und außerdem eine neue Theorie über die elliptischen Planetenbewegungen um die Sonne entwickelt hatte – den Versuch, mit mühsamen Berechnungen die Planetenpositionen zur Zeit der Geburt Jesu zu bestimmen. Kepler hatte die Supernova von 1604 gesehen, hatte aber keine Ahnung, was er da gesehen hatte. Er vermutete, sie sei ebenso wie andere »neue Sterne« das Ergebnis bestimmter Planetenkonjunktionen. Und er stellte fest, dass es im Jahr 7 vor Christus eine besonders interessante Serie von Konjunktionen aus Jupiter und Saturn gegeben hatte.

Paul: Heute kann jeder, der einen PC besitzt, ein Datum eingeben, sagen wir, den 25. Dezember des Jahres 1 vor Christus, und mithilfe einer Planetarium-Software nachschauen, wie der Sternenhimmel in dieser Nacht ausgesehen hat. Natürlich hat man erst im 4. Jahrhundert angefangen, Weihnachten im Dezember zu feiern. Und niemand kennt das genaue Geburtsdatum Jesu. Der 25. Dezember ist nicht einmal Gegenstand katholischer Lehre oder katholischen Glaubens. Außerdem wissen die Historiker heute, dass Dionysius Exiguus sich leicht verrechnet hat, als er im Jahr 525 nach Christus damit anfing, die Jahre von der Geburt Christi an zu zählen.

Guy: Wenn man den Stern von Bethlehem mit einer Planetenkonjunktion erklären will, besteht der Trick also darin, eine Lösung zu finden, die zu den zeitlichen Vorgaben der Evangelien passt. Wir brauchen ein Jahr, in dem Herodes noch lebte und König war. Vermutlich war es Frühling, denn zu dieser Zeit sind die Hirten am ehesten mit ihren Schafen nachts auf der Weide. Und wir brauchen einen Stern, am ehesten einen aufgehenden Stern, der die Geburt eines Königs ankündigt und auf Judäa als Geburtsort hinweist. Ja, und schließlich müsste die Erscheinung noch so sein, dass nur Astrologen etwas darüber wissen. Das sind schon ziemlich viele Einschränkungen.

Eine elegante moderne Theorie, die mir besonders gut gefällt, stammt aus einem Buch des Astronomen Michael Molnar mit dem Titel *Star of Bethlehem: The Legacy of the Magi*. Molnar nimmt drei Punkte in der Geschichte zum Ausgangspunkt, die ihn besonders erstaunt haben. Zum Ersten: Jede Himmelserscheinung, sei es ein Komet, eine Nova oder eine spezielle Planetenkonstellation, befindet sich über der Erde. Über der ganzen, sich drehenden Erde. Wie kann eine solche Himmelserscheinung die Astrologen an einen bestimmten Ort führen, und sei es Bethlehem? Zweitens: Kometen und Supernovae sind ziemlich furchterregende Phänomene, bei denen ein unvorhersehbares und unvorhergesehenes Licht am Himmel erscheint, das uns ja normalerweise gerade deshalb so tröstlich erscheint, weil es so beruhigend regelmäßig ist. Außerdem galten Kometen und Co. traditionell als Unglücksboten. Welches Himmelsereignis hätte zu dieser Zeit den Astrologen wohl die Geburt eines Königs angezeigt? Und schließlich: Wenn es sich um eine spektakuläre Himmelserscheinung handelte, warum war sie dann nicht für jedermann sichtbar? Warum konnten nur weise Männer, noch dazu aus dem Ausland, sie bemerken?

Molnar beantwortet alle drei Fragen vor dem Hintergrund der damaligen Astrologie. Jede Region der Erde wurde mit einem bestimmten Sternzeichen in Verbindung gebracht, sagt er. Jerusalem stand im Zeichen des Widders. Er führt verschiedene Beweise dafür an, darunter bestimmte Münzen mit Widderdarstellungen. Dann weist er auf die wohlbekannte Konstellation von Planeten und Sonne bei der Geburt des römischen Kaisers Augustus hin, die Augustus selbst benutzte, um seinen Anspruch auf die Kaiserwürde zu untermauern. Daraus schließt er, dass eine solche Konstellation zu dieser Zeit als Hinweis auf einen Herrscher verstanden wurde. Der Schlüssel zu dieser Konstellation bestand darin, dass die Planeten zusammen mit der Sonne aufgingen – ein sogenannter »heliakalischer Aufgang«. Solchen Konjunktionen von Planeten und Sonne wurde schon seit alter Zeit eine besondere Bedeutung beigemessen. Der heliakalische Aufgang des hellen Sterns Sirius im August beispielsweise galt den alten Ägyptern als Signal, sich für das Nilhochwasser bereit zu machen. Und da der Sirius im Sternzeichen »Großer Hund« zu finden ist, leitet sich davon auch unser Begriff »Hundstage« für die Sommerhitze ab.

Freilich konnten nur Astrologen, die in der Lage waren, die Planetenpositionen zu berechnen, wissen, wann ein heliakalischer Aufgang bevorstand. Sehen kan man den Aufgang nämlich nicht, die Sonne zwischen den Planeten macht das unmöglich.

Molnar durchforstete daraufhin die Jahre um die Geburt Jesu auf eine solche Planetenkonjunktion hin: ein gleichzeitiger Aufgang von Venus, Merkur, Mars, Jupiter und Saturn sowie der Sonne und dem neuen Mond, ähnlich wie bei der Geburt des Kaisers Augustus. Erinnerst du dich an unser Gespräch am ersten Tag im *Art Institute* in Chicago? Da haben wir darüber gesprochen, dass in der antiken Kosmologie diese Planeten als Heimat der »Throne, Reiche und Mächte« galten, als planetare Intelligenzen, Dämonen und Gottheiten.

Molnar jedenfalls hat eine solche Anordnung der Planeten im Sternbild Stier gefunden, und zwar Ende März des

Jahres 6 vor Christus, und ein weiteres Mal im April. Dieses Jahr, so sagt er, haben die Historiker als das wahrscheinlichste Datum für die Geburt Jesu identifiziert. Zwei Jahre später, im Frühjahr 4 v. Chr., stehen die Planeten etwas weiter auseinander, aber diesmal befinden sie sich alle hinter der aufgehenden Sonne. Das erinnert in erstaunlicher Weise an eine Bemerkung bei Paulus, der davon spricht, Jesus habe »die Mächte und Gewalten entwaffnet und öffentlich an den Pranger gestellt; durch ihn hat er über sie triumphiert.« (Kolosserbrief 2,15, wir sprachen auch darüber schon am ersten Tag.)

Das alles klingt ziemlich überzeugend und logisch. Tatsächlich ist es erstaunlich, dass eine solche Himmelserscheinung wirklich zu einer Zeit eintrat, die gut als Geburtsdatum Jesu gelten kann. Wer ein Planetarium-Programm auf seinem Computer hat, kann sich die Sache ganz einfach selbst anschauen.

Paul: Aber entspricht das tatsächlich dem, was Matthäus berichtet?

Guy: Gute Frage. Wir wissen ja nicht einmal, ob Matthäus überhaupt von einem echten astronomischen Ereignis berichten wollte. Und außerdem ist Molnars Theorie bei Weitem nicht die einzige astronomische Erklärung.

In seinem Buch *The Christmas Star* von 1987 argumentiert John Mosley vom *Griffith Observatory* in Los Angeles, die Konjunktion von Jupiter und Venus im August des Jahres 3 v. Chr. sei die erste einer ganzen Reihe von engen Konjunktionen gewesen, die jeden Astrologen hätte interessieren müssen. Die August-Konjunktion fand im Sternbild Löwe statt, dem astrologischen Zeichen Judas (daher der Löwe aus Juda, von dem in der Genesis 49,9 die Rede ist). Später zog der Planet Jupiter (benannt nach dem König der antiken Götter) drei Mal ganz nahe am hellsten Stern im Sternbild Löwe vorbei, nämlich am Regulus, der ebenfalls als Königsstern gilt. Und am 17. Juni des Jahres 2 v. Chr. begegneten sich Jupiter und Venus wieder, so nahe, dass sie mit bloßem Auge als ein »Stern« wahrgenommen werden konnten. Matthäus spricht ja bekanntlich davon, dass die Weisen einen Stern sahen, also einen einzelnen Stern, keine ganze Gruppe. Solche engen Konjunktionen finden weniger als einmal pro Jahrhundert statt, die letzte, so hat Mosley errechnet, im Jahr 1818. Die nächste wird im Jahr 2065 stattfinden. Und natürlich schließt er daraus, Jesus müsse am ehesten im Jahr 3 oder 2 v. Chr. geboren sein. Andere Historiker bestreiten dies mit der Begründung, da sei Herodes bereits tot gewesen.

Aber das ist noch nicht alles. Kepler hatte ja ursprünglich angenommen, es habe auch im Jahr 7 v. Chr. eine spektakuläre Konjunktion von Jupiter und weiteren Planeten gegeben. In seinem Buch *The Bible and Astronomy* weist P. Gustav Teres, SJ (der in den Achtziger- und Neunzigerjahren im Vatikanischen Observatorium gearbeitet hat) darauf hin, dass sich am 12. November jenes Jahres Jupiter und Saturn im Sternbild Fische trafen, das mit Israel in Verbindung stand (und gut zu dem Mann passen würde, der seine Leute als Menschenfischer aussandte). Das Sternbild Fische befand sich zu dieser Zeit in der Nähe eines schmalen Lichtkegels, den wir Zodiakallicht nennen, eine schwache Reflexion des Sonnenlichts im Staub des Asteroidengürtels, die wir heute wegen des vielen künstlichen Lichts gar nicht mehr sehen können, wenn wir uns nicht gerade an einem sehr dunklen, sehr abgelegenen Ort befinden wie dem Oklahoma Panhandle. Dort habe ich es einmal gesehen, aber das war auch das einzige Mal. Aber ein Beobachter des dunklen Himmels in Palästina zu dieser Zeit hätte wohl in dieser Nacht einen Lichtstrahl gesehen, der von den verbundenen Sternen ausging und zum

Horizont führte. Außerdem heißt es, das Jahr 7 v. Chr. sei für die Historiker das wahrscheinlichste Jahr für die Geburt Jesu.

Dies sind nur drei von zahllosen unterschiedlichen Theorien, die man in Büchern und Videos oder im Internet finden kann. Wenn man bei Amazon »Stern von Bethlehem« oder »Star of Bethlehem« eingibt, findet man mehr als vierhundert Bücher. Jedes dieser Bücher behauptet, es enthalte die einzig wahre Erklärung. Und jedes ist angefüllt von energisch vorgetragenen Argumenten, warum alle anderen Theorien ganz offensichtlich nichts taugen.

Paul: Die moderne Astronomie hat also nicht etwa nachgewiesen, dass die Geschichte bei Matthäus nicht wahr sein kann, sondern im Gegenteil: Die moderne Astronomie ermöglicht eine ganze Vielzahl von möglichen Erklärungen für den Stern von Bethlehem.

Guy: Und schon ein kurzer Überblick über diese verschiedenen Erklärungen zeigt uns recht klar, dass die in der Regel ungenannten »Historiker« ebenso unsicher sind wie die Astronomen, was die richtige Himmelserscheinung und das wahrscheinlichste Jahr für die Geburt Jesu angeht. Sie können nicht einmal ausschließen, dass es doch der 25. Dezember des Jahres 1 v. Chr. war.

Niemand weiß genug, um sagen zu können, welche dieser Theorien die beste naturwissenschaftliche Erklärung für den Stern hergibt. Wenn es denn überhaupt einen Stern gab. Die Astronomie als angebliche Quelle objektiver Wahrheit lässt uns hier jedenfalls im Stich. Nicht, weil sie keine Antwort bereithält, sondern weil sie zu viele mögliche Antworten zulässt.

Paul: Aber das heißt nicht, dass sie uns im Stich lässt. So ist Naturwissenschaft nun einmal: Sie unterscheidet zwischen

Dingen, die in der Natur möglich sind, und solchen, die nicht möglich sind.

EINE FROMME GESCHICHTE?

Paul: Gut, nun hast du also von allen möglichen naturwissenschaftlichen Erklärungen für den Stern gesprochen. Und es zeigt sich, dass es eine ganze Reihe solcher Erklärungen gibt. Aber spielt das aus dem Blickwinkel des christlichen Glaubens denn eine Rolle? Einerseits kann uns die Astronomie zeigen, dass zur Zeit der Geburt Jesu einige recht bemerkenswerte Himmelserscheinungen zu sehen waren. Das könnte das Vertrauen in das Matthäusevangelium stützen. Andererseits kann die Astronomie nicht sagen, welche dieser Erscheinungen – wenn überhaupt eine – als Stern von Bethlehem bezeichnet werden sollte. Und sie weist außerdem darauf hin, dass es zu den verschiedensten Zeiten ähnlich bemerkenswerte Himmelserscheinungen gegeben hat. Das könnte das Vertrauen in die Bibel und den Glauben schwächen.

Guy: Ich würde mich nicht auf solche extremen Schlüsse einlassen. Aber natürlich kennen diejenigen, die naturwissenschaftliche Erklärungen für den Stern von Bethlehem suchen, Elemente beider Haltungen: Glaube und Skepsis.

Paul: Nehmen wir also an, die Astronomie könnte zeigen, dass eines der verschiedenen astronomischen Ereignisse, von denen du gesprochen hast, viel bemerkenswerter wäre als der Rest. Selbst dann müsste die Frage offen bleiben, ob die Geschichte, die Matthäus darüber erzählt, durch genau dieses Ereignis inspiriert war. Und selbst wenn, könnten wir uns immer noch fragen, warum Matthäus darüber berichtet. Was bedeutete die Geschichte vom Stern für ihn, warum war sie ihm wichtig? Wir nehmen doch an, dass die Geschichte vom Stern im Matthäusevangelium etwas über Gott und das Reich Gottes aussagen soll, nicht wahr?

Guy: Das heißt aber auch, wir kommen von der Frage nach der tatsächlichen Existenz des Sterns oder nach seiner Definition ab und fragen stattdessen: Warum wurde die Geschichte über einen bemerkenswerten Stern ins Matthäusevangelium aufgenommen? Welche Bedeutung hat diese Geschichte im Kontext des Evangeliums und des christlichen Glaubens?

Paul: Du sprichst von einem »bemerkenswerten« Stern. Wenn etwas im naturwissenschaftlichen Sinne bemerkenswert ist, dann vielleicht, weil es sehr ungewöhnlich ist oder allgemein anerkannten naturwissenschaftlichen Gesetzen widerspricht. Oder aus ganz anderen Gründen, die mit Naturwissenschaft gar nichts zu tun haben müssen.

Guy: Und außerdem ändert sich die Beurteilung »bemerkenswert« im Laufe der Zeit. Ein astronomisches Ereignis, das in einem bestimmten Kontext oder zu einer bestimmten Zeit bemerkenswert ist, kann in einem anderen Zusammenhang vollkommen bedeutungslos sein. Als ich vor Jahren in Michigan am Lake Huron lebte, erzählte uns eine Nachbarin von ihrem dreijährigen Enkel, der zu Weihnachten da gewesen war. Eines Morgens hatte sie mit ihm zusammen vom Wohnzimmerfenster aus beobachtet, wie die Sonne über dem See aufging. Das ist ein bemerkenswerter Anblick mit all dem roten und goldenen Licht vom Himmel, das sich in den Wolken und im Wasser spiegelt. Am nächsten Morgen jedenfalls hörte sie einen Schrei aus dem Wohnzimmer. »Grandma!«, rief ihr Enkel. »Komm schnell! Sie macht es schon wieder!«

Paul: Selbst wenn zur Zeit der Geburt Jesu keine naturwissenschaftlich bemerkenswerten Ereignisse stattgefunden haben, heißt das noch lange nicht, dass Matthäus lügt. In Bezug auf Geschichten beurteilen wir Wahrheit auf mehreren Ebenen. Man kann danach fragen, ob eine Fabel wahr ist, beispielsweise die vom Hasen und dem Igel. Dabei geht es aber nicht um die Frage, ob die Ereignisse, die in der Geschichte erzählt werden, tatsächlich passiert sind. Man muss kein Biologieprofessor sein, um zu wissen, dass Hasen und Igel keine Rennen veranstalten. Nein, man fragt in diesem Fall nach der Wahrheit im Kern der Geschichte, nach der Moral, die darin besteht, dass der Kluge das Rennen gewinnt. Mit Zoologie hat das nichts zu tun.

Die Bibel enthält die verschiedensten literarischen Genres. Es gibt historische Berichte, Mythen, moralische Erzählungen, Dichtung und so weiter. Zumindest aus der Sicht des katholischen Glaubens und der Hauptlinie des Protestantismus kann es nicht darum gehen, die Bibel Zeile für Zeile so zu lesen, als hätte ihr Autor einen wortwörtlichen historischen Bericht im Sinn gehabt. Darum geht es in weiten Teilen der Bibel überhaupt nicht.

Fundamentalisten religiöser und naturwissenschaftlicher Art bestehen gern darauf, jede Zeile der Bibel wortwörtlich zu interpretieren. Die religiösen Fundamentalisten bestehen auf der buchstabengetreuen Wahrheit und verlangen, wir sollten jede naturwissenschaftliche Erklärung verwerfen, die dem Wortlaut der Bibel widerspricht. Naturwissenschaftliche Fundamentalisten bestehen ebenfalls auf einer buchstabengetreuen Interpretation, kommen aber zu dem Schluss, die Bibel müsse verworfen werden, weil sie in Teilen, buchstäblich verstanden, der modernen Wissenschaft widerspricht.

Ich weiß, es ist gar nicht so einfach, die Teile der Bibel zu identifizieren, die wir buchstäblich nehmen sollen, und diejenigen, die anders interpretiert werden sollen. Aber das heißt nicht, dass wir uns nicht damit beschäftigen sollten. Schließlich ist auch die Naturwissenschaft keine ganz einfache Sache. Und natürlich müssen wir uns immer vor der Versuchung hüten, die Bibel nach unserem eigenen Geschmack zu interpretieren, ebenso wie Naturwissenschaftler sich davor hüten müssen, sich aus den Daten die Rosinen herauszupicken.

Über die Jahrhunderte hinweg haben sich die Vorstellungen von der Interpretation der Bibel geändert. Zur Zeit der Reformation entwickelte sich eine stärkere, wenn auch nicht ausschließliche Tradition, die Bibel schlicht und buchstabengetreu zu lesen. Aber erst im Amerika des 19. Jahrhunderts nahm der moderne biblische Fundamentalismus so richtig ernsthaft Fahrt auf.

Ebenso wie bei der Interpretation der Bibel haben sich jedoch auch die naturwissenschaftlichen Standards gewandelt. Was im naturwissenschaftlichen Sinne wahr oder falsch ist, das hat sich im Laufe der Zeit verändert.

Beispielsweise findet man in mittelalterlichen Kommentaren über klassische naturwissenschaftliche Texte ausgedehnte Diskussionen und sogar Streit über wahre Natur von, sagen wir, Einhörnern und Mantikoren. Man hielt diese Fabelwesen zu dieser Zeit für real. Nicht, weil die Menschen dumm oder naiv oder allzu gutgläubig gewesen wären, auch nicht, weil die Menschen sicher angenommen hätten, dass solche Tiere faktisch existierten. Sondern weil man zu dieser Zeit eine andere Vorstellung von Wahrheit und Realität hatte.

Für gebildete Leute waren Dinge real, wenn sie in alten, bedeutungsvollen Texten erwähnt wurden, beispielsweise bei Aristoteles oder Galen. Das war ein Kriterium für Realität, mehr als die faktische Existenz der jeweiligen Sache. Erst mit dem Aufkommen der modernen Naturwissenschaft im 17. Jahrhundert verschob sich die Bedeutung von Realität in die heutige Richtung. Wenn wir heute sagen, etwas sei real, dann meinen wir, dass es faktisch existiert und nicht nur in einem wichtigen Text.

Guy: Im Übrigen unterscheidet sich die frühere Sicht manchmal gar nicht so sehr von unserem modernen Sprachgebrauch. Wenn wir vom Weihnachtsmann sprechen, dann weiß jeder, wer gemeint ist, obwohl es den alten Knaben in dem roten Anzug am Nordpol faktisch nicht gibt. Der Weihnachtsmann ist trotzdem sehr real.

Paul: Und jedes Kind weiß das.

Guy: Außerdem interpretieren verschiedene Menschen dieselben Worte auch auf verschiedene Weise. Aber es ist kalt geworden. Lass uns die Treppe hinaufgehen in die Kuppel mit dem Doppel-Astrografen-Teleskop.

Paul: Die Plakette hier zitiert das Motto des Vatikanischen Observatoriums, das Papst Pius XI. uns gegeben hat: »Deum creatorem venite adoremus.« Man braucht nur ein paar Weihnachtslieder zu kennen, dann kann man es übersetzen: »Kommt, lasst und Gott, den Schöpfer, anbeten.«

Allerdings ist es auch hier drin ziemlich kalt. Die alte Holzkuppel ist schon ein gewisser Schutz und die Betonwände auch, aber wenn ich mir dieses riesige Schlachtschiff aus grauem Metall ansehe, auf dem das Teleskop ruht, dann fange ich schon an zu frösteln. Ich habe die Konstruktion dieses Doppel-Astrografen-Teleskops nie ganz verstanden. Es sieht aus wie ein riesiges Fernglas. Warum sind in diesem Aufbau zwei Fernrohre nebeneinander montiert?

Guy: Heute würde man das nicht mehr so bauen. Man wollte wohl Geld sparen und hat zwei Teleskope, die für unterschiedliche Beobachtungen gedacht sind, in einer Kuppel zusammengefasst. Zu dieser Zeit waren die Optiken noch nicht so gut wie heute, und man musste verschiedene optimierte Teleskope für verschiedene Aufgaben bauen. Aber ich habe auch gehört, es wurde dazu genutzt, ein und dasselbe Objekt mit zwei verschiedenen Wellenlängen und zwei Farbsets aufzunehmen. Man muss bedenken, dass damals selbst Schwarz-Weiß-Filme nur bestimmte Wellenlängen von Licht aufnehmen konnten, entweder am blauen oder am roten Ende des Farbspektrums. Der moderne panchromatische Film, der alle sichtbaren Wellenlängen aufnehmen kann, wurde erst ein paar Jahre nach dem Bau dieses Teleskops erfunden. Kannst du dich noch an die alten Kodak-Filme mit dem Wort »Pan« im Namen erinnern? Bis zur Erfindung dieser »Pan«-Filme brauchte man ein Teleskop, um ein Sternenfeld mit einem rot-sensitiven Film zu fotografieren, und ein weiteres, um dasselbe Sternenfeld mit einem blau-sensitiven Film aufzunehmen.

Paul: Dieses Teleskop war also die Lösung eines Problems, das nicht mehr existiert.

Guy: Und genauso geht es uns, wenn wir versuchen, antike Literatur zu lesen und zu verstehen, beispielsweise die Bibel. Ein Großteil der antiken Literatur wurde geschrieben, um ein Problem zu lösen, das wir in dieser Form heute nicht mehr haben: Wir soll man über das geschriebene Wort etwas an Menschen kommunizieren, die nicht lesen können?

Heutzutage kann bei uns in den westlichen Industrienationen fast jeder lesen, und seit Erfindung der Druckerpresse gibt es für jede Frage und jede Idee, die wir nachschlagen wollen, ein Buch in greifbarer Nähe. Das war auch schon vor dem Internet so. In der Antike jedoch gab es nur wenige Leute, die lesen konnten, und außerdem gab es nur wenige Bücher. Die meisten Menschen konnten nur lernen, was sie hörten. Beispielsweise, wenn ihnen während des Gottesdienstes etwas vorgelesen wurde von dem einzigen Typen im Dorf, der überhaupt lesen konnte: dem Rabbi oder Gemeindepfarrer.

Das heißt: In diese Bücher wurden Pointen aufgenommen, die dazu führen sollten, dass man sich die Botschaft besser merkte, selbst wenn man die Geschichte nur einmal im Jahr oder noch seltener hörte. Die wichtigen Informationen und Wahrheiten, die die Bibel vermittelt – darüber, wer wir sind und wie wir leben sollen –, wurden oft in Form von Geschichten transportiert. Eine Geschichte kann man sich merken, auch wenn man sie nur einmal gehört hat. Selbst heute vergisst man nach dem Sonntagsgottesdienst vielleicht die Theologie in dem Paulusbrief, aus dem gelesen wurde, aber die Geschichte aus dem Evangelium merkt man sich.

Paul: Die Bibel wurde also benutzerfreundlich konzipiert, indem verschiedene literarische Genres zum Einsatz kamen. Auch dein Smartphone ist benutzerfreundlich – ein kleines schwarzes Kästchen, das tut, was du willst, ohne dass du genau verstehen musst, warum es das tut. Es enthält jede Menge moderne Elektronik und basiert auf Elektromagnetismus. Auf Physik, die die meisten Leute nicht verstehen. Aber sie müssen sie auch gar nicht verstehen. Geschichten waren ein benutzerfreundliches Kommunikationsmittel in einem Zeitalter, als die meisten Menschen nicht lesen konnten. Geschichten dienten der Erleichterung der Kommunikation und der Vermittlung von christlichem Glauben und christlicher Lehre.

Guy: Das heißt aber auch, dass wir immer in Gefahr sind, die literarischen Details einer Geschichte mit ihrem Inhalt zu verwechseln. So, wie ich manchmal beim Spielen mit meinem Smartphone vor lauter Faszination vergesse, wen ich anrufen wollte. Vielleicht waren die Menschen in dieser Zeit besser darin geübt, die Botschaft und das Medium zu trennen. Wir können das heutzutage nicht mehr so gut.

Aber wir sollten uns nicht wundern, wenn uns die Bibel Geschichten erzählt, statt einfach Fakten wiederzugeben. Geschichtenerzählen war eine notwendige Technik, die weithin angewandt wurde, als die Bibel aufgeschrieben wurde. Das gilt im Übrigen nicht nur für die Bibel, man findet es auch in der griechischen Mythologie und in den Ursprungsgeschichten fast alle Kulturen.

Paul: Erst in der Neuzeit, in der Zeit der modernen Naturwissenschaft, haben die Menschen angefangen, sauber zwischen Medium und Botschaft zu unterscheiden. Ich glaube, das ist gar nicht immer möglich, obwohl die biblischen Fundamentalisten das bei ihrer Lesart der Bibel voraussetzen. Sie glauben, es sei möglich, die »Botschaft« der Bibel zu verstehen, ohne das Medium, also das jeweilige literarische Genre, zu berücksichtigen.

Guy: Ein weiterer Grund für die Verwendung von Geschichten als Transportmittel wichtiger Wahrheiten liegt darin, dass essenzielle Elemente der Wahrheit gar nicht immer als Auflistungen von reinen Fakten vermittelt werden können. Realität ist viel mehr als das, was wir wiegen, messen, filmen oder in einem Buch niederschreiben können. Fragen wir einen Menschen, der irgendwann einmal einen VW Käfer aus dem Jahr 1966 besessen hat. Er wird uns sofort sagen, dass das, was dieses Auto ausmachte, viel mehr war als die Dinge, die im Reparaturhandbuch standen.

Paul: Zurück zu unserem Hauptthema: Ist der Stern von Bethlehem Wahrheit oder nicht?

Guy: Nun, eins wissen wir jedenfalls: Ob es den Stern und die Weisen tatsächlich gegeben hat oder nicht – es gibt eine Geschichte, in der sie vorkommen. Und die Existenz dieser Geschichte, unabhängig von ihrer Faktentreue, die nur ein Zeitreisender bestimmen könnte, wirft interessante Fragen auf.

Wir könnten die bereits zitierten Verse aus dem Matthäusevangelium als symbolische Erzählung lesen, in der vermittelt werden soll, dass Jesus ebenso ein König war wie jeder weltliche Herrscher. Kaiser Augustus hat astrologische Zeichen benutzt, um seinen Herrschaftsanspruch zu stützen, warum sollte man das in Bezug auf Jesus nicht tun? Die Geschichte könnte auch geschrieben worden sein, um zu zeigen, dass die Botschaft Jesu bei den Heiden auf fruchtbaren Boden fallen würde.

Aber wenn es sich nur um eine symbolische, »fromme« Geschichte handelt, dann stellen sich neue, bohrende Fragen: Waren solche »frommen Geschichten« in der Kultur, in der das Matthäusevangelium geschrieben wurde, üblich? Bis dahin, dass jemand, der die Geschichte damals las, sie auch als fromme Geschichte interpretiert hätte? Und war der Verfasser dieses Evangeliums wohl zu so subtilem Schreiben fähig, dass er eine solche Symbolgeschichte geschrieben hätte?

Im christlichen Milieu der Jahrhunderte nach den Evangelien ist viel geschrieben worden, darunter sind auch zahlreiche Symbolgeschichten. Die Kirchenväter des 2. und 3. Jahrhunderts neigten sogar dazu, das gesamte Alte Testament nur als allegorische Prophezeiung des kommenden Christus zu lesen. Aber das war hundert Jahre nach den Evangelien. Und aus der Zeit und dem Umfeld der Evangelien gibt es nur wenige andere Texte, die wir zum Vergleich heranziehen könnten. Wenn wir einen Text aus dem Jahr 75 n. Chr. so interpretieren wie einen Text aus dem Jahr 275 n. Chr., dann ist das so, als interpretierten wir die Gedichte, die Lord Byron im 19. Jahrhundert schrieb, wie einen Rap. Es gibt Ähnlichkeiten, aber die können sehr irreführend sein.

Paul: Eine schnelle Google-Suche ergibt übrigens, dass es einen Rapper namens Lord Byron gibt. Das wird die Forscher in zweitausend Jahren sicher komplett verwirren.

Guy: Vielleicht ging es Matthäus mit seinem Evangelium darum, die Heiden zu erreichen. Vielleicht hatte er aber auch eher ein jüdisches Publikum im Sinn. Beide Forschungsmeinungen existieren. Im einen Fall wird die Geschichte von den Weisen als Hinweis darauf zitiert, dass sich das Matthäusevangelium an die Heiden – wie eben auch die Weisen – richtete.

Aber wenn sich Matthäus hier wirklich nur eine fromme Geschichte ausgedacht hat, um zu zeigen, dass weise Heiden Jesus als König annahmen, warum kamen seine weisen Männer dann aus dem Osten? Und warum bezeichnet er sie als »Magi«?

Diese Weisen oder »Magi«, wie es im griechischen Original heißt, waren eine Gruppe von Priester-Astrologen, die es nicht nur im antiken Rom und Griechenland gab, sondern auch in den uralten Zivilisationen der Meder und Perser. Es gab sie sogar schon vor der Entstehung der Zoroaster-Religion. Händler aus dieser Region kamen zur Zeit der Evangelien immer noch nach Palästina, aber inzwischen waren Griechenland und Rom zu Zentren der Weisheit geworden, und hier lebten auch jene Heiden, die sich um die Kirche des Matthäus scharten. Wenn es also bei dieser Geschichte darum ging, zu zeigen, dass Jesus auch Nicht-Juden ansprach, dann hätte Matthäus seine Weisen aus Griechenland oder Rom kommen lassen. Aber natürlich kann es sein, dass die »Magi« und der Osten für die Leser seiner Zeit eine Bedeutung hatten, die später verloren gegangen ist.

Ein anderer seltsamer Teil der Geschichte ist der, dass ausgerechnet Astrologen das Kommen des Christus ankündigten. In der jüdischen Kultur der Antike stand die Astrologie in einem äußerst schlechten Ruf. Die Juden verwarfen die Vorstellung, dass die Sterne göttliche Macht verkörperten oder dass man mit ihrer Hilfe die Zukunft voraussagen könnte. Als Beispiele dafür muss man sich nur Deuteronomium 4,19, Jesaja 47,10–14 oder das Buch der Weisheit (Kapitel 7) anschauen. Die Kenntnis der Sterne und der Jahreszeiten kommen von Gott, aber die Vorstellung, die Sterne würden unsere Persönlichkeit oder unser Schicksal bestimmen, wurde als Leugnung persönlicher Freiheit und Verantwortung angesehen. Außerdem bestand immer die Gefahr, die Sterne anzubeten und nicht den einen wahren Gott.

Trotzdem anerkannten die Juden die Kosmologie ihrer Zeit durchaus. In alten Synagogen findet man Mosaiken mit den Tierkreiszeichen. Und die Naturwissenschaft dieser Zeit lehrte, dass die komplexen und verwirrenden Veränderungen im Schicksal der Menschen ihre Parallelen in den komplexen und oft verwirrenden Bewegungen der Planeten fanden. Tatsächlich ist der jiddische Ausdruck »mazel tov« abgeleitet von hebräischen Begriffen, die darauf hinauslaufen, dass man unter günstigen Sternen lebt. »Mazel« beschreibt ursprünglich den Einfluss der Tierkreiszeichen auf unser Leben.

Der jüdische Historiker Josephus bezieht sich in seinem Werk *Der jüdische Krieg* auf astrologische Zeichen, wenn er von der Zerstörung des Tempels schreibt:

So wurde das elende Volk von diesen Verführern überredet, Gott selbst zu leugnen. Sie achteten nicht auf die Zeichen, die so offensichtlich waren und ihre künftige Vernichtung so deutlich vorhersagten. Vielmehr missachteten sie wie Verblendete die Warnungen Gottes, als hätten sie keine Augen zu sehen und keinen Ver-

stand. Ein Stern, der einem Schwert ähnelte, stand über der Stadt, und ein Komet blieb ein ganzes Jahr sichtbar. (Buch IV, Kap. 5, Abs. 3)

Auch hier wird der Komet übrigens als Unglücksbote gesehen.

Es gibt eine jüdische Parallele zu der Geschichte bei Matthäus: im Midrasch wird von der Geburt Abrahams erzählt, und dort heißt es, seine Geburt sei von Astrologen vorhergesagt worden, als Bedrohung für den König von Babylon. Deshalb sei der kleine Abram drei Jahre lang vor den Soldaten des Königs versteckt worden. Man kann darüber streiten, ob diese Geschichte und die bei Matthäus einander beeinflusst haben. Für unsere Zwecke reicht es aus, festzustellen, dass es diese Geschichte gibt, denn sie sagt einiges über die komplexe Haltung des Judentums zur Astrologie aus.

Natürlich steht die Astrologie heute aus einem ganz anderen, viel einfacheren Grund bei Naturwissenschaftlern in schlechtem Licht da: Sie funktioniert nicht.

Paul: Was meinst du damit? Natürlich kann man mit Hilfe der Astrologie keine konkreten Zukunftsvorhersagen machen, aber auf anderen Ebenen scheint sie doch für einige Leute sehr wohl zu funktionieren: Sie bringt Sinn und Ordnung in ihr Leben. Astrologie befriedigt psychologische und emotionale Bedürfnisse nach Sicherheit, Sinn und so weiter. Auch wenn sie nach modernem Verständnis nicht naturwissenschaftlich ist, scheint sie für manche Leute durchaus zu »funktionieren«.

Guy: Ich meine damit eher, dass die Astrologie der Antike auf Annahmen über das Universum beruhte, von denen wir heute wissen, dass sie nicht zutreffen.

Darüber haben wir ja schon ganz am Anfang gesprochen: In der Kosmologie der alten Griechen wurde die Erde von einigen Planeten umkreist, die jeder seine eigene Sphäre hatte. Und rundherum gab es dann die Sphäre der Sterne. Man ging davon aus, dass massenweise »planetarische Intelligenzen« diese Sphären bewohnten, darunter solche, die im Griechischen Dämonen und im Lateinischen *genii* genannt wurden und die Einflüsse von einer Sphäre zur anderen übermittelten. Ein solcher Genius verkörperte den Schlaf, ein weiterer die Liebe, andere hatten Gaben wie ein musikalisches oder mathematisches Talent. Daher auch unser heutiger Begriff »Genie«. Die Theorie besagte also, wenn man ein Talent für Musik (oder zum Schlafen) besaß, dann deshalb, weil man zu einer Zeit geboren worden war, wenn einer dieser *genii* den Himmel beherrschte.

Heute wissen wir, dass die ganze dahinter stehende Kosmologie nicht zutrifft und dass es diese ganzen Sphären nicht gibt. Wir beschreiben die Umlaufbahnen der Planeten heute vollkommen anders und haben auch ganz andere Vorstellungen davon, was Planeten sind.

Außerdem zeigt sich bei jedem Faktencheck, dass die Astrologie absolut nicht in der Lage ist, Erscheinungen oder Ereignisse vorauszusagen.

Paul: Für den berühmten Philosophen Karl Popper war die Astrologie ein Paradebeispiel für »Pseudowissenschaft«, ebenso wie der Marxismus übrigens. Popper zufolge machen beide Disziplinen »Vorhersagen«, die so vage und allgemein gehalten sind, dass man sie nie wirklich falsifizieren kann. Poppers Kriterium für Wissenschaftlichkeit war: Eine Wissenschaft muss Vorhersagen machen, die man widerlegen kann. Trotzdem wurde selbst zu Galileos und Johannes Keplers Zeit von Astronomen noch erwartet, dass sie Horoskope erstellten. Die Leute verdienten damit ihren Lebensunterhalt. Erst viel später wurden Astrologie und Astronomie sauber voneinander getrennt.

Guy: Und damit komme ich zu meiner Ausgangsfrage zurück: Warum hat Matthäus (oder Gott) ausgerechnet Astrologen dazu ausersehen, Jesus zu finden? Für mich ist das ein Rätsel, und es entbehrt auch der schlichten Logik einer einfach so erfundenen Geschichte. Die Sache ist so seltsam, dass ich eher den Verdacht habe, Matthäus beschreibt hier ein reales Geschehen.

Paul: Nach heutiger Vorstellung ist die Astrologie im Wesentlichen mit Zukunftsprognosen beschäftigt. Aber vor dem Beginn der Neuzeit war das anders. Damals wurde die Astrologie als sinnstiftendes System verstanden. Vorhersagen spielten dabei eine Rolle, aber vor allem ging es darum, der Gegenwart des Lebens einen Sinn zu verleihen. Die Vorhersagen waren eine Hilfe für den Menschen, damit er sich ganzheitlich sah: mit Vergangenheit, Gegenwart und Zukunft als Teil der eigenen Identität.

Guy: Das erinnert mich an die Fernsehserie »Die Abenteuer des jungen Indiana Jones«, in der man erfuhr, wie die Hauptfigur herangewachsen war, quasi nach dem Motto: Wie wird man Harrison Ford?

Paul: Aber wenn Astrologie diesen Zweck verfolgte, dann erklärt das auch, warum ausgerechnet Astrologen Christus finden mussten. Von ihnen erwartete man eine Beschäftigung mit der Person in ihrer Gesamtheit. Und deshalb auch ein Gespür für die Identität und Bedeutung Christi.

Guy: Nichts von dem, was wir bisher gesagt haben, schließt die Theorie aus, es hätte sich nur um eine »fromme Geschichte« gehandelt. Auch wenn wir nicht verstehen, wie die Geschichte entstand, kann es trotzdem gute Gründe geben, warum sie entstand. Wenn ich eine Sache nicht verstehe, heißt das noch lange nicht, dass es diese Sache nicht gibt. Wir müssen auch die Möglichkeit in Erwägung ziehen, dass die Geschichte bei Matthäus nicht so sehr ein Bericht über ein tatsächliches astronomisches Ereignis war, sondern eher eine Parabel mit einer Botschaft, einem Aha-Effekt für seine damaligen Zuhörer. Einer Botschaft, die wir heute nicht mehr so ohne Weiteres verstehen.

Paul: Es kann also sein, dass der Stern eine reale Himmelserscheinung war, es kann aber auch sein, dass die Geschichte erfunden wurde, um eine wichtige Aussage über Jesus Christus zu machen.

EIN WUNDER?

Paul: Hast du an diesen Teleskopen hier schon mal ein richtiges Aha-Erlebnis gehabt?

Guy: An eines erinnere ich mich ganz deutlich. Im Sommer 1994, meinem zweiten Jahr hier, begeisterte sich die gesamte astronomische Welt über den Kometen Shoemaker-Levy 9. Von dem Kometen selbst war nicht viel zu sehen, denn er war bereits in geringer Entfernung am Jupiter vorbeigezogen und dabei in ein paar Dutzend Stücke zersprengt worden. Aber mit genau diesen Bruchstücken sollte etwas sehr Spektakuläres passieren.

Die Leute, die sich mit Umlaufbahnen beschäftigen, hatten die Flugbahnen der Bruchstücke genau durchgerechnet und herausgefunden, dass die Kometentrümmer auf den Jupiter auftreffen würden, alle nacheinander, eine Woche lang. Und hier in Rom standen wir in den Startlöchern, um den ersten Einschlag zu beobachten.

Niemand hatte je gesehen, wie ein Komet auf einen Planeten trifft. Wir hatten keine Ahnung, was dabei passieren würde. Schlimmer noch, die Berechnungen besagten, die Kometentrümmer würden den Jupiter auf der erdabgewandten Seite treffen, wo wir sie nicht sehen konnten. Also, was gab es da zu beobachten? Die einen meinten, man sollte einen der Jupitermonde anschauen, der während des Aufschlags einen eventuellen Lichtblitz spiegelte. Auf diese Weise könnten wir abschätzen, wann der Einschlag erfolgte und wie viel Licht dabei ausgesandt wurde. Ich baute eine Kamera an das Teleskop und richtete es auf den Jupitermond Io in der Hoffnung, etwas zu sehen.

In der Zwischenzeit hatten sich zwei Amateure – ziemlich gute Amateure, wie es sie in der Astronomie häufig gibt – an einem anderen Teleskop eingerichtet: dem großen Refraktor in der Kuppel nebenan auf dem Dach des päpstlichen Sommerhauses. Sie hatten eine CCD-Kamera, damals etwas ganz Neues, an einen PC angeschlossen, um Bilder direkt vom Jupiter aufzuzeichnen. Ich glaubte nicht, dass sie darauf irgendetwas sehen würden. Schließlich würde der Aufprall auf der anderen Seite des Jupiters stattfinden. Aber wenn sie unser anderes Teleskop benutzen wollten – bitte. Es wurde gerade nicht gebraucht.

Zum errechneten Zeitpunkt des Aufschlags konnte unsere Kamera nichts entdecken. Keinen Lichtblitz, nichts. Später stellte sich heraus, dass wir den falschen Farbfilter benutzt hatten, aber das wussten wir zu diesem Zeitpunkt noch nicht. Enttäuscht spazierte ich zur anderen Kuppel, um zu sehen, wie es dort ging. Und als ich dort ankam, hörte ich sie schon schreien. Auf ihrem Computerbildschirm war ein Bild vom Jupiter zu sehen, der sich jetzt, eine halbe Stunde nach dem Aufprall des Kometenbruchstücks, so gedreht hatte, dass die Einschlagstelle zu sehen war. Und tatsächlich sah man auf der Oberfläche der Wolken einen riesigen schwarzen Fleck.

Wir hatten keine Ahnung gehabt, dass so etwas passieren würde. Niemand hatte jemals etwas Derartiges gesehen. Aber wir waren am richtigen Ort, um den ersten Einschlag zu sehen. Und so gehörten wir zu den ersten Menschen, die den schwarzen Fleck sahen, den Shoemaker-Levy 9 beim Aufprall auf den Jupiter hinterlassen hatte.

Außerdem bekamen wir gleich auch einen Eindruck davon, wie gut diese CCD-Kameras funktionierten – die heute jeder benutzt. Ja, das war ein echtes Aha-Erlebnis für mich.

Paul: Da würde ich gern noch weitermachen. Ich glaube ja, Aha-Erlebnisse haben etwas mit Wundern gemeinsam. Aber erst muss ich dich etwas fragen. Ich habe immer gedacht, diese Teleskope hier auf der päpstlichen Sommerresidenz wären gar nicht mehr tauglich für wissenschaftliche astronomische Beobachtungen. Wunderbare Geräte, aber ich dachte, die vielen Lichter und die Luftverschmutzung über der Stadt Rom würden wissenschaftliche Beobachtungen von hier aus unmöglich machen. Deshalb besitzt das vatikanische Observatorium doch heute ein modernes Teleskop außerhalb von Tucson, Arizona, nicht wahr? Und jetzt erzählst du mir, dass genau hier vor noch gar nicht allzu langer Zeit echte astronomische Beobachtungen vorgenommen wurden.

Guy: Doch, es ist durchaus möglich, hier in Castel Gandolfo astronomische Beobachtungen auf wissenschaftlichem Niveau zu machen. Vor etwa zehn Jahren fand eine Verdunkelung eines schwachen Sterns durch den Pluto statt – wir haben über derartige Ereignisse am zweiten Tag in der Antarktis gesprochen. Mithilfe solcher Ereignisse kann man die Größe des Pluto messen, indem man feststellt, wie lange er braucht, um einen bestimmten Stern zu verdecken. Ein Freund von mir aus Arizona war mit einer elektronischen Hochgeschwindigkeitskamera hierhergekommen, um das Ereignis aufzunehmen.

Aber natürlich, wie sollte es auch anders sein, war der Himmel zur Zeit des Sonnenuntergangs mit Wolken bedeckt. Wir zuckten also mit den Schultern, schrieben die Nacht ab und gingen ins Sor Capanna, eine Pizza essen. Du hast von dem Restaurant ja auch schon gesprochen, als wir hierherkamen. Wir ertränkten unseren Kummer mit zwei Flaschen Wein, und als wir ein paar Stunden später aus dem Lokal schwankten, war der Himmel, wie sollte es auch anders sein, wolkenlos. Eine perfekte Nacht. Und wir hatten noch eine halbe Stunde, bis das Ereignis stattfinden würde. Also rannten wir zu dieser Kuppel hier und machten uns an die Arbeit.

Es war ein ziemliches Abenteuer, mit einem solchen Schwips das Teleskop zu steuern. Ich weiß nicht, was das größere Wunder war: der Wetterumschwung oder die Tatsache, dass wir es schafften, das Teleskop gut zu bedienen und unsere Daten einzusammeln.

Paul: Ich bin mir nicht sicher, ob der erfolgreiche Betrieb eines Teleskops nach dem Genuss einer Pizza und zweier Flaschen Wein offiziell als Wunder anerkannt würde. Aber was ist eigentlich ein Wunder? Was meinen wir, wenn wir den Stern von Bethlehem als Wunder bezeichnen? Meinen wir, dass er über den Himmel zog wie eine Art Ufo und die drei Weisen zum Stall von Bethlehem führte?

Guy: Davon steht ja nichts bei Matthäus. Nicht einmal die Zahl der Weisen wird dort angegeben. Und wir wollen doch hoffen, dass die Heilige Familie schon wieder aus dem Stall ausgezogen war, als die Weisen eintrafen.

Paul: Unbedingt. Und du hast recht, wir sollten den Text des Evangeliums und die beliebten späteren Geschichten nicht miteinander vermischen.

Guy: Es geht aber noch weiter: Wenn man den Stern in dieser Weise als »Wunder« betrachtet, ist das theologisch eine heikle Sache. Natürlich hätte ein allmächtiger Gott ein solches »Ufo« schicken können. Ein allmächtiger Gott kann so ziemlich alles machen, was er will. Er hätte Jesus auch als erwachsenen, mächtigen Mann auf die Erde schicken können, als einen Mann, dem man seine Göttlichkeit ansah, in herrschaftlicher Kleidung. Eine Art Avatar des Nahen Ostens, wie man sich einen Messias eben vorstellte. Unmissverständlich. Aber Gott beschränkt sich ja: Jesus kommt als kleines Kind zur Welt, wird geboren wie jeder andere Mensch und unterliegt sämtlichen Naturgesetzen, die Gott bei der Erschaffung des Universums angelegt hat.

Paul: Die Vorstellung von einem »allmächtigen« Gott stammt aus der griechischen Philosophie. Der Gott des Alten Testaments ist tatsächlich sehr mächtig. Aber Allmacht ist dort kein Thema.

Guy: Wenn Gott sich nicht so beschränkt hätte, gäbe es keine Naturwissenschaft. Sie ist nur möglich, weil die Naturphänomene bestimmten Gesetzen folgen. Ein Gott, der willkürlich und nach Belieben agiert und sich ständig in die natürlichen Abläufe einmischt, lässt keinen Raum für Naturwissenschaft. Erst Gottes Selbstbeschränkung macht es möglich, dass die natürliche Welt nach ihren eigenen Gesetzen funktioniert. Und dass wir naturwissenschaftliche Forschung betreiben können.

Paul: Diese übernatürliche Selbstbeschränkung kann man auch in Bezug auf die traditionelle Unterscheidung zwischen primärer und sekundärer Kausalität verstehen. In einem gewissen Sinn lässt Gott die Welt allein. Er lässt sie autonom und nach ihren eigenen Gesetzen weiterlaufen. Auf einer anderen Ebene jedoch ist er ganz eng mit der Welt verbunden: Er erhält sie am Leben und hält auch die Naturgesetze in Kraft. Gott ist der »erste Grund« für die Existenz der Welt, weil er ihr Ordnung verleiht und sie erhält. Aber daraus ergeben sich eine eigene Ordnung und Kausalgesetze – die sekundäre Kausalität.

Aus dem Aufkommen der neuen Naturwissenschaft im 17. Jahrhundert und ihrem mechanistischen Weltbild ergaben sich große Fortschritte im Verständnis der sekundären Kausalität: Viele Naturgesetze wurden entdeckt und auf neue, tiefer gehende Weise verstanden. Aber damit wurde auch Gottes Rolle in den Hintergrund gedrängt, zumindest in den Augen der Naturwissenschaftler. Auf einmal sah man Gott eher als eine Art »Uhrmacher«, als denjenigen, der den Mechanismus der Welt erschafft und aufzieht, dann aber sich selbst überlässt, ohne noch weiter einzugreifen. Ein Gott, der die Welt und die Naturgesetze am Leben erhält, passte nicht ins Weltbild der Naturwissenschaft.

Das hatte Folgen für das Verständnis von Wundern. Tatsächlich verstehen wir sie heute immer noch so. Wenn man die Natur als eine Art unfehlbare Maschine oder einen Mechanismus versteht, dessen Bewegungen vorherbestimmt und im Einklang mit starren mathematisch-physikalischen Gesetzen auch vorhersagbar sind, dann muss man Wunder als Abweichungen von diesen Gesetzen sehen. Gott kann nur dann in den Lauf der Welt eingreifen und darin handeln, wenn er die Naturgesetze übertritt. So wurden Wunder im 16. und 17. Jahrhundert verstanden, als man die Welt selbst als einen großen Mechanismus ansah.

Guy: Aber Moment … Wenn Gott allmächtig, allwissend und gütig ist, warum sollte er eine Welt erschaffen, in der es nötig war, die Gesetze zu übertreten? Müsste er nicht eigentlich ein »perfekter Uhrmacher« sein? Müsste er nicht eine

Welt erschaffen, in der die Naturgesetze so perfekt funktionieren, dass er sich nie mehr einmischen muss? Wenn man so denkt, dann ist doch jedes wundersame Eingreifen Gottes in den Lauf der Welt ein Zeichen von Schwäche und Scheitern. Ein Zeichen dafür, dass er bei der Schöpfung Fehler gemacht hat. Dass er seinen Job nicht richtig gemacht hat.

Paul: Genau. Und das ist das Problem an unserem modernen Wunderverständnis. Diese Denkweise hat viele Menschen im 17. und 18. Jahrhundert in den »Deismus« geführt. Sie gingen davon aus, es sei Gottes Job, die Welt zu erschaffen und dann in Ruhe zu lassen. Und so entstand auch bei den Menschen heutzutage die Vorstellung, sie müssten sich zwischen Naturwissenschaft und Religion, zwischen Vernunft und Glaube entscheiden: zwischen einer rationalen Wissenschaft, die keinen Handlungsspielraum für Gott lässt, und einem Glauben, der die Vernunft überschreitet und außer Kraft setzt, dafür aber mit Gottes Wirken in der Welt rechnet.

Guy: Es ist ein wichtiger Pfeiler christlichen Denkens, dass Gott in der Geschichte handelt. Der christliche Gott spielt eine große Rolle in der Menschheitsgeschichte, ganz besonders natürlich im Leben, Sterben und in der Auferstehung Jesu, aber auch sonst.

Wenn man glaubt, Wunder würden die Naturgesetze außer Kraft setzen, bringt man Gott damit in eine unmögliche Lage. Dann könnte Gott nur in der Welt handeln, wenn er die Naturgesetze außer Kraft setzen würde, die er selbst erschaffen hat und erhält. Damit jedoch ist Gott jeder vernünftige Handlungsspielraum genommen. Aber so denken die Fundamentalisten – naturwissenschaftliche und religiöse Fundamentalisten gleichermaßen. Ein solches Denken führt dazu, dass religiöse Fundamentalisten die moderne Naturwissenschaft als Widerspruch zum Glauben ablehnen. Und es führt dazu, dass naturwissenschaftliche Fundamentalisten den Glauben als Widerspruch zur Naturwissenschaft ablehnen.

Paul: Aber vor der wissenschaftlichen Revolution wurden Wunder ja nicht als Verletzungen der Naturgesetze verstanden. Und sicher auch nicht zu der Zeit, als die Bibel entstand. Die Menschen haben von Wundern gesprochen, lange bevor die Naturgesetze überhaupt existierten. Was machte zu dieser Zeit ein Wunder aus? Nicht die Verletzung der Naturgesetze, sondern die Zeichenhaftigkeit. Ein Wunder war ein bedeutsames Zeichen, das etwas über Gott oder das Reich Gottes aussagte. Es konnte sich außerhalb der normalen natürlichen Abläufe vollziehen, aber das war nicht zwingend notwendig. Wichtig war, dass es ein Zeichen war, das etwas über Gott und das Reich Gottes aussagte. Der Regenbogen, den Noah nach der Sintflut sah, war ein wichtiges, wunderhaftes Zeichen des neuen Bundes mit Gott – ohne irgendein Naturgesetz außer Kraft zu setzen.

Stell dir einmal vor, ein Ehemann macht seiner Frau jeden Tag ein Lunchpaket und legt immer ein Centstück in die Tüte. Nur seine Frau wird diesem Centstück eine Bedeutung beimessen. Aber sie weiß eben auch, dass sie bei ihrer allererstens Verabredung ein Geldstück in einen Brunnen geworfen und sich ein langes gemeinsames Leben gewünscht haben. Für dieses Paar ist das Centstück ein Zeichen und Symbol ihrer Liebe. Und das Centstück im Lunchpaket sagt etwas über diese Liebe aus und stärkt sie, indem es sie immer wieder gegenwärtig macht. Es ist ein bemerkenswertes Zeichen und Symbol, das tatsächlich wirkt. Physikalisch gesehen ist dieses Geldstück vollkommen unbedeutend. Aber der ganze Vorgang setzt eben auch nicht die Naturgesetze außer Kraft.

Auch so kann man also über göttliche Wunder denken. Es spielt keine Rolle, ob sie den Naturgesetzen widersprechen, sondern es geht nur darum, in einer bemerkenswerten Weise eine Aussage über Gott und das Reich Gottes zu treffen.

Guy: Ich glaube tatsächlich, dass Gott im Universum handelt. Ein »göttlicher Uhrmacher«, der den Mechanismus aufzieht und dann seiner Wege geht, passt nicht zu dem Gott der Liebe, den ich im Gebet erlebe und der täglich in meinem Leben handelt.

Aber eins habe ich an seinem Handeln in der Welt festgestellt: Er lässt uns immer die Wahl. Wenn wir seine Anwesenheit wirklich nicht akzeptieren wollen, dann zwingt er uns nicht dazu. Wir haben immer die Möglichkeit, nicht zu glauben und uns für das, was er tut, eine andere Erklärung auszudenken.

Paul: Ich behaupte gar nicht, dass Gott die Naturgesetze nicht außer Kraft setzt oder dass er das tun könnte. Die Auferstehung Christi, das zentrale Zeichen und Wunder der christlichen Heilsgeschichte, lässt sich nun einmal mit unserem normalen Verständnis der Naturgesetze nur schwer in Einklang bringen. Trotzdem glaube ich, wir verpassen den entscheidenden Punkt, wenn wir nur nach den Naturgesetzen fragen. Wenn wir Naturwissenschaftler brauchen, um herauszufinden, ob ein Wunder geschehen ist oder nicht, dann gehen wir an den entscheidenden Fragen vorbei.

Guy: Wie sollten wir also reagieren, wenn jemand behauptet, ein Wunder sei geschehen? Die stereotype naturwissenschaftliche Reaktion auf ein ungewöhnliches Ereignis besteht in dem Versuch, die bekannten Naturgesetze darauf anzuwenden. Wenn das nicht geht, dann zweifeln wir eher daran, dass das Ereignis wirklich stattgefunden hat, als dass wir mit einem Wunder rechnen. Wenn etwas nicht naturwissenschaftlich erklärt werden kann, dann hat es wahrscheinlich gar nicht stattgefunden.

Paul: Das ist der Konservatismus, der der modernen Naturwissenschaft zugrunde liegt: die starke Neigung, nur solche Dinge als Fakten oder Möglichkeiten zu akzeptieren, die bereits früher beobachteten Dingen und den allgemein akzeptierten Naturgesetzen entsprechen. Und die Neigung zur Skepsis gegenüber allem, was fremd und ungewöhnlich ist.

Guy: Aber manchmal hält die Welt auch Überraschungen für uns bereit. Thomas Jefferson bestand zum Beispiel darauf, die Berichte über einen Meteoriteneinschlag in Frankreich im Jahr 1803 seien von leichtgläubigen Franzosen erfunden. Da er selbst noch nie einen Meteoriteneinschlag gesehen hatte, glaubte er nicht, dass so etwas überhaupt stattfinden könnte. Nachdem ich in einem Labor mit einer Sammlung von etwa tausend Meteoriten arbeite und nachdem ich viele gesehen und sogar ihre Flugbahn gefilmt habe, weiß ich, dass Gesteinsbrocken aus dem All gelegentlich auf unsere Erde fallen. Selten, aber immerhin.

Und so haben wir begriffen, dass ein wenig Demut angebracht ist, wenn es um die Frage geht, was in der Natur geschehen kann und was nicht. Jedenfalls sind unsere Ausformulierungen der Naturgesetze nicht endgültig. In tausend Jahren werden sie sicher ganz anders aussehen.

Paul: Vor dem Aufkommen der modernen Naturwissenschaft nahm man seltsame und ungewöhnliche Ereignisse mit weniger Skepsis auf. Damals hielt man die Welt nicht für eine große Maschine, deren Teile mit mathematischer Präzision zusammenpassten und sich bewegten, sondern für einen lebendigen Organismus, dessen Teile sich bewegten wie die Teile einer Pflanze oder der Körper eines Tieres. Maschinen verhalten sich immer gleich, solange sie nicht kaputt gehen. Bei Lebewesen ist das anders. Sie verhalten sich zwar meistens gleich, aber sie können auch anders.

Stell dir vor, wir hätten einen Onkel namens Charlie, von dem wir aus langjähriger Erfahrung wissen, dass er Hunde liebt und Katzen hasst. Es käme uns bemerkenswert vor, wenn er eines Tages mit einer Katze auf dem Arm auftauchen würde, die er streichelt und mit der er freundlich redet. Es wäre ein Widerspruch zu seinem sonstigen Charakter und Verhalten, möglicherweise ein Zeichen dafür, dass in seinem Leben etwas Ungewöhnliches oder Wichtiges passiert. Aber wir würden sein Verhalten nie für eine Verletzung der Naturgesetze halten.

Guy: Vielleicht hat er eine neue Freundin, die Katzen liebt. Vielleicht hatte er auch einen Schlaganfall.

Paul: Vor dem Aufkommen der modernen Naturwissenschaft ging man davon aus, dass die Dinge in der Welt eine typische Verhaltensweise haben, ähnlich wie Menschen mit einer bestimmten Persönlichkeit. Dabei war aber immer eine gewisse Variabilität im Spiel. Normalerweise verhalten sich die Dinge so, aber manchmal eben auch anders – wie Onkel Charlie. Wenn nun etwas wirklich Ungewöhnliches passierte, musste man nicht automatisch von einem Widerspruch zu den Naturgesetzen ausgehen. Es war eben ein ungewöhnliches Ereignis, etwas, worüber man staunte oder sich wunderte.

Guy: Etwas, was aus der Norm fiel. Und ein Wunder vollzog sich, wenn eine bedeutsame Aussage über Gott damit verbunden war. Es gab aber alle möglichen staunenswerten oder wundersamen Dinge, die man nicht als »Wunder« ansah. Und es gab Wunder, die gar nicht so staunenswert oder ungewöhnlich waren, wie beispielsweise Noahs Regenbogen.

EIN RÄTSEL?

Paul: Jetzt ist die Sonne untergegangen, und hier in der Kuppel ist es ziemlich dunkel geworden. Schön ist es hier im Dunkeln, wenn auch ziemlich kalt. Ich kann die Geräusche der Stadt durch die Schlitze hören, aber es klingt, als wäre alles weit entfernt, als wären wir davon abgeschnitten. Der Hall hier in der Kuppel macht alles ein wenig geheimnisvoll. Schon komisch: Man denkt im Zusammenhang mit Naturwissenschaft immer nur an Vernunft und Ordnung, und dabei vergisst man, dass es auch einfach ein Vergnügen ist, sich ganz allein an einem Ort mit einer solchen Atmosphäre aufzuhalten. Mir gefällt es hier. Ich mag auch dieses Gefühl von Geheimnis. Es macht mir Spaß.

Guy: Also, was würdest du sagen? Müssen wir den Stern von Bethlehem als Rätsel abschreiben? Wir sind nicht dabei gewesen, und ich denke, wir werden nicht genau wissen, ob Matthäus wirklich ein ungewöhnliches Himmelsereignis beschreibt. Der Stern von Bethlehem ist und bleibt wohl wirklich ein Rätsel.

Paul: In welchem Sinne? Für Naturwissenschaftler ist ein Rätsel ein Problem, das es zu lösen gilt. Eine Wissenslücke, die wir füllen wollen. Isaac Newton beispielsweise löste ein Rätsel, das aus Johann Keplers Entdeckung der elliptischen Planetenumlaufbahnen entstanden war. Vor Kepler hatte man lange Zeit angenommen, die Planeten hätten kreisförmige Umlaufbahnen, würden sich also an die vollkommene Art der Bewegung halten. Keplers Entdeckung führte zu einer neuen Frage, einem Rätsel: *Warum* sind die Planetenumlaufbahnen elliptisch und nicht kreisförmig? Und Newton löste dieses Rätsel: Elliptische Umlaufbahnen ergeben sich logisch aus der Kombination seiner drei Bewegungsgesetze und seinem allgemeinen Gravitationsgesetz. Keplers neue Entdeckung hatte ein Rätsel hervorgebracht, Newtons neue Theorien lösten dieses Rätsel.

Und natürlich führte Newtons Entdeckung ebenfalls zu einem neuen Rätsel: Wie wirkt die Schwerkraft in großen Entfernungen?

Guy: Vor Newtons Formulierung der Bewegungsgesetze hätte man diese Frage gar nicht stellen können, sie wäre sinnlos gewesen.

Paul: Das ist ein Merkmal wissenschaftlichen Fortschritts: Es gibt ein Rätsel, das gelöst werden will und deshalb allgemeines Interesse weckt. Aber sobald es gelöst ist, kommt es uns nicht mehr rätselhaft vor, die Antwort scheint uns offensichtlich. Tatsächlich wird ein ehemaliges Rätsel sehr schnell zu einem selbstverständlichen Teil der wissenschaftlichen »Werkzeugkiste«.

Und so wird Naturwissenschaft auch gelehrt. Hochschullehrer, die Naturwissenschaften unterrichten, stellen ihren Studenten Rätselaufgaben in Form von Problemen, die gelöst, oder Experimenten, die durchgeführt werden sollen. Natürlich kennen die Dozenten die Antworten bereits. Aus ihrer Sicht ist an den Aufgaben nichts besonders Rätselhaftes mehr, abgesehen von der rätselhaften Fähigkeit der Schüler, am Thema vorbeizudenken. Die Dozenten versuchen, die Aufgabe so zu stellen, dass ihre Studenten die Erfahrung machen, Rätsel zu lösen und naturwissenschaftliche Gesetze selbstständig zu entdecken. Natürlich bekommen fortgeschrittene Studenten auch schwierigere Aufgaben. Aber nur mit den Besten unter ihnen betrachten die Dozenten Probleme, die wirklich noch ungelöst sind, echte Rätsel also. Daraus werden dann Doktorarbeiten.

Guy: Naturwissenschaftler brauchen Probleme, an denen sie arbeiten können, Rätsel. Das Ziel eines Naturwissenschaftlers besteht in der Lösung von Rätseln: Er will sie auflösen, zum Verschwinden bringen. Wenn wir Erfolg haben, wird etwas bisher Rätselhaftes und Interessantes auf einmal offensichtlich und normal. Und dann entstehen neue Rätsel, und der Kreislauf von Entdeckung und Erklärung setzt sich fort. So funktionieren Rätsel in der Welt der Wissenschaft.

Paul: Genau wie in Detektivgeschichten. Aber im großen, bunten menschlichen Leben und Handeln wie auch im Bereich von Glaube und Religion sind Rätsel und Geheimnisse etwas anderes. Ein religiöses Geheimnis ist kein Problem, das es zu lösen gilt, keine Wissenslücke, die wir füllen wollen. Glaubende wollen die Geheimnisse nicht auflösen oder zum Verschwinden bringen. Sie wollen sie vertiefen, damit leben, sie schmecken. Glaubende sprechen vom Geheimnis, um einen bestimmten Berührungspunkt zwischen dem Menschlichen und dem Transzendenten oder Göttlichen zu bezeichnen. Das Geheimnis findet sich dort, wo das menschliche Verstehen aufhört – nicht weil wir noch nicht darauf gekommen sind, nicht weil dieses Problem noch gelöst werden muss, sondern weil die angemessene Reaktion auf Gott und die Liebe in der Wertschätzung und im liebenden Bedenken besteht.

Die religiöse Herangehensweise ans Geheimnis wird in einer kleinen Textstelle aus dem zweiten Kapitel des Lukasevangeliums sichtbar. Da werden die Zeichen und Wunder beschrieben, die sich mit der Geburt Jesu verbinden, und dann sagt Lukas: »Maria aber bewahrte alle diese Worte und erwog sie in ihrem Herzen.«

Maria hat erkannt, dass es darum geht, das Geschehen wertzuschätzen und zu bedenken, auch wenn sie nicht alles verstehen konnte. Das wurde zu einem Muster in ihrem Leben, wie es die katholische Tradition in den Geheimnissen des Rosenkranzgebets bewahrt. Die Geheimnisse des Rosenkranzes beschreiben tiefgreifende, wichtige Ereignisse in Marias Leben, die sie in ihrem Herzen erwog – oder bewegte. Und nachdem die Ereignisse in Marias Leben nun auch wichtige Ereignisse der Heilsgeschichte sind, bedenken Glaubende heute genau diese Ereignisse, wenn sie den Rosenkranz beten.

Naturwissenschaftler haben das Ziel, die Rätsel zu lösen, die ihnen begegnen, also sie aufzulösen, sodass neue Geheimnisse entstehen und das Spiel weitergehen kann. Maria und all die Glaubenden, die den Rosenkranz beten, haben eine andere Herangehensweise. Sie haben das Ziel, in und mit dem Geheimnis zu leben, tiefer einzudringen, es wertzuschätzen und zu bedenken. Aus der Perspektive des Glaubens sind diese Geheimnisse Kontaktstellen mit dem Transzendenten oder Göttlichen.

Nimm das Beispiel Liebe. Liebe ist in zweierlei Hinsicht rätselhaft, aus naturwissenschaftlicher wie auch religiöser Sicht. Naturwissenschaftlich gesehen ist die Liebe ein lösbares Problem: Man kann sie als Phänomen beschreiben und ihre Mechanismen verstehen, man kann die damit verbundenen neurophysiologischen Zustände im Gehirn identifizieren, die biochemisch-hormonellen Vorgänge, sozialen Verhaltensmuster und so weiter. Und solange wir diese Merkmale und Mechanismen noch nicht ganz verstanden und erklärt haben, bleibt die Liebe ein naturwissenschaftliches Rätsel. Ein Problem, das es zu lösen gilt.

Aber selbst wenn wir irgendwann eine angemessene naturwissenschaftliche Erklärung für das Phänomen Liebe haben, wird sie auf einer anderen Ebene immer ein Rätsel bleiben. Die Erfahrung, dass man sich verliebt, wird das menschliche Verstehen immer übersteigen, sie wird immer eine Kontaktstelle mit dem Transzendenten bleiben. Die angemessene Reaktion des Menschen auf die Liebe liegt also nicht in der Lösung des Problems oder der Auflösung des Rätsels, sondern im tieferen Eindringen in das Geheimnis: tiefer zu lieben und diese Liebe wertzuschätzen und im Herzen zu bewegen.

Ist der Stern von Bethlehem ein Geheimnis? Nicht aus der Sicht der Naturwissenschaft. Die Frage, ob es zur Zeit der Geburt Jesu wirklich eine bemerkenswerte Himmelserscheinung gab, und wenn ja, wie sie aussah, kann mit allen möglichen wissenschaftlichen Disziplinen angegangen werden. Man kann sie mit Fakten beantworten. Wenn wir eine Zeitmaschine und eine Videokamera hätten, könnten wir ins entsprechende Jahr reisen und die Weisen – oder Matthäus – interviewen und herausfinden, wovon die Rede ist. Wir könnten das Licht des Sterns selbst beobachten und feststellen, woher es kommt. Aber wie wir gesehen haben, gibt es verschiedene Möglichkeiten einer wissenschaftlichen Erklärung für ein solches Phänomen, wenn es denn aufgetreten ist. Ein Geheimnis ist das alles nicht, lediglich eine ungelöste historische Frage.

Aber aus der breiteren menschlichen Perspektive ist und bleibt der Stern sehr wohl ein Geheimnis. Für die Weisen in Matthäus' Erzählung war der Stern eine Kontaktstelle mit dem Göttlichen. Und der Bericht über ihre Begegnung mit dem Stern wird für uns zu einer Begegnung aus zweiter Hand. Ähnlich wie beim Rosenkranz, wo Marias Begegnung mit dem Geheimnis auch uns angeht.

EIN LEITSTERN

Paul: Da unten auf dem Platz sind ganz schön viele Leute, man hört sie bis hier in die Kuppel. Eine Band spielt auch, was da wohl los ist?

Guy: Wahrscheinlich kommen die Leute aus der Kirche da unten, San Thomas Villanova. In der Vorhalle gibt es eine sehr beliebte Krippe, und ich glaube, sie wurde heute eröffnet. Da kommen immer sehr viele Leute, um sie wieder anzusehen. Und wenn man dann die Krippe gesehen hat, kann man auf den Platz gehen, einen Espresso trinken und mit den Nachbarn plaudern. Ja, ich denke, das ist es.

Paul: Das denkst du, aber du weißt es nicht. Wir könnten ja mal runtergehen und nachsehen.

Guy: Wissenschaftler! Aber zurück zu den Weisen: Du weißt, dass die Weisen aus dem Matthäusevangelium eine Inspiration für alle Jesuiten sind, die im Vatikanischen Observatorium arbeiten. Von denjenigen, die vor achtzig Jahren diese Kuppeln gebaut haben, bis hin zu denen, die heute an unserem modernen Teleskop in Tucson, Arizona arbeiten.

Als Wissenschaftler versuchen wir Jesuiten die Sterne und den Himmel zu verstehen, wie die Weisen. Wir verfolgen das Ziel, naturwissenschaftliche Rätsel zu lösen und neue zu entdecken. Schau dich in dieser Kuppel um, in der wir stehen. Wie sehr unterscheidet sich die heutige Astronomie doch von den Fragen, die sich stellten, als diese Teleskope gebaut wurden! Und sie unterscheiden sich deshalb so sehr, weil diese Jesuiten mit den alten Teleskopen Erfolg hatten. Durch ihre Arbeit haben sie viele alte Rätsel gelöst und ein paar neue hervorgebracht.

So maßen die Leute damals das Farbspektrum der Sterne, indem sie durch ein Prisma schauten und die Intensität der Regenbogenfarben maßen, die auf einem fotografischen Film erschienen, wenn das Licht durch das Prisma darauf fiel. Heute machen wir das mit Spektrometern und CCD-Chips, die uns, anders als Prismen und Filme, eine »lineare Antwort« geben, sodass wir die Daten viel leichter mit denen aus anderen Teleskopen vergleichen können. Keine wissenschaftliche Zeitschrift würde heute neue Daten veröffentlichen, die auf fotografischen Platten beruhen. Tatsächlich werden solche Platten gar nicht mehr hergestellt.

Die Fragen, die wir heute stellen, sind von technischen Möglichkeiten geprägt, die wir damals noch nicht hatten, aber auch von Technologien, die wir heute noch nicht haben und auf die wir hoffen. Als Wissenschaftler stehen wir immer auf den Schultern von Riesen, selbst wenn wir uns bemühen, sie zu übertreffen. So funktioniert Naturwissenschaft: Wir respektieren, ja verehren unsere Vorgänger, aber wir versuchen sie auch hinter uns zu lassen, sie zu überholen und überholt zu machen. Wenn wir die Weisen als Wissenschaftler betrachten, haben wir sie weit hinter uns gelassen. In dieser Hinsicht sind sie für uns nicht mehr von Bedeutung.

Aber als Glaubende achten wir Jesuiten auf die Kontaktstellen mit dem Göttlichen. Wo lädt Gott uns ein, das Geheimnis nicht zu lösen, sondern tiefer einzudringen? Wir wollen die Welt nicht nur verstehen, sondern auch Gott, ihren Schöpfer anbeten. Das besagt das Motto an der Wand dieser Kuppel. In diesem Sinne stehen wir nicht auf den Schultern der Weisen, und wir haben sie auch nicht hinter uns gelassen: Wir stehen Seite an Seite mit ihnen und beten das Kind in der Krippe an.

Vor zweitausend Jahren wurden die Weisen von ihren Berechnungen zu einem König geführt, der ganz anders war als alles, was sie erwartet hatten. Interessanterweise erzählt uns die Geschichte, dass sie von außen kamen. Ausländische Intellektuelle fanden den Messias vor allen einheimischen Gelehrten des Tempels. Auch dies ist ein Beispiel dafür, wie Gott selbst unsere Torheit – und sei es die Astronomie – benutzt, um uns zu führen. Deshalb sind die Weisen in meinen Augen ein Vorbild für uns Jesuiten hier im Observatorium. Sie betreiben Wissenschaft und begegnen zu ihrer Überraschung Gott. Und ihr Durst nach Gott motiviert sie, Wissenschaft zu betreiben.

Paul: Die Herausforderung für uns besteht darin, die Welt sowohl als Wissenschaftler als auch als Suchende zu sehen: Wir müssen offen dafür sein, die Welt in ihren eigenen Gesetzen zu verstehen, aber auch im Licht des göttlichen Geheimnisses.

Guy: »Wissenschaftler und Suchende?« Kosmisch, Mann! Ich weiß nicht, für mich klingt das schon sehr esoterisch. Aber ich verstehe, was du meinst. Manchmal arbeite ich voller Leidenschaft an der Lösung eines astronomischen Problems. Und manchmal schaue ich mir einfach nur gern die Sterne an.

Was hältst du von »Bedenken und Rätsellösen«? Wenn ich mich systematisch mit der Lösung des Rätsels vom Stern von Bethlehem beschäftige, frage ich mich, was für eine Erscheinung er wohl war – wenn er jemals existiert hat. Welche bekannten Naturerscheinungen passen zu dem Bericht? Wie hoch ist die Wahrscheinlichkeit, dass eine solche Erscheinung auftrat? Und wenn die Wahrscheinlichkeit nicht besonders hoch ist, wie können wir dann den Bericht erklären? Solchen Fragen kann ich nachgehen und daran herumrätseln. Und am Ende des Tages stellt sich heraus, dass die Astronomie uns keine klare Antwort gibt. Was ziemlich typisch ist, es gibt sehr oft mehrere mögliche Erklärungen für ein Phänomen.

Wenn ich einfach nur darüber sinniere, meine Gedanken schweifen lasse und in die Sterne schaue, dann kann ich mich fragen: Wie hat es sich wohl angefühlt, Christus so zu sehen wie die Weisen? Aus ihrer Perspektive?

Der erstaunlichste Teil der Geschichte ist ja in meinen Augen nicht, dass sie die Geburt eines Königs aus dem Stand der Planeten ableiten konnten. So etwas ist mechanisch, das kann jeder Wahrsager. Es geht mir auch nicht darum, dass sie sich auf eine weite Reise gemacht haben, um herauszufinden, ob sie mit ihrer Vorhersage richtig lagen. Das tun Astronomen ständig. Nein: Sie waren bereit und in der Lage, das Kind, das sie fanden, als den gesuchten König zu erkennen, anzuerkennen!

Es ist ja heute kein Problem, mit dem Strom zu schwimmen, so wie es die Leute tun, die da unten auf dem Platz sind und sich die Krippe anschauen. Sie tun sich leicht, wenn sie vom Frieden auf Erden sprechen. Aber vor zweitausend Jahren! Die Hirten und die Weisen folgten nur ihren eigenen krausen Ideen. Haben da wirklich gerade Engel gesungen? Hat dieser Stern irgendeine Bedeutung? Wissen konnten sie es ja nicht.

Die Weisen und die Fischer, die Prostituierten in Judäa und die wohlhabenden Frauen in Mazedonien: Was hat sie dazu veranlasst, sich auf dieses neue, fremdartige Evangelium einzulassen, ihre Sünden zu bekennen und anderen zu vergeben, einem Mann zu folgen, der in einem Stall geboren wurde und dessen Lehren ihn irgendwann ans Kreuz brachten?

Paul: Im Advent, wenn es auf Weihnachten zugeht, sollen wir Christen darum beten, dass wir unsere tiefsten Sehnsüchte erkennen. Ihre Erfüllung findet sich ja nicht immer dort, wo wir sie erwarten. Die besten Geschenke liegen nicht unbedingt unter dem Weihnachtsbaum.

Guy: An Weihnachten feiern wir die Ankunft eines himmlischen Besuches auf der Erde. Er ist genauso real wie meine Meteoriten, aber er erschüttert die Erde viel mehr. Wenn so etwas aus heiterem Himmel geschieht, zerreißt es unser eigenes enges Weltbild und zwingt uns dazu, ein Universum zu erkennen, das größer ist als unser alltägliches Leben. Naturwissenschaft und Religion sagen es uns gleichermaßen: Manchmal geschehen außerordentliche Dinge. Und ob es nun einen sichtbaren Stern gab oder nicht: der Erlöser war auf jeden Fall sichtbar. Das allein ist Wunder genug.

Und dieses Wunder findet seinen Widerhall in allen anderen unerwarteten Zeichen der Liebe, großen und kleinen, die unser Leben erfüllen. Wir stehen hier in einem solchen Wunder. Stell dir das vor: Mitten in der großen Weltwirtschaftskrise, in den frühen Dreißigerjahren, ist ein Papst bereit, so viel Geld für zwei Teleskope auszugeben, mit feinster, damals brandaktueller Zeiss-Optik. Und das alles auf dem Dach seiner Sommerresidenz, wo wir jetzt stehen.

Jedes Wunder ist wie ein Blick durch den Spalt im Dach unserer Kuppel. Wir sind umgeben von ganz alltäglichem Beton und Metall und Holz, aber durch den Spalt können wir ins Universum hinausspähen. Wobei … willst du mal einen Blick durch eines der Teleskope werfen? Der Orionnebel geht gerade auf.

Paul: Aber sicher! Den Orion kann man sich immer anschauen. Aber zu lange sollten wir nicht mehr hier stehen; wenn die Kuppel offen ist, wird es ganz schön kalt.

Guy: Nur einen kurzen Blick, dann gehen wir ins Sor Capanna und gönnen uns eine schöne heiße Pizza, direkt aus dem Holzofen.

Viertes Kapitel
Was passiert am Ende der Welt?

Ort: Ein Abendessen am Ende des Universums

VORSPEISE

Paul: Herr Ober? Als Vorspeise hätten wir gern Bruschetta. Etwas mit Speck und Balsamessig und etwas mit Schinken und Mozzarella.

Guy: Und irgendwie bestellen wir immer zu viel. Gestern die Pizza, und jetzt das. Mein Cholesterinspiegel!

Paul: Das erinnert uns an unsere Sterblichkeit, Guy. Wir sind schließlich keine zwanzig mehr, sondern beide deutlich über die fünfunddreißig hinaus, also auf der Mitte der drei Mal zwanzig plus zehn Jahre, die man traditionell einem Menschenleben zuschreibt. Ein ernüchternder Gedanke. Würdest du mir noch mal etwas Wein nachschenken?

Guy: Und wir wissen es ja nicht! Es kann sein, dass morgen Schluss ist, es kann aber auch sein, dass wir noch einen langen Weg vor uns haben. Du hast recht, ein ernüchternder Gedanke. Für mich auch noch einen Schluck.

Paul: Und genauso, wie wir uns fragen können, wie lange wir noch zu leben haben, genauso können wir uns fragen, wie lange es das Universum noch macht. Ist das Universum jung, alt, mittleren Alters? Kann morgen alles vorbei sein oder wird es noch zehn Milliarden Jahre existieren? Und wie wird es dann aussehen?

Guy: Übrigens ist die Bruschetta fantastisch! Gute Wahl.

Paul: Wenn wir weiter so viel essen, werden wir einige Kilos zugenommen haben, bevor dieses Buch endet. Vielleicht sollten wir uns darüber mal Gedanken machen. Aber nicht heute Abend.

Guy: Außerdem dehnt sich ja nicht nur unser Bauchumfang, sondern das ganze Universum.

Paul: Einige Leute machen sich darüber große Sorgen. Erinnerst du dich an die Szene aus Woody Allens Oscar-Film *Annie Hall*, wo sich die Hauptfigur Alvy an einen Kindheitsbesuch beim Hausarzt erinnert? Seine Mutter macht sich Sorgen darüber, dass der kleine Alvy so deprimiert ist. »Das ist nur, weil sich das Universum so ausdehnt«, erklärt er. »Eines Tages wird es auseinanderbrechen, und dann ist Schluss.« Der Arzt versichert ihm, dass es bis dahin noch viele Milliarden Jahre dauert, und rät ihm, er solle sich in der Zwischenzeit ablenken und sein Leben genießen, solange es dauert. Seine Mutter argumentiert noch direkter: »Wir sind hier in Brooklyn. Und Brooklyn dehnt sich nicht aus.«

Guy: Ich nehme an, Woody Allen wollte sich über diese Art von Angst nur lustig machen.

Paul: Nein, er meinte das ganz ernst. In einem Interview im *Esquire* im September 2013 hat er gesagt, unsere Anwesenheit auf der Erde sei ein reiner Zufall, und alles, was wir im Universum wertschätzten, würde eines Tages verschwinden: »Shakespeare, Beethoven, da Vinci und so weiter«. Ebenso wie die Erde und die Sonne. Woody geht von der naturwissenschaftlichen Annahme aus, das Universum der Zukunft werde ein lebensfeindlicher Ort sein und menschliches Leben im Universum sei ohnehin reiner Zufall. Daraus schließt er, dass eigentlich alles sinnlos ist. »Große Fragen« zu stellen, lohne sich nicht, denn alles sei ja vergänglich und es gebe keine letztgültigen Werte. Das Beste, was wir tun können, ist uns ablenken: mit Arbeit, mit Liebe, womit auch immer. Und unser Leben genießen, solange es dauert.

Guy: Aber Woody Allen stellt doch ständig »große Fragen«. Er hat viel Zeit damit verbracht, darüber nachzudenken und solche Fragen zu stellen. Seine Filme sind doch voll davon. Ich staune über diese Fixierung auf das Ende der Welt. Betrachtet man damit das Universum nicht wie eine einzige große Detektivgeschichte, in der es nur darum geht, auf der letzten Seite den Mörder zu finden?

Paul: Tatsächlich gibt es Leute, die glauben, »große Fragen« seien sinnlos oder anmaßend für uns kleine Menschen. In Douglas Adams Roman *Per Anhalter durch die Galaxis* geht es die ganze Zeit darum. Dort werden die Menschen ununterbrochen daran erinnert, wie lächerlich und unbedeutend ihre Existenz ist, verglichen mit der Größe und den Ausmaßen des Universums. Und wie töricht es ist, zu glauben, man könnte richtig große Fragen stellen. Selbst wenn man dieser Haltung nicht zustimmt, lohnt es sich durchaus, darüber eine Weile nachzudenken.

Guy: Das erklärt dann auch den Schauplatz dieses Gesprächs. Wir essen heute im Milliways zu Abend, dem fiktionalen Restaurant am Ende des Universums, aus dem Roman *Per Anhalter durch die Galaxis*.

Paul: Und wir sind hierher gereist, indem wir eine Zeitreise vorwärts gemacht haben, Milliarden Jahre in die Zukunft, bis an einen Punkt ein paar Stunden vor dem Ende des Universums. Während wir also unser köstliches Gourmet-Menü genießen, können wir durchs Fenster beobachten, wie es mit dem Universum um uns herum zu Ende geht. Das Restaurant ist übrigens durch irgendein Zeit-Raum-Kraftfeld vor der Zerstörung geschützt – frag lieber nicht. Nach dem Essen werden wir wieder zurück in unsere eigene Zeit reisen, Milliarden Jahre in die Vergangenheit.

Guy: Na, großartig! Dann kann ich ja heute futtern, als gäbe es kein Morgen, denn das Essen existiert ja nur in unserer Phantasie. Wobei mir einfällt: Könnte ich wohl noch ein Stück von dieser fantastischen Bruschetta haben? Wie haben wir es eigentlich geschafft, hier einen Tisch zu bekommen? Nach allem, was ich höre, ist dieses Lokal doch schon Jahrtausende im Voraus ausgebucht. Und außerdem findet man fiktionale Restaurants ja nicht so ohne Weiteres.

Paul: Ich habe da ein paar Kontakte zu deinen alten Science-Fiction-Schreiberfreunden spielen lassen. Die haben uns einen Tisch für heute Abend besorgt. Man könnte ja meinen, ein Abendessen im Milliways wäre ein traumhaftes, Ehrfurcht gebietendes Ereignis. Aber Douglas Adams beschreibt es in seinem Buch ganz anders. Das Ende des Universums, wie es durch die Fenster des Restaurants zu beobachten ist, wird auf den Status einer After-Dinner-Show reduziert. Douglas Adams fordert unsere Vorstellungen heraus, indem er es als langweilig und unbedeutend beschreibt, ungefähr so bemerkenswert wie eine Gesangsdarbietung zwischen Hauptgang und Dessert.

Guy: Vorsicht, meine Großonkel waren Showsänger. Sie haben damit vor hundert Jahren in den Catskill Mountains gutes Geld verdient.

Aber wir greifen vor. Bevor wir entscheiden können, ob unsere »großen Fragen« irgendeine Bedeutung haben, bevor wir überhaupt entscheiden können, ob das Schicksal des Universums eine Bedeutung hat, würde ich gern noch mal zu Woody Allens und Douglas Adams' Haltung zurückkehren.

Paul: Gut, also zurück zur Naturwissenschaft. Woody Allen geht davon aus, es sei wissenschaftlich erwiesen, dass sich das Universum ausdehnt und dass es in ferner Zukunft für Menschen unbewohnbar sein würde. Trifft das zu? Was kann uns die Wissenschaft über den Zustand des Universums in ferner Zukunft sagen? Wie verlässlich sind unsere Aussagen dazu?

Guy: Schwer zu sagen. Das Problem ist, wir haben wissenschaftliche Theorien über den Anfang, den Ursprung und die Entwicklung des Universums, wie wir sie schon am ersten Tag in Chicago besprochen haben. Wenn wir ganz tief in den Weltraum schauen, sehen wir Licht, dass vor Milliarden Jahren von Sternen ausgegangen ist. Und deshalb können wir erkennen, wie es damals dort ausgesehen hat.

Theorien über den Ursprung unserer Erde und unseres Sonnensystems sind relativ leicht zu überprüfen, weil es Teilchen aus der Anfangszeit gibt: Felsbrocken vom Mond und aus dem Asteroidengürtel, meine kostbaren Meteoriten. Wir haben Stücke in unserer Sammlung, die praktisch seit ihrer Entstehung vor Milliarden von Jahren unberührt geblieben sind. Sie sagen uns Einiges über ihre eigenen Entstehungsbedingungen und die unserer Planeten. Wir haben also Datenmaterial aus der Vergangenheit, und deshalb können wir mit einiger Sicherheit darüber sprechen. Aber aus der Zukunft besitzen wir natürlich kein Material und keine Daten.

Paul: Aber viele Gleichungen und Gesetze der modernen Physik sind doch zeitsymmetrisch. Sie lassen sowohl Aussagen über die Vergangenheit als auch über die Zukunft zu. Ich meine, wenn wir etwas über die gegenwärtige Lage und Bewegung der Planeten wissen, dann können wir Newtons Gesetze benutzen, um vorauszusagen, wo sie in der Zukunft sein werden: in zehn Jahren, in tausend Jahren und in einer Million Jahren. Und wir können ebenso gut etwas über die Vergangenheit aussagen, also über ihren Standort vor zehn, tausend oder einer Million Jahren. Mathematisch gesehen gibt es keinen Unterschied zwischen Vergangenheit und Zukunft, zwischen Vorhersage und Aussage über die Vergangenheit.

Guy: Mag sein, aber nicht alle physikalischen Gesetze sind in dieser Weise zeitsymmetrisch. Und wir benutzen die Daten aus der Vergangenheit ja auch nicht nur, um ein Spielfeld für unsere kleinen feinen physikalischen Theorien zu haben. Wir nutzen sie, um alle Unzulänglichkeiten unserer schrecklichen, furchtbaren, unbrauchbaren und schlechten Theorien zu überwinden oder auszugleichen – weil wir eben nur diese Theorien haben. Bisher verstehen wir so wenig über das Universum, dass wir nur Punkte miteinander verbinden können, wenn sie nahe beieinanderliegen. Daten aus der Vergangenheit versorgen uns mit vielen Punkten. In Bezug auf die Zukunft gibt es keine Punkte. Das ist reiner Blindflug.

Paul: Darauf wollte ich hinaus. Können wir wirklich sicher sein, dass die physikalischen Gesetze, wie wir sie heute kennen, ausreichend korrekt sind, um etwas über den zukünftigen Zustand des Universums auszusagen? Und selbst wenn sie korrekt sind: Können wir sicher sein, dass sie sich in der Zukunft nicht verändern? Alle Daten, die wir besitzen, um die physikalischen Gesetze zu stützen, stammen aus der Vergangenheit. Wenn wir sie nutzen, um Aussagen über die Zukunft zu machen, müssen wir annehmen, dass sie auch weiterhin so funktionieren werden. Und das ist eben nur eine Annahme, die wir nicht beweisen können. Vielen Dank, David Hume!

Guy: Du meinst den Philosophen, nicht wahr? Irgendwann musste ich mal was von ihm lesen, ist aber lange her.

Guy: Ein schottischer Empiriker aus dem 18. Jahrhundert. Aber wie auch immer: Akkurate Aussagen über eine ferne Zukunft sind aus verschiedenen Gründen schwierig. Wie schon Hume erklärt hat, wissen wir nicht, ob die Gesetze in der Zukunft auch noch gelten werden. Wenn wir aufgrund unserer Erfahrungen in der Vergangenheit annehmen, die physikalischen Gesetze würden unverändert gültig bleiben, dann ist und bleibt das lediglich eine Annahme. Aber eine andere Möglichkeit haben wir nicht, wenn wir überhaupt Naturwissenschaft betreiben wollen.

Allerdings können sich kleine Fehler in unseren physikalischen Gesetzen oder kleine Fehler in unseren Annahmen über den jetzigen Zustand des Universums in ferner Zukunft exponentiell auswirken und zu riesigen Fehlern führen. Wir brauchen akkurate Gesetze und ebenso akkurate Aussagen über den gegenwärtigen Zustand des Systems, wenn wir es im Modell weit in die Zukunft entwickeln wollen. Sonst stapeln sich die Irrtümer sozusagen aufeinander. Wenn die physikalischen Gesetze nicht linear sind oder zum Chaos neigen, dann kann selbst eine winzige Unsicherheit plötzlich ins Unermessliche wachsen und dazu führen, dass nichts mehr vorhersagbar ist.

Guy: So gesehen, hat der kleine Alvy also recht: Wir nehmen heute an, dass sich das Universum ausdehnt. Theorien über die Zukunft lassen sich nicht beweisen, wir können also nur annehmen, dass es so weitergehen wird wie bisher. Aber wenn sich der Raum ewig ausdehnt, wie die meisten Versionen der »Urknalltheorie« annehmen, dann werden die verschiedenen Galaxien irgendwann so weit voneinander entfernt sein, dass sie jeglichen Kontakt verlieren. Das Licht der einen wird die anderen nie erreichen.

Allerdings sagt uns die Erfahrung, dass solche Aussagen sehr unsicher sind. Sie repräsentieren immer nur den Fall, der am wenigsten unwahrscheinlich ist. Andere Theorien, die durchaus existieren, sagen vollkommen andere Ergebnisse voraus. Die Schwerkraftgesetze könnten sich ändern, der Urknall könnte sich umkehren und dafür sorgen, dass alles wieder in sich zusammenstürzt, die Grenzen zwischen den verschiedenen Dimensionen des Multiversums könnten sich verwischen und alles ohne Vorwarnung von einem Augenblick zum anderen auslöschen …

Aber selbst wenn die Standard-Urknalltheorie mit der ewigen Ausdehnung zutrifft, ist der Pessimismus des kleinen Alvy fehl am Platz. Die Ausdehnung des Universums ist kein Problem – unser Universum wird davon nicht auseinanderfliegen. Seine Mutter hat recht, Brooklyn dehnt sich nicht aus. Ferne Galaxien bewegen sich voneinander weg, aber die brauchen wir ja auch nicht. Für das nackte Auge sind sie unsichtbar, vor der Erfindung des Teleskops wussten wir nicht einmal, dass es sie gibt.

Das Problem ist eher, dass selbst ohne Ausdehnung irgendwann alle Sterne innerhalb unserer Galaxie keinen Treibstoff mehr haben werden. Sie werden auskühlen und sterben. Früher oder später wird sich alle Energie, die wir zum Leben brauchen, erschöpfen. Das ist gemeint, wenn es heißt, das Universum werde einen »Hitzetod« erleiden. Immer angenommen, dass unsere Physik die richtigen Vorhersagen macht, was wir nur vermuten können.

Paul: Wenn wir aber über das Schicksal des Universums keine sicheren Aussagen machen können, können wir denn dann wenigstens mit etwas mehr Sicherheit etwas über das Schicksal unseres eigenen Planeten oder unseres Sonnensystems sagen?

Guy: Ja, das ist wohl tatsächlich möglich. Wir können mit einiger Sicherheit sagen, dass das Ende des Planeten unvermeidlich ist. Das ist eine schlichte Beobachtung der Astronomie, über die Astronomen wie wir am Vatikanischen Observatorium mit einer gewissen Fachkunde sprechen können.

Zunächst einmal können wir heute immer mehr kleine Asteroiden beobachten, und viele von ihnen kommen der Erde sehr nahe. Auf dem Twitter-Account des *Minor Planet Center* in Cambridge, Massachusetts, wird fast jede Woche über einen Beinahe-Zusammenstoß mit einem nahe vorbeifliegenden Asteroidenbrocken berichtet. Wobei »nahe« natürlich eine Definitionssache ist. Jeden Monat wird irgendwo auf der Erde ein Bolide beobachtet, also ein meteorgroßer Gesteinsbrocken, der beim Eintritt in unsere Atmosphäre verglüht und einen Feuerball hervorbringt, der so hell ist wie der Mond.

Am 14. Februar 2013 war beides der Fall. An diesem Tag fiel ein Gesteinsbrocken von der Größe eines Autobusses auf die Erde und ging in der Nähe von Tscheljabinsk in Russland nieder. Die Explosion, die er beim Eintritt in die Atmosphäre auslöste, ließ Fenster zerspringen; etwa tausend Personen wurden verletzt. Vierzehn Sekunden fehlten zu einem echten Treffer. Am selben Tag passierte ein Asteroid von der Größe eines kleineren Hauses die Erde in geringer Entfernung. Er kam uns näher als die Umlaufbahn unserer Kommunikationssatelliten. Die beiden Brocken hatten vermutlich nichts miteinander zu tun, ihre Bahnen waren sehr unterschiedlich und sie stammten offenbar aus verschiedenen Teilen des Asteroidengürtels. Die meisten Wissenschaftler halten es für reinen Zufall, dass beide Ereignisse am gleichen Tag eintraten.

Aber der richtig große Einschlag steht uns ohnehin noch bevor. Vor fünfundsechzig Millionen Jahren löschte ein solcher Zusammenprall die Dinosaurier aus, und irgendwo da draußen befindet sich wieder ein Komet oder Asteroid, der für uns bestimmt ist. Er kann uns morgen treffen oder in hundert Millionen Jahren. Wir können mit statistischer Höchstwahrscheinlichkeit sagen, dass es passieren wird – aber nicht, wann.

Wenn mich Leute fragen, was man tun kann, um sich zu schützen, sage ich immer: Hören Sie mit dem Rauchen auf und tragen Sie beim Autofahren einen Gurt. Die Gefahr, durch das Rauchen oder einen Autounfall zu sterben, ist wesentlich höher als die Chance, von einem Asteroiden getroffen zu werden.

Paul: Das heißt aber nicht, dass es sich nicht lohnt, potenziell gefährliche Asteroiden zu beobachten. Vielleicht wären die Dinosaurier heute noch da, wenn sie ein Raumprogramm gehabt hätten.

Ein Aufprall wie der, der die Dinosaurier vernichtete, würde die Atmosphäre aufreißen und das Ökosystem verändern, aber die Erde würde wohl überleben und mit ihr ein Großteil der Lebewesen. Wir Säugetiere haben den Schlag überlebt, der die Dinosaurier vernichtete, und wir haben sogar von ihrer Vernichtung profitiert, weil wir in der Lage waren, die Lücke im Ökosystem zu füllen. Wenn also der nächste Aufprall das Ende der Menschheit bedeutet, werden wir wohl durch intelligente Küchenschaben oder wen auch immer ersetzt.

Aber was kann die Astronomie über das Ende unseres Planeten bzw. über das Ende unseres Sonnensystems sagen? Wie viel wissen wir tatsächlich, und was ist reine Spekulation?

Guy: Oh, um diese Frage genauer zu betrachten, sollten wir erst mal unsere Sonne anschauen, den Stern, den wir umkreisen. Wir wissen relativ viel über sie und andere, ähnliche Sterne, und wir können unter Laborbedingungen hier auf der Erde auch die Kernreaktionen beobachten, die die Energie für das Licht der Sonne und anderer Sterne liefern.

Wir wissen, dass Sterne durch Kernreaktionen mit Energie versorgt werden. Dabei wird Wasserstoff in Helium umgewandelt, Helium in Kohlenstoff und Kohlenstoff in schwerere Elemente. Aber dieser Prozess ist nicht unendlich. Wenn alle leichteren Elemente in Eisen umgewandelt worden sind, ist die Energie erschöpft. Mehr noch: Die Umwandlung von Eisen in schwerere Elemente verbraucht Energie. Deshalb sind Elemente mit einer größeren Dichte als Eisen, also beispielsweise Gold, Platin und Uran, relativ selten.

Nach allem, was wir über Fusionsreaktionen wissen – durch die Wasserstoffbomben und bestimmte Vorgänge in Kernreaktoren, wo wir selbst Energie erzeugen können –, lassen sich die verschiedenen Stadien recht gut vorhersagen, die ein Stern durchlebt, wenn er sich bildet, bis er dann ein stetiges Leuchten entwickelt und schließlich mit ein paar Schnaufern die letzten Reste Energie ausspuckt.

Wir können diese Stadien aber nicht nur mit unseren Theorien vorhersagen, sondern auch beobachten, und zwar bei Sternen in unserer Nähe. Wir sehen, was mit anderen Sternen passiert und können daraus schließen, dass der Kern unserer Sonne irgendwann ebenfalls keinen Treibstoff mehr enthalten wird. Wenn aber der Kern keine Energie mehr produzieren kann, dann kühlt er ab und zieht sich zusammen. Die Gasmasse oberhalb des Kerns fällt zusammen, springt vom Kern zurück und wird in einer kalten, matt roten Wolke verpuffen. Aufgrund der Größe von »roten Riesensternen«, die wir in unserer Nähe beobachten, können wir sagen, dass unsere Sonne, wenn sie in die Phase eines roten Riesensterns eintritt, die Erde wohl mit einhüllen wird. Nach jüngsten Berechnungen wird die Erde das überleben. Bis die Sonnengase sich so weit verbreitet haben, dass sie die Erde treffen, sind sie vermutlich so dünn, dass die Erde einfach auf ihrer Umlaufbahn weiterläuft, nur dann eben innerhalb des roten Riesen. Aber ein Leben auf der Erde wird dann nicht mehr möglich sein.

Paul: Wann wird das sein?

Guy: In etwa fünf Milliarden Jahren.

Paul: Wir können also noch mal zur Beichte gehen, bevor es so weit ist.

Guy: Wenn der tote Sonnenkern abkühlt, ist sie nur noch ein stiller Brocken mit hohem Eisen- und Heliumgehalt. Um Helium in schwerere Elemente bis hin zum Eisen umzuwandeln, ist ein größerer Stern nötig als unsere Sonne. Sie kommt über das Helium nie hinaus. Natürlich wird die äußere Gashülle der Sonne und anderer Sterne ihrer Generation sich dann ins Weltall verteilen und für die Entstehung neuer Sterne zur Verfügung stehen.

ERSTER GANG

Paul: Und hier kommt auch schon unsere Pasta: Strozzapreti.

Guy: Die kleinen verdrehten Nudelstücke, serviert mit einer Tomatensauce. Aber bedeutet der italienische Name nicht »Erwürgt den Priester«? Du bist der einzige Priester hier.

Paul: Warum sollte ich mir darüber am Ende der Welt noch Gedanken machen?

Guy: Solange sie nicht mit der Vorspeise in Berührung kommen? Du weißt ja wohl, was passiert, wenn Pasta und Antipasto sich begegnen? Sie heben sich gegenseitig auf.

Paul: Du gehörst selbst aufgehoben!

Guy: Ich kann nichts dafür! Der Joke ist von meinem Freund Brian Malow, der als Science Comedian durch die USA tourt und ständig solche Sachen bringt. Und er tritt auch noch in Restaurants auf.
Aber weißt du ... gedrehte Nudeln in roter Sauce erinnern mich an die verdrehten Magnetfelder um einen sterbenden roten Riesenstern. So kommen wir von der Pasta wieder zurück auf unser Thema: unsere Sonne und ihr Ende. Und natürlich passt auch meine Angewohnheit dazu, mir rote Sauce aufs Hemd zu spritzen. Entschuldige mich einen Moment, ich muss das mal abwischen.

Paul: Vielleicht könnten unsere menschlichen Nachkommen die Erde mit einem Raumschiff verlassen, wenn es so weit ist, dass die Sonne zu einem roten Riesen wird und die inneren Planeten auslöscht. So wie du das Hemd wechseln könntest, so könnten wir uns auch einen neuen Planeten suchen, der um einen jüngeren Stern kreist. Aber selbst wenn wir es schaffen, von der Erde zu fliehen, wird auch dieser jüngere Stern irgendwann sterben, und so geht es immer weiter, ein Stern nach dem anderen. Bis das ganze Universum irgendwann keine Energie mehr hat und stirbt.

Guy: Genau. Darüber hätte sich Klein-Alvy mal Gedanken machen sollen: nicht über die Ausdehnung des Universums, sondern über den Hitzetod der Sterne. Dabei geht es nicht nur um unser Leben oder das aller Menschen oder des Planeten Erde oder um das Sterben unseres Sterns, der Sonne. Das gesamte Universum ist zum Tode verurteilt, wenn man nur bereit ist, lange genug zu warten.

Und es gibt noch einen verstörenden Aspekt an der Ausdehnung des Universums, über den Alvy nicht nachgedacht hat. Was im Übrigen nicht besonders erstaunlich ist, denn als Alvy ein Kind war, wusste man davon noch gar nichts.

Denk doch mal kurz zurück an unsere Unterhaltung am ersten Tag, über die Urknalltheorie. Da haben wir bemerkt, dass sich das Universum ausdehnt. Durch die Beobachtung ferner Galaxiehaufen (und angesichts der festgelegten Lichtgeschwindigkeit, durch die wir jetzt Licht sehen, das vor langer, langer Zeit ausgesandt worden ist) wissen wir, dass diese Ausdehnung vom Nullpunkt vor etwa vierzehn Milliarden Jahren vorangeschritten ist. Also von dem Punkt, an dem alles, was wir heute beobachten, und auch Teile des Universums, die wir heute nicht mehr sehen können, auf einen einzigen sehr heißen, sehr dichten Punkt konzentriert war.

Die besten Daten deuten bisher darauf hin, dass das Universum sich nicht nur ausdehnt, sondern dass sich diese Ausdehnung auch noch beschleunigt.

Und wir haben keinen Grund anzunehmen, dass es so weitergehen wird wie – buchstäblich gesprochen – seit Anbeginn aller Zeiten. Selbst wenn wir es nicht beweisen können.

Paul: Da würde dir selbst David Hume zustimmen. Er wollte ja auch nicht verhindern, dass wir uns der Naturwissenschaft bedienen, um Zukunftsprognosen zu treffen, sondern er wollte uns lediglich die Gewissheit nehmen. Das Beste, was wir tun können, sind Vorhersagen aufgrund des bisherigen Verhaltens unserer Welt. Aber wir können nicht sicher sein, dass die Welt sich in der Zukunft so verhält wie in der Vergangenheit.

Guy: Angesichts dieser Entwicklung mit dem Urknall und der Beschleunigung dunkler Energie kann man wohl annehmen, dass das Universum sich bis in alle Ewigkeit ausdehnen wird, schneller und immer schneller.

Aber dann stoßen wir irgendwann an den sogenannten »Lichthorizont« oder das »Horizontproblem«. Nach der Urknalltheorie dehnt sich der Raum zwischen den Galaxiehaufen aus. Je mehr Raum zwischen uns und einem entfernten Punkt liegt, desto mehr Ausdehnung überblicken wir, und umso schneller zieht sich der Punkt, auf den wir blicken, von uns zurück. Wenn wir also auf einen Punkt blicken, der weit genug entfernt ist, bewegt er sich mit Lichtgeschwindigkeit von uns weg. Heute nimmt man an, dieser Punkt sei bei 13,7 Milliarden Lichtjahren erreicht. Das ist der Lichthorizont. Licht, das aus größerer Entfernung zu uns kommt, müsste eine Strecke überwinden, die sich schneller ausdehnt, als das Licht sich bewegen kann. Dieses Licht würde uns also nie erreichen. Und deshalb können wir nichts sehen, was sich außerhalb dieses Horizonts befindet.

Es ist aber durchaus möglich, dass sich Teile des Universums außerhalb dieses Horizonts befinden. Nichts – kein Raumschiff, kein Signal, keine Information – könnte von dort zu uns gelangen, weil es sich dazu schneller als Lichtgeschwindigkeit bewegen müsste. Wenn wir es aber nicht sehen, sieht es uns auch nicht. Nichts, was hinter dem

Lichthorizont geschieht, kann Einfluss auf unseren Teil des Weltalls ausüben. Soweit es uns betrifft, könnte es ebenso gut gar nicht existieren. Wir wüssten ja ohnehin nichts davon.

Wenn aber nun die Ausdehnungsgeschwindigkeit in der Vergangenheit geringer war, als wir heute annehmen, dann könnte es Dinge geben, die früher so nahe waren, dass wir sie sehen konnten – weil sie sich innerhalb unseres Lichthorizonts befanden –, und die sich aus diesem Horizont entfernt haben.

In den letzten zwanzig Jahren haben wir entdeckt, dass sich die Ausdehnung des Universums seit dem Urknall beschleunigt. Wenn sie das weiterhin tut, dann werden Dinge, die sich heute mit einem Tempo unterhalb der Lichtgeschwindigkeit bewegen, sodass wir sie sehen können, irgendwann außerhalb unseres Lichthorizonts sein. Und wir werden diese weit entfernten Galaxiehaufen nicht mehr sehen. Der Kosmologe Lawrence Krauss hat darauf hingewiesen: Wenn die Beschleunigung weitergeht und man lange genug wartet, werden sich irgendwann sämtliche Galaxiehaufen außer unserem eigenen in den Raum außerhalb des Lichthorizonts bewegt haben, sodass wir sie nicht mehr sehen können. Dann können wir nicht einmal mehr sagen, ob da draußen noch irgendetwas ist.

Paul: Wenn es so weit kommt, können wir auch nicht mehr feststellen, ob sich der Rest des Universums weiter ausdehnt. Was mich zu der Frage führt, ob nicht schon einige Aspekte, die wir brauchen würden, um das Universum zu verstehen, einfach für unsere Augen unsichtbar geworden sind.

Guy: Genau! Wir wissen nicht, ob da draußen nicht noch irgendetwas wartet, das unsere Existenz ein für alle Mal beendet.

Paul: Jetzt noch einmal, damit ich sehe, ob ich's verstanden habe: Die Elemente im Inneren eines Sterns, wo der Druck hoch genug ist, fusionieren und produzieren Energie. Irgendwann ist dieser Prozess abgeschlossen. Wenn der Stern groß genug ist, werden sämtliche Elemente in Eisen umgewandelt. Dann hat der Stern keine Energieversorgung mehr, bricht zusammen und verpufft zu einem roten Riesenstern, der Gase aus den äußeren, nicht fusionierten Bereichen ins Weltall spuckt, sodass nur noch ein Eisenkern übrig bleibt. Die ausgestoßenen Gase bilden neue Sterne, und alles beginnt wieder von vorn. Das geht so lange, bis der gesamte Weltraum gespickt ist mit toten Eisenkernen.

Durch den Alterungsprozess des Universums wird irgendwann alles Gas verbraucht. Und durch die Ausdehnung verteilt sich das Sternenlicht auf immer größere leere Räume, seine Energie verdünnt sich sozusagen. Irgendwann ist die gesamte Energie gleichmäßig im Raum verteilt, während sich die gesamte Masse auf kalte Eisenbrocken konzentriert. Dann gibt es keine leuchtenden Sterne mehr, und auch kein Sonnenlicht, das das Leben erst möglich macht.

Wenn man lange genug wartet, werden selbst die kalten Eisenkerne, selbst die stabilsten subatomaren Teilchen in diesen bewegungslosen Atomen zu Strahlung, die sich in dem immer größer werdenden Raum verteilt. Auch die schwarzen Löcher lösen sich auf. Deshalb besagt ein Zukunftsszenario, dass es gar kein »Ende der Welt«, also des Universums, gibt. Am Ende wird es lediglich eine dünne Grütze aus subatomaren Partikeln geben, die sich langsam in Strahlung auflösen.

Sollten freilich die Gesetze der Physik doch – wenn auch nur geringfügig – anders sein, als wir es bisher annehmen, oder sollten sie sich mit der Zeit ändern, dann könnte es ein ganz anderes, klareres Ende des Universums geben. Einige Leute spekulieren, es könnte zu einem endlosen Kreislauf von Tod und Wiedergeburt kommen, bei dem sich Urknall und großes Zusammenziehen abwechseln.

ZWEITER GANG

Paul: Ah, jetzt bringen sie den Hauptgang, Fleisch und Kartoffeln.

Guy: Röstkartoffeln mit Rosmarin, um es genau zu sagen. Und zarte Filetscheibchen auf Rucola-Salat. Köstlich! Und vermutlich mal wieder schrecklich ungesund.

Paul: Da wäre ich nicht so sicher. Ich staune immer wieder, wie viel gesünder das italienische Essen ist, verglichen mit dem fettigen Zeug, das wir in Amerika zu uns nehmen. Wenn ich in Italien lebe, esse ich viel und nehme trotzdem ab. Du kennst den alten Streit, ob man isst, um zu leben oder lebt, um zu essen? Hier geht beides gleichzeitig.

Guy: Das erinnert mich an die Geschichte von dem Jesuiten, der zu seinem geistlichen Begleiter geht und fragt: »Darf man während des Betens essen?« Der geistliche Begleiter ist empört. »Nein, natürlich nicht! Ich muss mich doch sehr über dich wundern. Das Essen lenkt dich vom Beten ab.« Eine Woche später kommt der Jesuit wieder zu seinem geistlichen Begleiter und fragt: »Darf man eigentlich während des Essens beten?« Und der geistliche Begleiter nickt und lächelt: »Selbstverständlich, mein Sohn. Eine gute, fromme Idee!«

Paul: Ja, so ein Perspektivenwechsel wirkt manchmal Wunder. Was mich zurück zu Woody Allen bringt. Er machte sich Sorgen darum, dass das Universum irgendwann vor lauter

Ausdehnung auseinanderfliegen könnte. Wir haben schon besprochen, was die Wissenschaft über mögliche Zustände des Universums in der fernen Zukunft sagt. Aber wie sieht es mit dem anderen Punkt aus, den Allen anspricht? Dass es ohnehin keine letzten Werte und keinen Sinn gibt, wenn das Universum irgendwann zum Ende kommt? Und dass wir, statt uns mit sogenannten »großen Fragen« zu beschäftigen, uns lieber ablenken und das Leben genießen sollten, weil das menschliche Leben ohnehin nur ein Zufall (oder sollte man sagen: ein Unfall) ist?

In diesem Denken liegt ja eine witzige Inkonsequenz. Allen spricht von zwei angeblichen wissenschaftlichen Fakten: der zukünftigen Lebensfeindlichkeit des Universums, die dazu führen wird, dass die Menschheit ausstirbt, und der Zufälligkeit des Lebens. Daraus schließt er, dass es keine letzten Werte und keinen Sinn gibt. Aber wenn alles so sinn- und bedeutungslos ist, dann brauchen wir auch keine Naturwissenschaft und müssen ihren Aussagen schon gar keinen Glauben schenken. Damit untergräbt Woody Allen aber seinen eigenen Ausgangspunkt: Er misst zwei wissenschaftlichen Aussagen Bedeutung zu und schließt daraus, dass sie keine Bedeutung haben. Schwierige Sache.

Guy: Wer wissenschaftlich arbeitet, kennt dieses Problem. Selbst wenn uns die Wissenschaft keine letzten Antworten geben kann, hat sie doch Bedeutung und Wert.

Paul: Und zwar nicht nur, weil wir Menschen zufällig von diesem Wert wissen. Sie ist wichtig, weil sie wahr ist, weil sie den wahren Zustand der Welt widerspiegelt, wenn auch nur unvollständig und unvollkommen. Naturwissenschaft wäre auch dann wahr, wenn es gar keine Menschen gäbe. Selbst wenn das Universum sich letztlich als unbewohnbar für den Menschen erweisen sollte und die Menschheit ausstirbt, bleiben die naturwissenschaftlichen Wahrheiten doch wahr, solange das Universum existiert. Und in einigen Punkten beschreibt die Naturwissenschaft nicht nur die Wahrheit dieses Universums, sondern jedes mögliche Universum. Sie überschreitet nicht nur die Menschheit, sondern auch das konkret existierende Universum.

Ich will dir eine Geschichte erzählen, die beweist, dass Woody Allen unrecht hat und dass Naturwissenschaft Bedeutung und Wert hat. Eine Geschichte über Karl den Kojoten, den Gegenspieler des Roadrunner. Wie ich vor ein paar Tagen schon einmal sagte: Er ist der leidensfähige und ungeheuer durchhaltestarke Schutzpatron der Naturwissenschaftler: Er gibt nie auf. Nach jedem schmerzhaften Misserfolg klopft er sich den Staub ab und versucht es wieder. Dabei verlässt er sich vor allem auf sein Gehirn, wie man an all seinen klug ausgedachten Gerätschaften sieht.

In einer fairen Welt hätte der Kojote den Roadrunner längst erwischt. Früher oder später müsste doch eine seiner Waffen endlich funktionieren! Aber nein, jedes Mal – wirklich jedes einzelne Mal – funktionieren die Gerätschaften nicht, oder sie funktionieren in einer unvorhergesehenen Weise.

Was da abläuft, ist nichts anderes als Naturwissenschaft. Versuch und Irrtum in systematischer Form. Wir nehmen an, dass sich die Welt nach bestimmten gleichmäßigen, zwingenden physikalischen Gesetzen verhält. Da wir aber keinen direkten Zugang zu diesen Gesetzen haben, können wir nur beobachten, wie sich die Dinge dieser Welt hier und jetzt, unter den gegebenen Bedingungen, verhalten. Versuch und Irrtum, etwas anderes haben wir nicht. Und meistens läuft es auf Irrtum hinaus. Im Labor passieren ständig unvorhergesehene Dinge.

Guy: Man kann im Labor wohl nur dann Erfolg haben, wenn man den Misserfolg einkalkuliert. Oder wenn man jedes Scheitern als eine Art Erfolg sieht. Wenn du herausfindest, warum etwas nicht funktioniert hat, dann weißt du vielleicht auch, wie du das Problem in Zukunft vermeiden kannst. Aber du musst immer mit Problemen und Misserfolgen rechnen. Karl der Kojote hat das verstanden. Deshalb gibt er nicht auf. Für ihn hat Naturwissenschaft Bedeutung und Wert, selbst wenn alles schiefgeht. Da kann Woody Allen sagen, was er will.

Paul: Es wäre so unglaublich befriedigend, einmal zu sehen, dass der Kojote den Roadrunner erwischt! Nur einmal! Es ist so unfair. In einer Folge steht der Roadrunner auf einem Felsbrocken, der in der Luft schwebt. Der Kojote hält ein Schild hoch, auf dem steht: *Es wäre mir ja egal, aber es widerspricht den Gesetzen der Schwerkraft.* Der Roadrunner antwortet mit einem anderen Schild: *Stimmt. Aber ich bin kein Jurist und habe die Gesetze nie studiert.* Und schon hat der Kojote wieder schlechte Karten. Er muss mit all den Problemen zurechtkommen, die Naturwissenschaftlern im Labor begegnen: schlecht funktionierende Ausrüstung, widerlegte Theorien und so weiter. Aber er hat es außerdem mit einem Gegner zu tun, der nicht nach den gleichen Regeln und Gesetzen spielt und dem alle Widerlegungen egal sind.

Der Kojote erinnert mich an einen altgedienten Forscher, der seit Jahren in einem Labor vor sich hin leidet. Der Roadrunner ist wie eine Figur aus einer anderen Welt, wie man sie auf byzantinischen Ikonen sieht: Sie existieren auf einer ganz anderen Ebene von Schönheit und Herrlichkeit, ohne sich um die Probleme dieser Welt oder ihre Gesetze zu kümmern. Der Kojote versucht, weiterzukommen, etwas zu schaffen. Der Roadrunner hingegen läuft mit Höchstgeschwindigkeit durch die Gegend, nicht um irgendwo anzukommen oder etwas zu leisten, sondern aus reiner Freude am Laufen.

Guy: Wie wir schon gesagt haben: Wenn die Naturwissenschaft der Kojote ist, dann gleicht der Glaube dem Roadrunner. Wissenschaft ist mit der Art beschäftigt, wie Dinge in dieser Welt funktionieren. Der Glaube läuft durch die Welt, schaut aber über sie hinaus.

Paul: Und die Wissenschaft holt den Glauben niemals ein, um ihn zum Mittagessen zu verspeisen. So wie der Kojote den Roadrunner niemals erwischt. Der Glaube spielt nach anderen Regeln. So wie Romeos Liebe zu Julia immun gegen alle Widerlegungen durch empirische Beweise von außen war, so ist auch Gottes Liebe immun gegen jede Zurückweisung. Sie steht auf einem Felsbrocken, der in der Luft schwebt, und hält ein Schild hoch, auf dem steht: *Ich bin derjenige, der die Gesetze erhält, deshalb muss ich sie nicht studieren.*

Der Glaube und die Liebe Gottes verletzen aber die Naturgesetze nicht. Aus christlicher Perspektive sieht es eher so aus, dass Gott und seine Liebe diese Gesetze erst ins Leben rufen. Aber die Liebe ist real und wichtig. Und sie lässt sich nicht durch naturwissenschaftliche Methoden und Kategorien einfangen, ebenso wenig, wie der Roadrunner jemals eingefangen werden kann. Aus der Perspektive der Naturwissenschaft kann das dazu führen, dass Religion und die Liebe Gottes ziemlich ärgerlich und allzu glatt erscheinen. So wie auch der Roadrunner. Der arme Kojote wünscht sich, er könnte den Roadrunner mithilfe der Naturgesetze einfangen, aber das funktioniert nicht, ebenso wenig wie bei der Liebe.

Die Großartigkeit und die Gefahr der Naturwissenschaft liegen in der Versuchung, einen Schritt zu weit zu gehen und alles zu erklären. Viele Verteidiger der Naturwissenschaft tun das, wenn sie versuchen, die Liebe oder Gott »wegzuerklären«. Aber das wird ihnen nie gelingen. Und viele Glaubende reagieren mit unnötiger Angst und Panik auf solche naturwissenschaftlichen Exzesse.

Guy: Unsere Antwort auf Woody Allen lautet jedenfalls: Naturwissenschaft ist wichtig, und was wir von ihr lernen können, hat reale Bedeutung und Wert. Selbst wenn sie, wie der Kojote, ständig zum Scheitern verurteilt ist.

Paul: Womit wir wieder beim Thema des ersten Tages wären: Das Universum ist entweder *Chaos* oder *Logos*. Es ist entweder sinn- und bedeutungslos oder angefüllt mit Bedeutung und rational. Wir können weder das eine noch das andere beweisen, denn schon die Vorstellung eines Beweises würde ja voraussetzen, dass es bedeutungsvoll und rational ist. Andererseits können wir Naturwissenschaft aber auch nur betreiben, wenn wir annehmen, dass die Welt *Logos* ist. Christen entscheiden sich, in der Hoffnung zu leben, dass das Universum *Logos* ist: das es bedeutungsvoll, wertvoll und rational ist. Das ist ihr Glaube.

Guy: Wert und Bedeutung: Dinge, die man weder wiegen noch messen kann, weil sie nicht materiell sind. Aber wenn man behauptet, sie würden nicht existieren, dann hält man diese Behauptung schon wieder für bedeutungsvoll und widerspricht sich selbst.

SALAT

Paul: Da kommt unser Salat. Ich habe einen Caprese: Tomaten, Büffel-Mozzarella, Basilikum und ein paar Tropfen Öl. Einfach und gut. Hmmm!

Guy: Am Anfang war ich immer etwas verwirrt über die Tatsache, dass man in Italien den Salat am Ende der Mahlzeit isst. Offenbar ist das hier am Ende des Universums auch so.

In Amerika essen wir den Salat am Anfang, damit wir schon ein bisschen gesättigt sind, während das Hauptgericht zubereitet wird. Die Italiener haben mir aber erklärt, dass ein Salat mit Essig und Öl nicht zu dem Wein passt, den man zu Pasta und Hauptgang trinkt. Sie essen den Salat zum Schluss, als kleine Verdauungshilfe.

Paul: Verdauung ist auch so ein Thema. Sollten Glaubende alles mühelos verdauen, was die Wissenschaft über das Ende der Welt sagt? Und sollten Naturwissenschaftler alles mühelos verdauen, was die christliche Lehre und die Bibel über die Endzeit sagen? Oder gibt es hier unversöhnliche Gegensätze? In diesem Fall sollten wir vielleicht ein paar spirituelle Geländer ziehen, an denen man sich festhalten kann.

Guy: Die Naturwissenschaft, auf die sich Douglas Adams und Woody Allen berufen, ist aktuell und modern. Die Fragen jedoch, die sich daraus für die beiden ergeben, betreffen den Sinn des Lebens und des Universums und so weiter. Sie sind viel älter. Im Buch Kohelet im Alten Testament, das vor mehr als zweitausend Jahren entstanden ist, findet man dieselben Themen, angefangen mit dem berühmten Satz: »Windhauch, nur Windhauch. Alles ist Windhauch.« Da ist von großer Sinnlosigkeit die Rede. »Denn was das Geschick der Menschen und das Geschick der Tiere angeht: sie haben ein und dasselbe Geschick. Wie diese sterben, so sterben auch jene. Den gleichen Atem haben sie alle, und es gibt für den Menschen keinen Vorzug vor dem Tier, denn alles ist Windhauch.« (Kohelet 3,19)

Adams' und Allens Sorge über das Ende aller Dinge hat mit Naturwissenschaft also eigentlich gar nichts zu tun. Die Fragen und Sorgen existieren seit langer Zeit, jedenfalls lange bevor die moderne (und auch die antike) Naturwissenschaft auf den Plan trat.

Paul: Willst du deinen Salat nicht? Kann ich ihn haben?

Guy: Es gibt wirklich nichts Neues unter der Sonne.

Tatsächlich haben wir es hier mit einem Verdauungsproblem zu tun. Unsere Naturwissenschaft ist progressiv, sie bleibt nicht stehen, sondern schreitet ständig fort. Wenn jemand eine Frage über die Welt stellt, wird sie von Naturwissenschaftlern bearbeitet, verfeinert und neu justiert. Man kommt zu Theorien, die überprüft, verfeinert und wieder überprüft werden. Manchmal stellt sich heraus, dass die Frage falsch gestellt war. Dann geht die Naturwissenschaft zu einer besseren Frage über. Eine unordentliche Angelegenheit, aber wir bewegen uns vorwärts, der Wahrheit entgegen. Von der Wissenschaft in der Zeit Kohelets bis zur Wissenschaft unserer Tage ist es ein langer Weg.

Aber es scheint, als hätten sich die Fragen über den Sinn des Lebens, des Universums und so weiter nicht wirklich verändert. Philosophie und Religion sind nicht progressiv, sie bewegen sich nicht vorwärts. Wir stellen immer noch dieselben Fragen wie vor 2500 Jahren. Einige Leute leiten daraus eine Überlegenheit der Naturwissenschaft gegenüber Philosophie und Religion ab. Sie sind der Meinung, wir sollten Philosophie und Religion ablegen, weil sie unsere Suche nach der Wahrheit bremsen.

Paul: Papst Benedikt XVI. hat sich diesem Thema in seiner Enzyklika *Spe Salvi* (»Auf Hoffnung hin gerettet«) aus dem Jahr 2007 auf interessante Weise genähert. Benedikt weist darauf hin, dass eigentlich nur die »harten« Naturwissenschaften auf lange Sicht Fortschritte im menschlichen Wissen gebracht haben. Im Bereich der Ethik sei ein langfristiger Fortschritt nicht möglich und auch nicht wünschenswert. Und er sieht das als besonderes Merkmal der Ethik, nicht als Systemfehler. Letztlich lässt sich diese Aussage auf den gesamten Bereich der Philosophie anwenden, vor allem auf Fragen über den Sinn des Lebens, des Universums und so weiter.

Guy: Warum ist die Naturwissenschaft aber auf Fortschritt angelegt und die Ethik nicht?

Paul: Ich zitiere dazu aus Benedikts Enzyklika:

> ... *im Bereich des moralischen Bewusstseins und des moralischen Entscheidens gibt es keine gleichartige [progressive] Addierbarkeit [des Wissens], aus dem einfachen Grund, weil die Freiheit des Menschen immer neu ist und ihre Entscheide immer neu fällen muss. Sie sind nie einfach für uns von anderen schon getan – dann wären wir ja nicht mehr frei. Freiheit bedingt, dass in den grundlegenden Entscheiden jeder Mensch, jede Generation ein neuer Anfang ist. Sicher können die neuen Generationen auf die Erkenntnisse und Erfahrungen derer bauen, die ihnen vorausgegangen sind, und aus dem moralischen Schatz der ganzen Menschheit schöpfen. Aber sie können ihn auch verneinen, weil er nicht dieselbe Evidenz haben kann wie die materiellen Erfindungen. Der moralische Schatz der Menschheit ist nicht da, wie Geräte da sind, die man benutzt ...*

Guy: Verstehe. Nach einer naturwissenschaftlichen Entdeckung ist der Geist aus der Flasche. Was zuvor rätselhaft und geheimnisvoll erschien, wird offensichtlich und selbstverständlich, wie ein Werkzeug, das man eben zur Hand hat. Naturwissenschaftliche Entdeckungen werden in unsere Technologie und unsere Lebensweise übernommen, bis dahin, dass wir sie gar nicht mehr als solche erkennen. Wenn wir einen Schraubenschlüssel benutzen, setzen wir die

Wahrheit naturwissenschaftlicher Entdeckungen voraus, die auf Archimedes zurückgehen. Wenn wir einen Lichtschalter bedienen, nehmen wir die Wahrheit naturwissenschaftlicher Forschungen von Leuten wie Faraday, Tesla, Maxwell, Edison und so weiter als selbstverständlich hin. Wenn wir ein GPS-Gerät benutzen, das auf der Kenntnis einer Satellitenposition und der genauen Uhrzeit beruht, und zwar mit höherer Präzision, als Newtons Physik sie liefern konnte, dann akzeptieren wir ganz nebenbei Einsteins Allgemeine Relativitätstheorie als wahr.

Paul: Genau so ist es. Natürlich kannst du jederzeit behaupten, du würdest eine allgemein anerkannte naturwissenschaftliche Entdeckung aus der Vergangenheit nicht akzeptieren. Aber früher oder später wirst du dich in der Praxis in Widersprüche verwickeln. Die Ergebnisse früherer naturwissenschaftlicher Forschung sind so nahtlos in unsere heutige Technologie übergegangen, dass man nur mit großer Schwierigkeit vermeiden kann, sich im Alltag auf sie zu verlassen. Wenn man sich wirklich weigern will, eine allgemein akzeptierte wissenschaftliche Entdeckung als wahr anzunehmen, dann reicht es nicht, zu sagen: »Ich glaube das nicht.« Konsequenterweise muss man sich dann auch der Nutzung jeder Technologie verweigern, die auf dieser Entdeckung beruht. Und das ist gar nicht so einfach. Um grundlegende technologische Errungenschaften nicht mehr zu nutzen, müsste man sich weitgehend aus der menschlichen Gesellschaft verabschieden. Tatsächlich sind allgemein akzeptierte naturwissenschaftliche Wahrheiten so sehr in unseren Alltag integriert, dass wir sie für selbstverständlich halten und nicht mehr darüber nachdenken. So sieht die Sache im naturwissenschaftlichen Bereich aus.

Papst Benedikt weist aber darauf hin, dass dieser Mechanismus sich auf die »großen Fragen« nicht anwenden lässt.

Was ist gut, was ist schön, was gibt dem Leben Sinn? Die Antworten auf diese Fragen dürfen nicht zu alltäglichen Selbstverständlichkeiten werden. Der Grund? Antworten auf die »großen Fragen« verlangen Entscheidungen. Und diese Entscheidungen verlangen menschliche Freiheit.

Faraday, Edison und andere haben Forschung betrieben, die nötig war, um das elektrische Licht zu erfinden. Sie haben diese Arbeit ein für alle Mal erledigt, wir müssen nicht noch einmal von vorn anfangen, wenn wir das nicht wollen. Die Wissenschaft ist sozusagen in die Glühbirne eingebaut, und wir können diese Glühbirne benutzen, ohne die Wissenschaft darin zu verstehen. Aber wenn es um das Gute und Schöne geht, kann uns niemand die Arbeit abnehmen. Jede Generation muss in Freiheit ihre Antworten auf die Fragen finden, was gut und schön ist – was dem Leben Sinn gibt. Wir können von der Weisheit früherer Generationen profitieren, aber wir müssen letztlich in aller Freiheit selbst Entscheidungen treffen.

Um es zusammenzufassen: Naturwissenschaft ist die einzige menschliche Tätigkeit, die zu kumulativem Fortschritt führt. Sie erreicht das, indem sie sich auf einen relativ engen Bereich von Fragen konzentriert. Bei den »großen Fragen« gibt es keinen kumulativen Fortschritt, weil jede Antwort auf diese Fragen eine menschliche Freiheit voraussetzt, die für die Ergebnisse der Naturwissenschaft nicht nötig ist.

Wenn die Freiheit des Menschen bewahrt werden soll, dann können die Antworten auf die »großen Fragen« nach Güte, Schönheit und Sinn niemals selbstverständlich werden. Sie sind nicht in die menschliche Gesellschaft »eingebaut« und sollen es auch gar nicht sein. Eine Gesellschaft mit »eingebauten Antworten« auf die großen Fragen ist eine Gesellschaft, die die Gedanken- und Entscheidungsfreiheit unterdrückt. Eine totalitäre Gesellschaft.

Guy: Die naturwissenschaftlichen Entdeckungen, die in der Technologie aufgegangen sind, werden aber nur so lange für selbstverständlich gehalten, bis jemand versucht, dieselbe Technologie auf neue Felder anzuwenden, und feststellt, dass das nicht geht. Dann heißt es: zurück an die Tafel.

Paul: Zumindest gelegentlich. Bei Schraubenschlüsseln und Glühbirnen war das allerdings bisher nicht der Fall und auch nicht bei vielen anderen Geräten, die wir jeden Tag benutzen. Tatsächlich wird es bei den meisten dieser Geräte nicht der Fall sein, weil die Naturwissenschaft dahinter gut ist. Oder doch gut genug.

Einige Leute denken, weil die Naturwissenschaft für Fortschritt sorgt, solle sie den Vorrang vor anderen Arten von Wissen haben, die solchen Fortschritt nicht möglich machen. Einige sagen sogar, nur naturwissenschaftliches Wissen dürfe überhaupt als Wissen gelten. Für mich klingt das so wie ein Mathematiker, der sich weigert, die Existenz irrationaler Zahlen zu akzeptieren. Oder wie jemand, der die Welt durch einen blauen Filter betrachtet und dann erklärt, die Farbe Rot würde nicht existieren.

Guy: Was bedeutet das alles aber in Bezug auf die Frage, die wir hier diskutieren – das Ende der Welt? Ist die Beschäftigung mit der Endzeit eine Aufgabe für die Naturwissenschaft oder für die Religion? Oder sollten sich beide damit befassen?

Paul: Natürlich hat die Naturwissenschaft hier einige gute Werkzeuge. Die Frage ist nur, welche. Wie schon gesagt: Die Naturwissenschaft ist unser bestes Mittel, mögliche künftige Zustände des Planeten Erde und des Universums vorauszusagen. Aber sie nützt uns wenig, wenn es um die Frage nach dem Sinn geht, der in der Endlichkeit unseres Planeten und des Universums liegt.

Guy: Nein, über den Sinn kann sie wohl keine Aussagen machen. Aber sie hat immerhin den Versuch unternommen, herauszufinden, wie wir damit umgehen können. In Bezug auf ein Ende-der-Welt-Szenario kann die Technologie durchaus helfen: Wir können heute bedrohliche Asteroiden beobachten, die sich der Erde nähern, und wenn wir einen entdecken, können wir ihn möglicherweise ablenken oder uns zumindest auf einen möglichen Aufprall vorbereiten, um die Folgen zu überleben. So gesehen können Naturwissenschaft und Technologie unter Umständen ein Ereignis abwenden, dass andernfalls einfach stattfinden würde.

Natürlich kenne ich keine Möglichkeit, zu verhindern, dass die Sonne irgendwann zu einem roten Riesenstern wird oder dass das Universum einen Hitzetod stirbt. Jedenfalls nicht mithilfe der heutigen Technologie. Aber vor tausend Jahren hat auch noch niemand gewusst, dass man die Umlaufbahn eines Asteroiden verändern kann. Wer sagt uns denn, wozu wir oder unsere nach-menschlichen Nachfolger in einer Milliarde Jahren fähig sein werden?

Tatsächlich gibt es jede Menge technischer Lösungsvorschläge, um das Ende der Welt zu verhindern. Beispielsweise könnten wir die gesamte Erdbevölkerung in Raumschiffe setzen und vor unserer sterbenden Sonne zu einem neuen Stern fliehen. Und wenn dieser Stern auch stirbt, suchen wir uns den nächsten und so weiter. Bis es irgendwann keine Sterne mehr gibt.

Oder eine andere Möglichkeit: Vor etwa dreißig Jahren haben die Kosmologen John D. Barrow und Frank J. Tipler die Idee entwickelt, dass die menschliche Intelligenz in Form intelligenter Roboter überleben könnte, wenn das Universum für Menschen nicht mehr bewohnbar ist. Eine Kurzgeschichte von Isaac Asimov mit dem Titel »Die letzte Frage« entwickelt ebenfalls eine solche Lösung für das Problem der Endzeit.

Andere mögliche Lösungen könnten sich aus der theoretischen Kosmologie ergeben, die annimmt, unser Universum sei nur eins von vielen, möglicherweise unendlich vielen Universen in einem »Multiversum«. Vielleicht entwickeln wir irgendwann die Fähigkeit, in ein anderes Universum zu springen, wenn unseres ans Ende kommt. Oder vielleicht können wir zumindest die »Essenz« unseres Seins in Form von Informationen in ein anderes Universum transportieren.

Aber alle diese Möglichkeiten schieben das unvermeidliche Ende nur hinaus. Schließlich landen wir wieder in einem Denken wie bei einem klassischen Kriminalroman. Wer sagt uns denn, dass unser Leben auch in der Ewigkeit einen Sinn haben muss? Was soll's? Sieh dir die »Show am Ende des Universums« an und bestell uns einen Espresso dazu.

Paul: Letztlich sind das alles Kojotenvorschläge: neue technologische Möglichkeiten, die immer komplizierter werden und sich aus der Hoffnung ergeben, wir könnten den flüchtigen Roadrunner doch noch erwischen – will sagen, wir könnten über das Ende der Zeit hinaus überleben. Könnte man sich dem Thema Endzeit nicht auch auf ganz andere Weise nähern? Muss es immer ein Problem sein, dass man löst oder repariert?

Vor ein paar Jahren habe ich ein befreundetes Ehepaar besucht: Tom und Rita, die in der Nähe von San Francisco leben. Damals war Rita Grundschullehrerin, und eines Tages kam sie nach Hause und schüttelte den Kopf über etwas, was in der Schule passiert war. Sie schenkte uns beiden einen kräftigen Drink ein und erzählte: Während der Pause hatte sie eine ihrer Schülerinnen bemerkt, Margaret, die ganz allein in einer Ecke saß und sich die Augen ausweinte. Rita setzte sich neben sie, nahm sie in den Arm und fragte sie, was denn passiert sei. Und dann kam die ganze traurige Geschichte heraus. Margarets Mutter hatte ihre Tochter am Morgen angeschrien, Margaret hatte ihre Brille zu Hause vergessen, sie hatte ihr Pausenbrot irgendwo liegen gelassen, und ihre Freundinnen ärgerten sie. Ihre Jacke war nicht warm genug, sie zitterte vor Kälte. Und jetzt war sie auch noch hingefallen, hatte sich das Knie aufgeschlagen und ein Loch in ihre Hose gerissen.

Rita umarmte Margaret fest, wischte ihr die Tränen ab und sagte: »Ist schon in Ordnung, Schätzchen, du hast einfach einen schlechten Tag.« Aber Margaret antwortete: »Ich weiß, aber ich hatte noch nie einen, es ist also nicht in Ordnung.«

Rita stutzte. Normalerweise kann sie mit einer Umarmung jedes Problem lösen, aber dieses … Also ging sie mit Margaret ins Schulhaus und klebte ihr ein Pflaster aufs Knie. Und als sie nach der Schule nach Hause fuhr, wurde ihr klar, dass sie auf eine der »großen Fragen« gestoßen war.

Wie ist das, wenn man zum ersten Mal im Leben einen schlechten Tag hat? Wie fühlt sich das an, wenn eine mütterliche Umarmung nicht mehr ausreicht? Rita und ich konnten uns beide nicht mehr an unseren allerersten schlechten Tag erinnern. Erwachsene gewöhnen sich an den Gedanken, dass es so etwas gibt und dass es Teil unseres Lebens ist. Wenn wir einen schlechten Tag haben, gehen wir davon aus, dass es wieder besser wird. Diese Erwartung basiert auf Erfahrung: Wir haben schon schlechte Tage erlebt, und danach ist es irgendwann wieder besser geworden. Aber wenn man in Margarets Situation ist, weiß man das nicht. Wenn man zum allerersten Mal einen schlechten Tag erlebt, ist man darauf nicht vorbereitet. Wie soll man damit zurechtkommen? Es fühlt sich vermutlich an wie das Ende der Welt.

Das Ende der Welt, wenn es denn eintrifft, wird anders sein als alles, was wir bisher erlebt haben. Es wird sein, als hätte die Menschheit zum allerersten Mal einen richtig schlechten Tag. Und die gesamte Menschheit wird in Margarets Lage sein. Wie sollen wir uns darauf vorbereiten? Wie sollen wir damit zurechtkommen – oder auch nur darauf reagieren?

Die Naturwissenschaft würde so etwas als Herausforderung sehen, als ein Problem, für das man eine technologische Lösung braucht. Aber was ist, wenn es keine Lösung gibt?

Rita und ich haben lange beieinander gesessen und schweigend an unseren Drinks genippt. Ich habe versucht, mir eine Art kosmische Super-Rita vorzustellen, die am Ende aller Tage die Menschheit fest umarmt und sagt: »Ist schon in Ordnung, Schätzchen, du hast einfach einen schlechten Tag.« Aber so gern ich Rita habe: Das wird wohl nicht reichen.

Guy: Der jesuitische Dichter Gerard Manley Hopkins hat ein Gedicht geschrieben, das er ebenfalls einem kleinen Mädchen namens Margaret widmete: »Frühling und Herbst – an ein kleines Kind.« Es ist eins meiner Lieblingsgedichte. Ich musste es auf dem College auswendig lernen und habe meine Mitschüler wahnsinnig gemacht, weil ich es ständig rezitierte. Übrigens ist das ein heißer Tipp: Hopkins muss man laut lesen. Wenn man ihn einfach nur schweigend für sich liest, verpasst man etwas ganz Wichtiges.

Das Gedicht lautet:

Margaret, trauerst du,
weil der goldene Baum seine Blätter verliert?
Mit deinem frischen Denken bekümmern dich
die Blätter wie die Dinge der Menschen, nicht wahr?
Ach! Wenn das Herz älter wird,
lässt der Anblick es kalt.
Und irgendwann erklingt nicht einmal ein Seufzer
angesichts einer Welt aus toten Blättern.
Aber du weinst und weißt warum.
Was auch immer die Quellen des Kummers sind.

Kein Mund, kein Verstand kann zum Ausdruck bringen,
was das Herz hört, was der Geist errät.
Das Schicksal des Menschen.
Um Margaret trauerst du.

Die kleine Margaret hat zum allerersten Mal einen richtig schlechten Tag. Ihr Lieblingsbaum verliert seine Blätter. Wenn man so etwas noch nie gesehen hat, ist es ein Schock und Anlass zur Trauer. Aber am Ende des Gedichts sagt Hopkins: Sie trauert um sich selbst.

Wenn wir versuchen herauszufinden, warum die Bäume ihre Blätter verlieren, warum Menschen und Tiere und Pflanzen sterben müssen, warum das Universum irgendwann enden wird – für die Naturwissenschaft sind das Rätsel, die verschwinden, sobald sie gelöst sind. Sobald wir uns eine Antwort überlegt haben, wird sie zu einem Teil unserer »Werkzeugkiste«, wird eingebaut und für selbstverständlich gehalten. Aber das Geheimnis der Trauer ist kein Rätsel, das wir lösen und dann zur Seite legen können. Wir können es nur in unserem Herzen bewegen und uns darin vertiefen. In den Händen eines Dichters wie Hopkins wird aus einem solchen Rätsel etwas Schönes.

Paul: Wenn man den Tod oder das Ende der Welt nur als lösbare Probleme sieht, bringt man sich um die Chance, etwas Schönes zu entdecken. Etwas, was man im Herzen bewegen und vertiefen kann.

Guy: Aber Vorsicht mit Worten wie Schönheit oder Vertiefung. Wir reden hier schließlich von Leiden, Tod und dem Ende der Welt. Das darf man nicht auf die leichte Schulter nehmen. Manche besonders fromme Christen würden uns gern versichern: »Keine Sorge, dein Tod und das Ende dieser Welt sind keine großen Probleme. Was verlieren wir dabei schon? Unser Erdenleben spielt keine große Rolle, diese ganze Welt spielt keine große Rolle. In der nächsten Welt, im Himmel, wird alles besser.«

Tut mir leid, aber so geht das nicht. Wir können uns nicht hinstellen und so tun, als kümmerten uns der Tod und das Ende des Universums nicht, weil wir ja irgendwie »geistlich« doch weiterleben. Nein, wirklich, so geht das nicht. Um es mit den wunderbaren Worten von John Polkinghorne, einem Physiker und anglikanischen Priester, zu sagen: »Wir sind keine Engel-Azubis.« Wir taumeln nicht ohne Grund hier herum, wir stecken nicht ohne Grund in diesem blöden materiellen Körper und warten nur auf den Moment, wo wir ihn endlich los sind und wie Casper, das freundliche Gespenst, auf und davon fliegen können, auf irgendeine Astralebene.

Nicht nur der Wissenschaftler in mir besteht darauf, so etwas als Unsinn zu bezeichnen. Das Ganze hat mit Wissenschaft nichts zu tun. Was mich stört, ist die Tatsache, dass es dem christlichen Glauben widerspricht. Das Glaubensbekenntnis ist in dieser Hinsicht ganz eindeutig. Das ewige Leben ist keine rein geistige Angelegenheit. Auch Jesus Christus ist uns nicht nur im spirituellen Sinne verheißen. Die Verheißung lautet, dass sein Reich kommen und kein Ende haben wird. Natürlich haben wir keine Ahnung, wo und wann dieses Reich sein wird. Aber es existiert, und uns ist verheißen, dass es bereits da ist. Wie das gehen soll, weiß ich auch nicht. Daten über die Zukunft haben wir alle nicht.

Aber damit ist klar, dass dieses materielle Universum eine Bedeutung besitzt, einen Sinn. Gott ist die Materie so wichtig, dass er seinen Sohn gesandt hat, um sie zu erlösen.

Und das heißt auch, dass man Gott und die Religion nicht benutzen darf, um Fragen über Leid und Tod zu unterdrücken.

Einige Leute scheinen zu glauben, dafür sei die Religion erfunden worden: Um uns ein wenig in dieser Welt zu trösten, während wir auf die kommende Welt warten. Nein! Wir müssen mit dieser Welt zurechtkommen! Das Christentum ist nicht dazu da, den »großen Fragen« von Tod und Endlichkeit auszuweichen, sondern dazu, ihnen ins Auge zu sehen und den Sinn darin zu erkennen.

Der Witz daran ist, dass gerade Leute, die nicht an Gott glauben, der Religion so etwas unterstellen. Und ich bin nicht der Einzige, den das irritiert. Francis Spufford hat in seinem großartigen Buch *Heilige Unvernunft* (2014, S. 123) darüber geschrieben:

> *In jüngster Zeit sind offenbar viele Atheisten sicher, dass das für gläubige Menschen eigentlich kein Problem sein dürfte, weil – geschürzte Lippen – wir ja schließlich glauben, dass wir stattdessen in ein magisches Königreich im Himmel geholt werden. So ganz direkt mit der Aussicht auf Vernichtung konfrontiert zu sein ist die exklusive Errungenschaft – Brust raus – des unerschrockenen Ungläubigen. Ich kenne aber nicht viele real existierende Christen (im Unterschied zu den mutmaßlichen Idioten atheistischer Phantasie), die so oder ähnlich empfinden.*

Ich erinnere mich an ein Gespräch über die »Tröstungen« der Religion mit einer Freundin am *Massachusetts Institute of Technology* (MIT), auch sie Katholikin. Das ist schon ein paar Jahre her. »Trost?«, spottete sie. »Trost? Die Hölle!«

Und sie hatte recht. Wenn wir glauben, dass unser Sein und Tun in der Ewigkeit eine Bedeutung hat, dann ist das alles andere als tröstlich. Und die Vorstellung, dass die Hölle möglicherweise wirklich existiert, ist weiß Gott auch kein großer Trost.

Lois McMaster Bujolds Weltraumoper *Cordelia's Honor* enthält eine wunderbare Szene, in der der böse Kaiser von Barrayar auf dem Sterbebett über die Schrecken nachdenkt, die er begangen hat, um an der Macht zu bleiben (und angeblich noch Schrecklicheres zu verhindern.) Cordelia gegenüber bekennt er: »Ich bin selbst Atheist. Ein schlichter Glaube, aber in diesen letzten Tagen meines Lebens doch ein großer Trost für mich.«

Paul: In seinem Roman *Per Anhalter durch die Galaxis* spottet Douglas Adams über die Art Religion, die nur das nächste Leben im Sinn hat. Dort gibt es einen Running Gag über den großen Propheten Zarquon, dessen Jünger getreulich auf seine verheißene, aber ziemlich verspätete Rückkehr warten. Am Ende eines Essens im Milliways, dem Restaurant am Ende des Universums, in dem wir auch gerade sitzen, erscheint Zarquon endlich in seiner Herrlichkeit, begleitet von himmlischen Fanfaren. Seine Jünger sind begeistert, aber zehn Sekunden später ist das Ende des Universums gekommen und Zarquon murmelt nur noch ein paar Entschuldigungen, dass es so lange gedauert hat und so weiter.

Das ist natürlich eine wunderbare Spitze gegen die christliche Erwartung, Christus würde am Ende aller Zeiten in Herrlichkeit wiederkehren. Adams sagt letzten Endes: »Na, vielen Dank auch! Warum wartest du denn bis zum Ende aller Zeiten? Wir hätten deine Hilfe durchaus auch schon früher gebrauchen können, hier und jetzt, in dieser Welt.«

Und da hat er ja nicht ganz unrecht. Christen sollten erklären können, warum die erhoffte Wiederkehr Christi mehr ist als eine große himmlische Show. So wie es im 1. Petrusbrief (3,15) heißt: »Seid allezeit bereit zur Antwort einem jeden gegenüber, der von euch Rechenschaft fordert über die Hoffnung in euch. Aber tut das mit Sanftmut und Ehrfurcht.«

Guy: In seinem ganzen Roman weist Douglas Adams ständig darauf hin, wie klein und bedeutungslos die Erde ist, verglichen mit dem großen Plan des Universums. Die Zerstörung der Erde ist am Ende nicht mehr als der Abriss eines Hauses, das einer Autobahn Platz machen soll.

Das tut schon weh.

Aber wenn die Erde wirklich nur ein unbedeutender Punkt in einem unvorstellbar großen Universum ist, haben wir dann überhaupt das Recht, unsere Fragen als »große Fragen« anzusehen? Ist es nicht anmaßend, uns vorzustellen, dass unsere Sorgen über das Leben, das Universum und alles andere mehr sind als Peanuts in einem Universum, das all unser Verstehen übersteigt?

Diese Frage wird besonders drängend, wenn wir an die kleine Margaret denken, die um ihren Baum trauert – oder an den kleinen Alvy bei Woody Allen, der beschlossen hat, dass das Universum sinnlos ist, wenn es sich doch irgendwann auflöst. Das Berührende an Margaret und Alvy ist ja: Sie müssen beide erst noch begreifen, dass sie nur ihren eigenen unausweichlichen Tod betrauern. Bei beiden erkennen wir den schicksalhaften Moment, in dem sie einen ersten Schritt auf einen erwachsenen Umgang mit der »großen Frage« ihrer eigenen Sterblichkeit zu machen.

Paul: Douglas Adams' Satire ist deshalb so wirkungsvoll, weil es ihm gelingt, unsere »großen Fragen« trivial und lächerlich erscheinen zu lassen. Das ist unbequem, und ich möchte nicht gern derjenige sein, der Margaret und Alvy erklärt, dass ihre Sorgen trivial und lächerlich sind. Aber witzigerweise hilft uns Humor – vor allem schwarzer Humor – besonders wirkungsvoll dabei, über Fragen von Tod und Endzeit zu sprechen. Aus meiner eigenen Familie weiß ich, wie es bei einer irischen Totenwache zugeht, wo die Leute neben dem Toten trinken und Witze machen. Und ich muss zugeben, dass mir die eschatologischen und apokalyptischen Texte der Bibel sehr humorlos erscheinen. Ja, ich glaube, da ziehe ich Douglas Adams vor.

Guy: Vielleicht ist die Bibel nicht ganz so humorlos, wie du meinst. Humor ist schwer von einer Sprache in die andere zu übersetzen, ganz zu schweigen von dem Transfer von einer Kultur in die andere. Erst die Spannung zwischen zwei widersprüchlichen Bedeutungen macht ja den Witz aus.

Ich bin überzeugt, dass die Jona-Geschichte eigentlich komisch gemeint war. Eine Komödie über den schlechtesten Propheten der Bibel. Selbst im Buch Hiob kann man schwarzen Humor entdecken, ähnlich wie in dem Film der Gebrüder Coen, *A Serious Man*. Vielleicht sollten die beiden auch mal die Offenbarung des Johannes lesen und darüber einen satirischen Film drehen.

Jeder Witz, jeder Film, jede Geschichte ist mehr als ihr Ende. Das Ende hat nur deshalb eine Bedeutung, weil ihm etwas vorausgegangen ist. Und das, was ihm vorausgegangen ist – die ganze Erzählung –, bringt uns Freude und Befriedigung. Ein Witz ist also immer viel mehr als seine Pointe. Er ist auch mehr als Worte: die ganze Aufstellung, die Erzählung, das Timing, die Vorfreude, alles gehört dazu. Einen guten und auch wirklich gut erzählten Witz kann man, wie jede gut erzählte Geschichte, immer wieder hören.

Die Pointe dient eigentlich nur dazu, uns zu sagen, dass die Geschichte jetzt zu Ende ist. Eine endlose Geschichte könnten wir nicht genießen, so wie ein Gemälde ohne Rahmen den Blickpunkt verliert und damit auch seine Daseinsberechtigung. Vielleicht ist »das Ende« einfach ein notwendiger Teil jedes menschlichen Lebens. Es bildet den Rahmen, macht es zu etwas Ganzem und verleiht ihm Sinn. Auf eine ähnliche Weise ist »das Ende« wohl auch ein notwendiger Teil des Universums.

Paul: Es ist also kein Zufall, dass Jesus in den Evangelien dann am wirkungsvollsten lehrt, wenn er in Gleichnissen spricht. Gleichnisse sind seltsame, kurze Geschichten, in denen immer eine besondere, überraschende Spannung, ein Dreh enthalten ist. In den Gleichnissen versucht Jesus immer zu erklären, was das Reich Gottes ist. Und er erzählt von vertrauten Dingen dieser Welt – Schafen, Hirten, Weinbergen, Verwaltern, Raubüberfällen, Kindern, die sich verlaufen haben … Aber dabei weist er immer auf das hin, was in der kommenden Welt fremd und unvertraut ist. Auf das, was schon da ist, aber noch nicht hier.

Gleichnisse sind keine Witze. Sie sind überhaupt nicht komisch. Aber ihre Pointe am Ende bringt uns in ähnlicher Weise aus dem Gleichgewicht wie die eines Witzes. Vielleicht muss man über das Ende der Welt und seine Bedeutung wirklich in Form von Gleichnissen sprechen. Denn dieses Ende der Welt ist für Christen ja immer auch ein Anfang und eine Fortsetzung.

Guy: Das Ende der Welt wird kommen – morgen oder in hundert Milliarden Jahren. Oder gleich hier vor dem Fenster dieses Restaurants. Ich weiß nicht, ob wir irgendetwas dagegen tun können. Aber wir können darüber nachdenken, und wir machen gern Vorhersagen darüber, die wir wohl nie verifizieren werden. Und wir können sogar Witze darüber machen. Das allein beweist schon, dass die Endlichkeit nicht alles ist. Vielleicht gibt es am Ende doch Dinge, die bleiben. Paulus nennt immerhin drei solche Dinge: Glaube, Hoffnung und Liebe.

DESSERT

Paul: Und jetzt ist es Zeit für ein Dessert und den Kaffee. Ich würde nicht so weit gehen, zu sagen, dass es das Ende der Welt ist, wenn ich keinen Kaffee kriege. Aber mit Kaffee ist alles leichter zu ertragen.

Guy: Ich lege ja eher Wert auf das Dessert. Die ganze Zeit freue ich mich schon auf diesen Moment, den ich voller Hoffnung erwarte. Ich würde gern mal dein Tiramisú probieren, und wenn du nett bist, bekommst du auch ein Löffelchen von meinem Tartufo nero. Mit einem Dessert erscheint mir das Ende des Universums viel weniger bedrohlich.

Aber eins beschäftigt mich dennoch. Ich komme gut damit zurecht, dass Religion und Naturwissenschaft in Bezug auf die Frage nach dem Ende keine großen Konflikte kennen. Natürlich gibt es christliche Fundamentalisten, die glauben, man müsse die Naturwissenschaft ablehnen, weil sie in ihren Aussagen über die Endzeit einer buchstabengetreuen Lektüre der Bibel widerspricht. Und es gibt auch naturwissenschaftliche Fundamentalisten, die glauben, man müsse den christlichen Glauben ablehnen, weil eine buchstabengetreue Lektüre der biblischen Endzeitberichte mit den naturwissenschaftlichen Erkenntnissen kollidiert. Und wieder andere glauben, man müsse den christlichen Glauben ablehnen, weil er die Menschheit auf den Himmel vertröstet, was nicht nur sinnlos und illusorisch ist, sondern auch durch keinerlei Daten gerechtfertigt, und außerdem den Kampf für Gerechtigkeit in dieser Welt behindert. Alle diese Gruppen haben mein Mitgefühl, aber sie irren sich. Die Bibel war nie dafür gedacht, buchstabengetreu gelesen zu werden, und die christliche Verheißung für das Ende der Welt ist kein billiger Trost.

Mir gefällt auch, dass die naturwissenschaftliche Erforschung der Endzeit dem christlichen Glauben einiges zu bieten hat. Christen glauben, dass Gott die Welt erschaffen hat und erhält. Und sie glauben, dass die Welt ein Abbild ihres Schöpfers ist, ein *Logos,* den man mit seinem Verstand durchdringen kann. Sie glauben außerdem, dass der Mensch als Gottes Ebenbild erschaffen wurde. Wenn wir Naturwissenschaft betreiben, wenn wir also versuchen, die Welt mit unserem Verstand zu durchdringen, dann ahmen wir Gott nach und handeln als sein Ebenbild. Und wenn wir das tun, geben wir ihm die Ehre. Wenn also Naturwissenschaftler Voraussagen und Beschreibungen des Endes entwickeln – unabhängig von der Frage, ob sie an Gott glauben oder nicht –, geben sie Gott die Ehre. Jedenfalls sehe ich das so.

Aber was mich beschäftigt, ist dies: Kann der christliche Glaube der Naturwissenschaft ebenfalls etwas geben? Vor allem dort, wo er Aussagen über die Endzeit macht?

Paul: Hoffnung. Ich glaube, das Christentum kann uns Hoffnung geben. Letzten Endes läuft alles Christentum auf die bestimmte, ganz besondere Hoffnung hinaus, die wir in Christus haben. Selbst Leuten, die nicht an Gott glauben oder nicht glauben, dass Jesus Christus der Sohn Gottes war, steht diese Hoffnung zur Verfügung. Und sie wirkt.

Diese christliche Hoffnung ist kein naiver oder allzu schlicht gestrickter Optimismus. Sie ist keine ahnungslose Erwartung, am Ende würde doch noch alles gut. Oft wird am Ende gar nichts gut. Die christliche Hoffnung drückt sich auf eine elliptische und geheimnisvolle Weise in dem aus, was Jesus in den Seligpreisungen der Bergpredigt lehrt. Da sagt er, dass wir gesegnet sind, wenn wir arm sind, wenn wir Hunger leiden, wenn wir weinen und wenn die Menschen uns hassen. Und Jesus ist ja kein Sadist. Er will nicht, dass wir leiden, und er glaubt auch nicht, dass es uns guttun würde, zu leiden. Aber weil er der Sohn Gottes ist, nimmt er an unserem Leiden teil. Er löst unser Leiden nicht auf, sondern verändert durch seinen Tod und seine Auferstehung die Bedeutung dieses Leidens. Jedenfalls ist das die große Hoffnung, die der christliche Glaube mitbringt.

Und da muss ich wieder an Karl den Kojoten denken. Da gibt es diese Naturwissenschaftler und Techniker, die mit unermüdlicher Hoffnung immer weiter forschen, obwohl sie meistens keinen Erfolg haben. Da gibt es einen Mann wie Galileo, der fünf Jahre nach seiner Verhaftung und seinem Prozess, blind und unter Hausarrest, sein größtes Werk veröffentlicht: das Buch, das Newton und allen Forschern nach ihm eine ganz neue Möglichkeit zeigte, Physik zu betreiben. Und da gibt es die Weisen, die die zu ihrer Zeit bekannte Naturwissenschaft benutzten, um einem Stern in ein unbekanntes Land zu folgen.

Brauchen Naturwissenschaftler die christliche Hoffnung, um allen Misserfolgen zum Trotz weiterzuarbeiten? Natürlich nicht! Bringen sie bessere Ergebnisse hervor, wenn sie ihr Leben von der christlichen Hoffnung bereichern lassen? Nein! Die christliche Hoffnung bringt keine »bessere« oder »progressivere« Naturwissenschaft hervor. Und doch verändert sie alles.

Guy: Wenn ich die Leute, mit denen ich zusammenarbeite, davon überzeugen will, brauche ich mehr Argumente.

Paul: Ich will die Leute gar nicht überzeugen. Aber wenn du willst: Hier kommt ein wahres Gleichnis.

Erinnerst du dich noch an meine Freunde Rita und Tom, von denen ich erzählt habe? Einige Jahre nach jener Schulpause, in der Rita die kleine Margaret umarmte, habe ich Rita und Tom wieder besucht. Inzwischen hatten sie vier kleine Söhne, der älteste zehn Jahre alt. Ich habe ihnen angeboten, an einem Freitagabend auf die vier aufzupassen, damit Rita und Tom mal einen Abend für sich hatten. Sie nahmen das Angebot gern an und fuhren in die Stadt.

Die Jungs und ich hatten einen großartigen Abend. Ich bin mit ihnen ins Kino gefahren, und auf dem Heimweg haben wir noch haltgemacht, um Burger und Pommes zu essen. Zu Hause haben wir dann ein Video angeschaut, ein bisschen gespielt, und schließlich gab es noch ein Betthupferl. Um halb zehn lagen sie im Bett, wie ihre Mutter es verlangt hatte.

Ich war absolut fertig, ließ mich in einen Sessel vor dem Fernseher fallen und machte mir ein Bier auf. Ich habe ja keine Kinder, und der Abend zeigte mir wieder einmal, was Eltern so alles leisten. Kinder haben unglaublich viel Energie und fordern dir alles ab. Eltern müssen sich dem jeden Tag wieder stellen.

Ich saß also da vor dem Fernseher, trank mein Bier und war froh, Feierabend zu haben. Aber nach zehn Minuten hörte ich kleine Füße auf der Treppe, und Danny stand in der Tür. Er war vier Jahre alt, bald fünf, rieb sich die Augen und sagte: »Ich hab solchen Durst! Kann ich Wasser trinken?«

Ich gab ihm ein Glas Wasser zu trinken und brachte ihn wieder rauf. Er schlüpfte ins Bett und schien wieder einzuschlafen, und ich ging auf Zehenspitzen hinunter. Fernsehen und Bier. Nach ein paar Minuten stand Danny wieder da, sichtlich aufgeregt.

»Da ist was in meinem Schrank und macht schreckliche Geräusche. Ich kann nicht schlafen.«

Ich ging mit ihm rauf, und wir durchforsteten seinen Schrank. Nichts zu sehen. Ich versicherte Danny, er müsse keine Angst haben und alles sei in Ordnung. Er legte sich wieder hin, ich ging wieder runter. Fernsehen und Bier. Keine zehn Minuten später war er wieder da, diesmal in Tränen aufgelöst. Mit zitternder Stimme schluchzte er: »Ich kann nicht schlafen! Da ist ein Monster unter meinem Bett!«

Ich wischte ihm die Tränen ab, umarmte ihn und brachte ihn wieder rauf. Wir schauten unter sein Bett: kein Monster. Ich packte ihn wieder ins Bett, stand da und sah ihn an. Und da begriff ich, was er brauchte.

Eltern hätten es schon viel früher kapiert, aber ich bin Priester, ich habe keine Kinder. Deshalb brauchte ich etwas länger, bis der Groschen fiel.

Ich sagte: »Danny, weißt du was? Wir legen uns jetzt beide schlafen. Ich lege mich auf den Fußboden vor deinem Bett, und dann schlafen wir beide. Ist das okay?«

Er strahlte übers ganze Gesicht und sagte: »Ja!«

Also legte ich mich auf den Boden, sodass er mich sehen konnte. Es dauerte keine fünf Sekunden, dann schlief er wie ein Stein. Erstaunlich, dass ein Mensch so tief schlafen kann, vor allem, nachdem er sich dermaßen aufgeregt hat.

Ich blieb noch ein paar Minuten liegen und beobachtete ihn. Und dann kamen mir zu meiner eigenen großen Überraschung die Tränen. Kein Schluchzen, aber jede Menge Tränen. Ich verstand gar nicht, was los war. Aber als ich in den folgenden Tagen und Wochen diesen Moment in meiner Erinnerung und im Gebet wieder aufleben ließ, wurde mir allmählich etwas klar.

Einmal waren meine Tränen das Ergebnis von Traurigkeit und Trauer. Nach diesem Abend mit den Jungs und dem Erlebnis, dass Danny einschlief, nur weil ich bei ihm war, spürte ich deutlicher als je zuvor, was mir fehlte, weil ich keine Kinder habe. Versteh mich nicht falsch, das Leben als zölibatärer Priester ist meine Berufung und vollkommen in Ordnung. Trotzdem war es ein Moment der Trauer darüber, dass ich nie ein Kind haben werde, das mich jeden Tag mit diesem Vertrauen ansieht und sich so auf mich verlässt wie Danny an diesem Abend.

Es waren aber auch Tränen des Zorns. Damals begann gerade der Missbrauchsskandal seinen Weg durch die Presse und ins öffentliche Bewusstsein. Und als ich den schlafenden Danny ansah, diesen kleinen, verletzlichen Kerl, packte mich ein heiliger Zorn auf jeden einzelnen Priester, der einem Kind wehtut oder es missbraucht.

Und schließlich waren es Tränen der Freude und Hoffnung. Soweit Danny wusste, hockte immer noch ein Monster unter seinem Bett, und irgendetwas machte schreckliche

Geräusche in seinem Schrank. Wir hatten ja nichts unternommen, um sie zu vertreiben. Aber obwohl die Monster noch da waren, konnte er friedlich einschlafen. Weil ich bei ihm war.

Abgesehen von Monstern, kann das Einschlafen für kleine Kinder sehr furchterregend sein. Erwachsene haben sich an die Vorstellung gewöhnt, dass sie am nächsten Morgen wieder aufwachen, aber für kleine Kinder ist die Welt so neu, und sie haben noch nicht so viele Erfahrungen, auf die sie zurückgreifen können. Für sie ist es alles andere als sicher, dass es einen Morgen gibt, dass die Sonne wieder aufgeht und dass sie am nächsten Morgen wieder aufwachen.

Kleine Kinder gehen auch deshalb so ungern schlafen, weil sie damit dem Ende ins Auge sehen. Wenn man ein kleines Kind ist, kann das Schlafengehen »große Fragen« aufwerfen.

Danny konnte in dieser Nacht friedlich schlafen, weil ich bei ihm war. Er musste davon ausgehen, dass die Monster in der Nacht angreifen würden. Vielleicht würde es kein Morgen geben. Aber er schlief trotzdem ein. An mir war nichts Besonderes, außer der Tatsache, dass seine Eltern mir vertrauten. Das genügte ihm, das gab ihm Frieden und Hoffnung, selbst wenn er nicht sicher sein konnte, dass alles in Ordnung war.

Gesegnet seid ihr, wenn ihr durstig seid und um ein Glas Wasser bittet. Ihr und alle, die durstig sind, sollen getröstet werden.

Gesegnet seid ihr, wenn ein Monster unter eurem Bett hockt oder irgendetwas in eurem Schrank schreckliche Geräusche macht. Wir alle haben Monster unter dem Bett und schreckliche Dinge in unseren Schränken. Und ihr alle sollt getröstet und in Sicherheit sein.

Gesegnet seid ihr, wenn ihr weint. Unsere Tränen erzählen Gott von dem Schmerz, den wir noch nicht in Worte fassen können.

Gesegnet seid ihr, wenn ihr einschlaft, obwohl ihr fürchtet, dass nicht alles in Ordnung sein wird.

Für uns alle wird irgendwann das Ende kommen. Der Tag, an dem wir einschlafen und nicht wieder aufwachen. Für die ganze Menschheit wird irgendwann das Ende kommen. Und wie wir dann einschlafen, daran werden wir gemessen.

Christen können leicht und friedlich einschlafen, weil einer da ist, dem sie vertrauen. Einer, der bei ihnen ist und sogar bereit ist, für sie zu sterben. Deshalb müssen Christen das »Ende« nicht als Problem oder als Rätsel sehen, das es zu lösen gilt, sondern als Höhepunkt, auf den sie warten und den sie in ihrem Herzen bewegen.

DIE RECHNUNG, BITTE!

Guy: Das Ende ist nahe, man hat uns die Rechnung gebracht. Ich hoffe, du hast deine Brieftasche dabei. Aber sag mal, sollten wir während dieses Abendessens nicht eigentlich etwas beobachten?

Paul: Was denn?

Guy: Das Ende des Universums! Wir haben uns so intensiv unterhalten, dass ich wirklich vergessen habe, dem Ende des Universums draußen vor dem Fenster zuzusehen. Ist es jetzt passiert oder nicht? Ich hab's verpasst!

Fünftes Kapitel
Würden Sie einen
Außerirdischen taufen?

Ort: Los Angeles International Airport, Bradley International Terminal

»WIR WÄREN GERN DIE ERSTEN, DIE EUCH BEGRÜSSEN.«

Paul: Hat dich wirklich schon mal jemand direkt gefragt, ob du einen Außerirdischen taufen würdest?

Guy: Mehr als einmal. Die denkwürdigste Gelegenheit, bei der mir diese Frage gestellt wurde, war bei einem Besuch in England, als ich auf dem Birmingham Science Festival 2010 einen Vortrag hielt. Es stellte sich heraus, dass an diesem Tag auch Papst Benedikt Birmingham besuchte, und so waren unheimlich viele hochkarätige Journalisten dort. Ich hatte mich bereiterklärt, ein Interview zu geben, um für das Festival zu werben, aber sie fragten mich alle nur über den Papst aus.

Paul: Kann man verstehen.

Guy: Ja, aber sie fragten mich immer so Sachen wie: »In welchem Bereich gibt es die meisten Konflikte zwischen Ihnen und dem Papst?« Oder: »Hat der Papst jemals versucht, Ihre naturwissenschaftliche Arbeit zu unterdrücken?« Völlig daneben. Sie wollten einfach nicht hören, wie sehr Papst Benedikt das Vatikanische Observatorium und seine wissenschaftliche Arbeit förderte. Und als sie schließlich frustriert feststellen mussten, dass sie von mir nicht die Story kriegten, die sie sich wünschten, fragte einer: »Würden Sie einen Außerirdischen taufen?«

Paul: Was hast du geantwortet?

Guy: »Nur wenn sie darum bittet.«

Paul: Großartig! Und wie haben sie darauf reagiert?

Guy: Sie haben laut gelacht, was ja auch mein Ziel gewesen war. Und am nächsten Tag haben sie daraus eine Geschichte gemacht. Als wäre es eine offizielle Verlautbarung des Vatikans zum Thema Außerirdische gewesen.

Paul: Deine Antwort gefällt mir, obwohl du sie natürlich als Witz gemeint hattest. Natürlich ergibt die Frage nach der Taufe von ET nur dann Sinn, wenn es ET wirklich gibt und wenn er darum bittet. Dazu muss man aber verstehen, was Taufe meint: Die Aufnahme in die Hoffnung und Herausforderung eines christlichen Lebens. Eines Lebens nach dem Vorbild Jesu, wie wir es seit den ersten Christen in entsetzlicher Unvollkommenheit zu leben versuchen. Im Grunde genommen unterscheidet sich die Frage nach der Taufe eines Außerirdischen überhaupt nicht von der Frage, ob du irgendeinen der Menschen taufen würdest, die hier in diesem Flughafenterminal an uns vorbeigehen. Natürlich würde man niemanden taufen, der nicht getauft werden will oder nicht versteht, was das Ganze soll. Im Fall von ET gibt es allerdings noch einige zusätzliche Hindernisse. Versteht ET unsere Sprache gut genug, um zu begreifen, was die Taufe bedeutet? Und spricht er sie gut genug, um die Taufe zu erbitten? Würde er verstehen, warum die Rituale des Waschens und Salbens dabei so wichtig sind?

Was die Menschen hier in diesem Terminal angeht, so bin ich durchaus in Versuchung anzunehmen, dass einige Außerirdische darunter sind. Ich habe schon ein paar ziemlich seltsame Outfits gesehen, solange wir hier sind. Aber gut, wir sind in Kalifornien. Ich stamme aus Cincinnati, da kommt einem das hier oft reichlich exotisch und fremd vor.

Guy: Eine buntere Mischung von Hautfarben und Völkern als hier im Bradley International Terminal auf dem Flughafen von Los Angeles wirst du kaum irgendwo finden. Jede Familie, die an uns vorbeigeht, ist anders gekleidet, spricht eine andere Sprache. Australier, Chinesen, Leute aus dem Nahen Osten. Und es ist ja auch ein Riesenbau – groß genug für ein ganzes Raumschiff.

Ich bin sicher, du hast ebenso wie all die Leute hier schon die folgende Erfahrung gemacht, wenn du in eine andere Stadt oder ein anderes Land geflogen bist: Du kommst an und bist mit vielen kleinen Fremdartigkeiten konfrontiert. Was die Leute frühstücken, wie die Lichtschalter funktionieren, auf welcher Straßenseite die Autos fahren. Solche kleinen Veränderungen im Alltag geben uns einen neuen Blick auf die Dinge, die wir zu Hause für selbstverständlich halten. Sie helfen uns, uns selbst zu definieren, indem sie uns zeigen, was an uns besonders und anders ist. Und so hilft uns die Vorstellung außerirdischen Lebens eben auch, darüber nachzudenken, was es denn eigentlich heißt, ein Mensch zu sein.

Aber wir sind aus einem ganz bestimmten Grund hier in Los Angeles. Wir stammen beide nicht von hier, haben aber in der letzten Phase unseres Studiums eine Weile hier gelebt, bevor wir unsere letzten Gelübde als Jesuiten ablegten.

Ich habe in einer ziemlich verrückten Gegend östlich von Hollywood gewohnt, nicht weit von der Stadtmitte entfernt. Ich erinnere mich noch, dass ich einmal im Drugstore in einer Schlange stand, weil ich ein Medikamentenrezept einlösen wollte. Vor mir war unter anderem ein älterer Chinese an der Reihe, der sich offenbar große Sorgen wegen seines Medikaments machte. Die junge Apothekerin, die ihn bediente, war sehr geduldig. Sie erklärte ihm die Sache in aller Ruhe – und, da ihre Familie aus China stammte, sogar in seiner Sprache. Die nächste in der Schlange war eine sehr gestresste junge Mutter mit lateinamerikanischem Hintergrund. Und die Apothekerin nahm sich wieder ganz viel Zeit, um ihr die Medizin zu erklären, die sie ihrem Kind geben sollte. Diesmal auf Spanisch. Als ich drankam, bediente sie mich auf Englisch, was eindeutig ihre Hauptsprache war.

Immer, wenn ich an Los Angeles denke, fällt mir diese junge Apothekerin ein. Es ist schon etwas Besonderes an einem Ort, wo so etwas passiert und ganz alltäglich zu sein scheint. An einem Ort, wo niemand ein Fremder ist und alle willkommen sind.

Paul: Niemand ein Fremder und alle willkommen. Manchmal habe ich eher das Gefühl, als seien in Kalifornien alle Fremde. Aber das ist sicher eine Frage der Perspektive. Man muss zugestehen, dass Kalifornien mehr Einwanderer aufnimmt als jeder andere Bundesstaat der USA. Aber viele von ihnen fühlen sich fremd, haben Schwierigkeiten mit der Sprache, der Armut und ihrem Aufenthaltsstatus. Wenn man in Kalifornien lebt, stellt sich die Frage, ob man fremd oder willkommen ist, dringlicher als in anderen Staaten. Sie liegt einfach auf der Hand.

Guy: Nun, du bist der Priester, das heißt, du spendest gelegentlich die Taufe. Würdest *du* denn einen Außerirdischen taufen?

Paul: Ha, die Frage macht mir Spaß. Aber erst mal muss ich einige Dinge klarstellen. Wenn ich in meiner Rolle als Priester die katholische Kirche repräsentiere und in ihrem Namen handle, entscheide ich nicht darüber, wer getauft wird und wer nicht. Diese Entscheidung obliegt der Kirche. Meine erste und einfachste Antwort auf deine Frage lautet also: Ich bin willens und in der Lage, einen Außerirdischen zu taufen, wenn die Kirche entscheidet, dass das in Ordnung ist.

Als jesuitische Astronomen haben wir, du und ich, möglicherweise ganz gut begründete Ansichten zu dieser Frage – besser oder weniger gut begründet als bei manchen anderen. Wir haben beide Naturwissenschaften und eine ordentliche Portion Philosophie und Pastoraltheologie studiert – schließlich sind wir als Jesuiten ausgebildet. Aber keiner von uns ist Theologe im akademischen Sinne. Das heißt, ganz grundsätzlich kann das, was wir sagen, nicht als vollmächtige Lehre der römisch-katholischen Kirche gelten. Das ist fair, oder?

Guy: Absolut fair. Und ich würde noch etwas gern gleich zu Anfang klarstellen, bevor wir weitermachen, und zwar mit meiner Autorität als Wissenschaftler und einer der »offiziellen Astronomen« des Vatikanischen Observatoriums: Weder ich noch irgendjemand sonst hat irgendwelche Beweise dafür, dass es Außerirdische gibt. Ich kenne jedenfalls keinen glaubhaften Beweis dafür, dass es jemals irgendeinen Kontakt zwischen Außerirdischen und der Erde gegeben hat. Punkt.

Ich kann mir keine Situation vorstellen, in der ein solcher Kontakt lange geheim bleiben würde. Und ich sage das nicht nur vor dem Hintergrund meiner vierzig aktiven Jahre als Astronom, sondern auch vor dem Hintergrund vieler guter Kontakte in die SETI (*Search for Extraterrestrial Intelligence*)-Szene, die nur zu gern einen solchen Beweis liefern würde. Stell dir nur mal vor, wie viel Geld sie kriegen würden! Und ich sage es als Funktionsträger der *American Astronomical Society* und der *International Astronomical Union*. Wenn irgendetwas in dieser Richtung los wäre, würden wir alle darüber reden. Aber wir reden nicht darüber, und es ist nichts los.

Ich arbeite ja mit Meteoriten. Es hat Zeiten gegeben, in denen die meisten Naturwissenschaftler der Vorstellung von »Steinen, die vom Himmel fallen« sehr skeptisch gegenüberstanden, und mit Recht, denn die meiste Zeit fallen Steine ja nicht vom Himmel. Aber wir besitzen heute einige Exemplare, mit denen wir in unseren Laboren arbeiten können. Tatsächlich arbeite ich jeden Tag in einem solchen Labor, und drei Meter von meinem Schreibtisch entfernt befindet sich ein Magazin mit etwa tausend solchen Exemplaren. Wir können messen, inwieweit sie der Weltraumstrahlung ausgesetzt waren – auf diese Weise klären wir ihre tatsächliche Herkunft aus dem All. Weil es diese Steine gibt, kann ich akzeptieren, dass manchmal Steine vom Himmel fallen. Wir haben sogar schon mal einen Asteroiden am Himmel beobachtet, der später auf die Erde traf und Meteoriten zu uns schickte. Das war vor ein paar Jahren im Sudan.

Aber selbst mit dem Wissen, dass es Meteoriten gibt, bleibe ich skeptisch, wenn mir jemand einen potenziellen Meteoriten ins Labor bringt. Fast alle diese Steine erweisen sich als irdisch, sind also keine Meteoriten. Nur ein einziges Mal hat mir jemand einen echten Meteoriten gebracht. Aber immerhin. Ich habe ihn untersucht, die nötigen chemischen Tests gemacht und festgestellt, dass er mit einem uns bereits bekannten Meteoriten identisch war.

Was heißt das für die Frage nach Ufos und Außerirdischen? Die Sache ist die: Wir besitzen Meteoriten. Aber wir besitzen keine Reste von Ufos in unseren Laboren. Keine, Null. Nichts, was wir testen könnten. Und deshalb bleibe ich skeptisch.

Ich weiß auch, dass es eine große Zahl von sehr guten Beobachtern gibt, die nachts viel draußen sind. Und sie sind nicht alle mit einer Regierung oder einer anderen offiziellen Institution verbunden oder stehen gar unter deren Kontrolle. Ich meine die große Zahl von Amateur-Astronomen weltweit, die eigene Teleskope besitzen und Hunderte von Stunden damit zubringen, den Himmel zu beobachten. Und das Interessante ist: Diese Leute sind am allerskeptischsten, was Ufos angeht. Sie kennen den Himmel richtig gut und verbringen sehr viel Zeit mit der Beobachtung, und deshalb sind sie sehr vertraut mit den Vorgängen dort. Sie sehen viele ungewöhnliche Dinge, aber sie sind in der Lage, sie zu identifizieren und zu erklären, ohne von Ufos, Außerirdischen oder anderen rätselhaften Dingen zu reden.

Paul: Ist die Faszination für Ufos und Außerirdische eigentlich eine neue Erscheinung oder gibt es sie schon länger?

Guy: Steven J. Dick und Michael J. Crowe, zwei Astronomiehistoriker, haben eine Reihe von Büchern geschrieben bzw. herausgegeben, in denen es um die Geschichte der Beschäftigung mit außerirdischem Leben geht. Um nur zwei zu nennen: Crowes Buch *The Extraterrestrial Life Debate* enthält Artikel von Astronomen und anderen Leuten aus der Zeit vor 1915 zu dieser Frage. Dicks *Life on Other Worlds* beleuchtet die Forschungsgeschichte im 20. Jahrhundert.

Und wenn du wissen willst, was die Kirchengeschichte zu diesem Thema zu sagen hat, dann findest du eine ausgezeichnete Zusammenfassung in Thomas F. O'Mearas Buch *Vast Universe: Extraterrestrials and Christian Revelation*. Soweit ich das beurteilen kann, ist seine Gesamtschau wirklich gut. Seit mehr als siebzig Jahren beschäftigen sich also Naturwissenschaftler und Theologen ernsthaft mit der Frage möglichen außerirdischen Lebens. Wie lange diese Frage allerdings schon in den Köpfen der Menschen herumschwirrt, kann ich nur raten.

Paul: Und was sagen die Gelehrten?

Guy: Nun, zunächst kann man eins beobachten: Religiöse Autoren neigen zu der Ansicht, die Existenz außerirdischen Lebens würde ihren Glauben bekräftigen. Nichtreligiöse Autoren behaupten das Gegenteil – die Existenz außerirdischen Lebens würde den religiösen Glauben widerlegen. Sowohl Glaubende als auch Nicht-Glaubende würden aus der Existenz von Außerirdischen also eine Stärkung ihrer eigenen Position ableiten.

Glaubende aus dem 19. Jahrhundert wie der deutsche Theologe Joseph Pohle oder der englische Astronom John Herschel haben argumentiert, Gott verfüge über eine so überbordende Schöpferkraft, dass er das Universum mit intelligenten Lebewesen gefüllt haben müsse. Wir seien einfach nicht genug. Andererseits mokierte sich Thomas Paine (der zur Zeit des amerikanischen Unabhängigkeitskrieges die Bücher *Common Sense* und *Zeitalter der Vernunft* schrieb) über das Christentum, weil es behaupte, Gott habe sich entweder von all den möglichen Welten im Universum ausgerechnet unsere zur Inkarnation ausgesucht, weil hier »ein Mann und eine Frau einen Apfel aßen«, oder »der Mensch, der respektlos als Sohn Gottes bezeichnet wird ... hätte nichts Besseres zu tun, als in einer endlosen Abfolge von Toden von einer Welt zur anderen zu reisen und dort ein paar Augenblicke zu leben«.

Mit anderen Worten: Das ganze Thema wird schon lange diskutiert, bis zum Erbrechen, seit Hunderten von Jahren. Die Frage, ob Außerirdische existieren und inwiefern das zu unserer Religion passt, ist alles andere als neu. Seit Anbeginn der Menschheit erzählen wir uns Geschichten von fremden Rassen und nicht-menschlichen Geschöpfen. Schau dir doch nur die Ungeheuer in der Odyssee und anderen griechischen Legenden an!

Selbst die Bibel spricht von nicht-menschlichen intelligenten Wesen. Abgesehen von den Engeln gibt es da diese seltsame Stelle im sechsten Kapitel der Genesis, wo von Wesen namens Nephilim gesprochen wird, von »Gottessöhnen«, die »Menschentöchter« zu Frauen nahmen. Und die Psalmen und Prophetenbücher sind voll von Bezügen zu den »Heiligen«, den »Himmlischen«, den Morgensternen und himmlischen Wesen, die dem Schöpfer ihr Loblied singen.

Als wir über den Urknall und die antike Kosmologie gesprochen haben, haben wir all die »planetaren Intelligenzen« und »Dämonen« erwähnt, die die Menschen der Antike im Raum zwischen den Planeten vermuteten. So sah auch das Weltbild der Menschen aus, die die Bibel verfasst haben. Sie hatten überhaupt kein Problem mit der Existenz anderer intelligenter Wesen.

Paul: Ich weiß nicht, ob das eine neue Erscheinung ist, aber mir scheint, dass heutzutage manche Leute wirklich aktiv an Ufos glauben wollen. Dass sie geradezu nach Außerirdischen hungern. Und nicht nur, weil sie sich Gedanken über die Kosmologie oder über die Frage machen, ob außerirdisches Leben zu unserer Theologie passt. Ich habe das Gefühl, einige Menschen hoffen, es gäbe da draußen eine Art, die so fortgeschritten ist, dass sie riesige Entfernungen überwinden und uns besuchen kann. Um uns zu zeigen, wie wir alle Menschheitsprobleme lösen können. Einige Leute wünschen sich einen Retter, und der soll aus dem All kommen.

Guy: Ja, und was kommt dabei heraus? Denk doch nur an den Science-Fiction-Klassiker *Der Tag, an dem die Erde stillstand*. In dem Film kommt ein Außerirdischer auf die Erde, um den Menschen zu helfen, und die Sache hat kein Happy End. Außerdem hatten wir doch schon mal einen Retter, der die Erde besucht hat. Wir wissen, wie es ihm ergangen ist. Übrigens heißt der Außerirdische in dem Film Mr. Carpenter, also Zimmermann, um die Parallele noch offensichtlicher zu machen.

Paul: Mir gefällt noch etwas anderes an deiner scherzhaften Antwort für die Journalisten: »Nur wenn sie darum bittet.« In der Geschichte der katholischen Kirche und einiger anderer christlicher Kirchen gibt es die traurige Erscheinung der Zwangstaufe. Bevor wir darüber sprechen, ob man Außerirdische taufen kann oder nicht, sollten wir das anerkennen.

Die Taufe kann als Geschenk angeboten werden, aber sie sollte niemals unter Druck einem Menschen aufgezwungen werden. Das gilt für Juden, Muslime, Hindus, amerikanische Ureinwohner und alle, die jemals mit Zwangstaufe konfrontiert waren. Und es gilt für Außerirdische, wenn wir ihnen denn irgendwann begegnen sollten.

BITTE LASSEN SIE IHR GEPÄCK NICHT UNBEAUFSICHTIGT

Paul: Das ist richtig. Trotzdem können wir das Geschenk der Taufe anbieten, auch über Grenzen hinweg, wenn es respektvoll und auf eine sensible Weise geschieht.

Die Frage, wie mit der Taufe von »Fremden« umzugehen sei, stellt sich seit den Anfängen des Christentums. In den ersten Jahrzehnten war in der jungen christlichen Kirche noch nicht klar, ob man Heiden taufen könne oder nicht. Und die Frage tauchte in den folgenden Jahrhunderten immer wieder auf, während der Horizont sich weitete und das Christentum sich weiter verbreitete.

Im Mittelalter stellte sie sich in besonders interessanter Weise. Damals wussten die Menschen, dass die Welt rund war, aber sie glaubten, ein undurchdringliches Stück Land (so etwas wie die Sahara) würde die nördliche Hälfte von den sogenannten »Antipoden« trennen, den ähnlich temperierten Regionen, die in südlicher Richtung ebenso weit von Europa entfernt waren wie der Norden. Und so stellten sich einige Theologen die theoretische Frage, ob auf der anderen Seite dieser Trennlinie Menschen lebten, die die Erlösung Christi brauchten.

Der hl. Zacharias, der in den Jahren 741 bis 752 Papst war, beantwortete die Frage, indem er sich der Ansicht verweigerte, es gäbe Menschen, die keine Nachkommen von Adam und Eva seien. Ihm ging es um die Einheit der Menschen. Seiner Ansicht nach waren alle Menschen grundsätzlich miteinander verwandt, hatten gemeinsame Vorfahren. Und deshalb ist kein Mensch dem anderen überlegen, weder durch seine Rasse noch durch seine Kultur.

In sehr praktischer Weise kehrte die Frage im 16. Jahrhundert wieder. Zu dieser Zeit gelang es den europäischen Entdeckern, zu den Antipoden zu segeln, also in Gegenden südlich der Sahara und in die Neue Welt. In Afrika, Asien und auf dem amerikanischen Doppelkontinent begegneten sie Menschen, die anders aussahen als sie.

So kam es im Jahr 1550 zu heftigen Diskussionen am Hof des spanischen Königs Karl V.: Die Sklavenhändler, unterstützt von dem Gelehrten und »Humanisten« Juan Ginés de

Sepúlveda, argumentierten, die Völker in Nord- und Süd-amerika seien Freiwild. Ihre »barbarische« Kultur zeige, dass sie keine richtigen Menschen seien.

Paul: Moment mal, hat der Flughafen von Los Angeles, auf dem wir uns hier befinden, nicht die Adresse »Sepulveda Boulevard«?

Guy: Ein interessantes Zusammentreffen, aber es handelt sich um einen Angehörigen einer ganz anderen Familie. Ich habe das in Wikipedia nachgeschaut: Der Sepulveda Bou-levard in Los Angeles befindet sich auf einem Gelände, das früher zur Ranch einer Familie mit diesem Namen gehör-te, dem Rancho Palos Verdes. Früher heißt in diesem Fall, seit dem 18. Jahrhundert. Die Debatte, von der wir hier spre-chen, fand zweihundert Jahre früher statt.

Der Dominikanerpriester und spätere Bischof Bartolomé de Las Casas verteidigte die amerikanischen Ureinwoh-ner. Er argumentierte, sie hätten eine Seele und verdienten, Christen zu werden. Die Kirche stimmte ihm zu. Und damit begann eine intensive Missionstätigkeit, in der wir Jesuiten eine wichtige Rolle spielten. Man könnte also sagen, in man-chen Fällen war die Zwangstaufe ein Versuch, Menschen vor der Sklaverei zu bewahren.

Tatsächlich gerieten die Bemühungen der Missionare oft in Konflikt mit den Ansprüchen der europäischen Sied-ler, die Sklaven halten wollten. Die Jesuiten hatten in Süd-amerika Kolonien gegründet, in denen Ureinwohner und entflohene Sklaven lebten, die sogenannten »Reducciones«, auf Deutsch Reduktionen. Sehr zum Missfallen der Sklaven-halter. Dieses Engagement war einer der Gründe (es gab weitere, deutlich weniger edle Faktoren), die zur Un-terdrückung des Jesuitenordens am Ende des 18. Jahrhun-derts führten.

Paul: Die Jesuiten haben im Zeitalter der Entdeckungen überhaupt eine wichtige Rolle gespielt. Wie die Reisenden hier auf diesem Flughafen gingen sie nach Indien, Afrika, Asien und in die Neue Welt, nach Nord- und Südamerika, den ersten Entdeckern immer dicht auf den Fersen. Sie standen also in der ersten Reihe, wenn es um die Begegnung mit dem christlichen Glauben und um seine Vermittlung in andere Kulturen ging. Ich weiß nicht, ob diese Kulturen diesen Jesuiten im 16. und 17. Jahrhundert ebenso fremd waren wie die Kultur möglicher Außerirdischer uns heute wäre, aber fremd waren sie ihnen auf jeden Fall.

Die Jesuiten waren Kinder ihrer Zeit. Genau wie wir teilten sie die Vorurteile und begrenzten Blickwinkel ihrer Zeit. Aber die Art, wie sie sich neuen Kulturen näherten, hatte außergewöhnliche und besondere Merkmale, die außerhalb des Ordens und vor allem in Rom Missfallen erregten.

Die Jesuiten vertraten nämlich in Theorie und Praxis ein Konzept, das sie »Inkulturation« nannten. Sie kamen nicht einfach daher und versuchten, den fremden Völkern ihre eigene Kultur aufzudrücken. Vielmehr unternahmen sie ernsthafte und erfolgreiche Versuche, die Sprache der anderen zu lernen und sich an die lokalen kulturellen Gewohnheiten anzupassen, auch in Bezug auf die Kleidung. Und sie bemühten sich ernsthaft, die christlichen Rituale auf die lokalen kulturellen Gebräuche abzustimmen.

Einige Historiker und Beobachter sehen darin nichts anderes als eine pragmatische Strategie, eine Möglichkeit, Vertrauen und Akzeptanz aufzubauen, um danach umso besser die europäischen kulturellen Normen und ihre Religion durchzusetzen. Andere Historiker glauben, dass hier etwas vor sich ging, was kreativer und auch erstaunlicher war: dass nämlich die Jesuiten wirklich offen waren für einen Lernprozess. Dass sie bereit waren, von den fremden Kulturen zu lernen, selbst in Bezug auf den christlichen Glauben.

Guy: Das würde zur Grundausrichtung jesuitischer Spiritualität passen, »Gott in allem zu suchen«. Jesuiten sind ihrer Neigung und Ausbildung nach offen dafür, Gott überall zu finden, an jedem Ort und in jeder Situation.

Natürlich waren sie bei ihren Begegnungen mit anderen Kulturen der Überzeugung, sie hätten etwas Positives anzubieten. Sie wollten von Christus erzählen, die Menschen evangelisieren. Aber da sie bereit waren, »Gott in allem zu suchen«, waren sie auch offen für die Möglichkeit, Christus irgendwo in diesen neuen Kulturen zu entdecken, wenn auch vielleicht nur implizit oder indirekt. Auf einer gewissen Ebene waren sie also bereit, etwas Neues über ihren eigenen christlichen Glauben zu lernen. Von den neuen Kulturen, denen sie begegneten.

Paul: Die Herangehensweise der Jesuiten an die neuen Kulturen beruhte also zumindest teilweise auf echter Gegenseitigkeit.

Versteh mich nicht falsch: Die Jesuiten wollten natürlich so viele Leute taufen wie möglich. Sie bewunderten Missionare wie Francisco de Xavier, der die Leute gleich bootsweise taufte (sein mumifizierter Taufarm wird übrigens bis heute als Reliquie in einer Jesuitenkirche in Rom aufbewahrt). Aber sie neigten auch dazu, sich von den Kulturen verwandeln zu lassen, denen sie begegneten. Sie waren offen für die Möglichkeit, dass sich die europäische Kultur und ihr Umgang mit dem christlichen Glauben in gewisser Weise verändern könnte, dass neue Erkenntnisse über die Gute Nachricht in der Begegnung mit fremden Kulturen möglich waren.

Guy: Diese Offenheit gefällt mir am Zusammenleben und an der Zusammenarbeit mit Jesuiten besonders gut. Tatsächlich hat diese Art von Idealismus mich überhaupt erst zu den Jesuiten gebracht.

Aber Idealismus zahlt sich in der wirklichen Welt nicht immer aus. Und die Versuche der Jesuiten, Brücken zwischen den Kulturen zu schlagen, funktionierten nicht immer, jedenfalls nicht langfristig. Wir sprachen schon von den Reduktionen, den Kolonien aus Ureinwohnern und entflohenen Sklaven. Viele dieser »idealistischen« Siedlungen wurden am Ende zerstört, und indem die Ureinwohner in diesen Städten zusammengezogen wurden, machten die Jesuiten sie unabsichtlich zur Zielscheibe von Angriffen.

Wie gut die Absichten auch immer sein mögen – eine effektive Kommunikation über kulturelle Grenzen hinweg ist schwierig. Missverständnisse und unbeabsichtigte Folgen sind eher die Regel als die Ausnahme. Schau dir nur an, was passiert, wenn die Leute hier auf dem Flughafen versuchen, einen Kaffee bei jemandem zu kaufen, der ihre Sprache nicht spricht oder ihr Geld nicht annimmt. Und es ist ja, ehrlich gesagt, manchmal schon schwierig genug, zu Hause am Esstisch eine vernünftige Unterhaltung unter Familienmitgliedern zu führen. Wenn es also so schwerfällt, mit Menschen anderer Kulturen gut zu kommunizieren – also mit Lebewesen unserer eigenen Spezies –, wie schwierig wäre es dann mit Außerirdischen?

Wenn es andere Planeten gibt, auf denen Leben möglich ist. Wenn es tatsächlich Leben auf anderen Planeten gibt. Wenn dieses Leben intelligent und mit einem freien Willen ausgestattet ist. Wenn wir dieses Leben erkennen können und es uns erkennt. Wenn es sich so in unserer Nähe befindet, dass eine sinnvolle Kommunikation möglich ist, ohne Tausend Jahre Wartezeit bei jeder Antwort, die mit Lichtgeschwindigkeit aus einem anderen Planetensystem kommt. Und wenn wir in der Lage sind, einander sprachlich zu verstehen … So viele Wenns! Wenn eine dieser Bedingungen nicht eintritt, wird es keine Kommunikation geben. Und wir erfahren nicht einmal davon. Jedenfalls wird sich die

Frage nach der Taufe von Außerirdischen dann niemals stellen.

Paul: Ich frage mich, wie eine solche Kommunikation aussehen könnte. Kannst du dich noch an die NASA-Forschungsraketen Pioneer 10 und 11 erinnern, die zum Jupiter, Saturn und darüber hinaus geschickt wurden?

Guy: Ich habe meine Master-Arbeit am MIT über die Monde von Jupiter und Saturn geschrieben, als sie gerade daran vorbeiflogen. Und ich habe in Arizona an meiner Doktorarbeit geschrieben, als dort die Daten analysiert wurden, die zurück zur Erde kamen. Du kannst drauf wetten, dass ich mich an diese Forschungsraketen erinnere.

Paul: Ich erinnere mich vor allem an die goldenen Plaketten, mit denen sie ausgestattet wurden. Da diese Raumschiffe ja unser Sonnensystem irgendwann verlassen sollten, nahmen sie einfache Botschaften in Form von Bildern mit, die von intelligenten Außerirdischen analysiert werden sollten. Die Botschaften sollten etwas darüber aussagen, wer und was wir sind: Zeichnungen der menschlichen Gestalt, Wasserstoff-Formeln, die Position unserer Sonne im Verhältnis zu bestimmten Pulsaren und so weiter. Man nahm wohl an, grundlegende naturwissenschaftliche und mathematische Informationen würden von Außerirdischen am ehesten verstanden und ergäben eine Kontaktmöglichkeit. Wenn aber nun diese Plaketten irgendwann von einer außerirdischen Kultur entdeckt würden, was würde geschehen? Hier ein paar mögliche Szenarios:

Nummer 1: Perfekte Kommunikation. Die Plaketten funktionieren wie geplant. Die Außerirdischen verstehen alles und schicken eine Antwort in mathematischer Form, die wir erkennen können. Auf der ganzen Erde knallen die

Champagnerkorken und wir freuen uns darauf, unsere neuen Nachbarn kennenzulernen.

Nummer 2: Keine Kommunikation. Die Plaketten sind ein kompletter Fehlschlag, die Außerirdischen verstehen sie nicht einmal als Versuch, Kontakt aufzunehmen.

Nummer 3: Gefährlich schlechte Kommunikation. Ein außergewöhnlich unglücklicher Zufall sorgt dafür, dass der Inhalt der Plaketten bösartigen Beleidigungen in der Sprache der Außerirdischen entspricht. Die Außerirdischen sind so beleidigt und wütend, dass sie die Erde angreifen und zerstören. Dieses deprimierende Szenario verdanke ich wieder einmal Douglas Adams' Buch *Per Anhalter durch die Galaxis*.

Nummer 4: Gefährlich gute Kommunikation. Die Außerirdischen verstehen die Plaketten voll und ganz und denken sich: »Was für langweilige Loser diese Menschen doch sind! Reden die ganze Zeit nur von Naturwissenschaften und Mathe! Warum erzählen sie uns nichts über ihre Kunst, Literatur, Musik und Religion? Wenn sie nur Naturwissenschaft und Mathe für erwähnenswert halten, sollten wir ihnen lieber nicht antworten. Sonst hängen wir am Ende noch in einer langen, ermüdenden Unterhaltung fest.«

Nein, ich halte Szenario Nummer 4 nicht für besonders wahrscheinlich. Aber wenn man glaubt, wir hätten mit den Außerirdischen nur Naturwissenschaft und Mathe gemeinsam, dann ergibt die Frage nach der Taufe wenig Sinn. Jedenfalls im Moment.

Guy: Es gibt viele gute Science-Fiction-Geschichten über »erste Begegnungen«. Aber auch viele schlechte. Das ist einer der Gründe, warum ich Science-Fiction so liebe. Sie gibt uns die Fähigkeit, solche Fragen zu stellen und Ideen auszuprobieren, ähnlich wie Physiker durch ihre Experimente neue Vorstellungen erproben.

Paul: Die Frage »Würden Sie einen Außerirdischen taufen?« hätte eine ganz bestimmte Bedeutung in dem Fall, dass bereits eine Begegnung stattgefunden hätte. Wenn wir nicht abstrakt über Außerirdische reden würden, sondern konkrete Individuen aus Fleisch und Blut (oder was auch immer) im Blick hätten, dann ginge es bei dieser Frage hauptsächlich um die Außerirdischen, ihre Lebensweise und so weiter.

Aber bisher haben Begegnungen mit Außerirdischen nur im Bereich der Science-Fiction stattgefunden. Und nachdem wir noch nicht die Bekanntschaft mit Außerirdischen gemacht haben, betrifft die Frage eigentlich viel mehr uns selbst als die Außerirdischen. Die Frage nach der Taufe bringt einige unserer Annahmen darüber ans Licht, was es heißt, ein Mensch zu sein. Und was es heißt, in Beziehung mit Gott zu leben.

PASSKONTROLLE – INHABER EINES US-PASSES BITTE NACH LINKS ...

Guy: Einige Leute reden von der Taufe wie vom Durchgang durch den Zoll hier am Flughafen. Sie sehen eine Art Übergangsritual darin, etwas, womit du in einen Club oder eine Gemeinschaft eintrittst und das dich von denen trennt, die nicht aufgenommen werden.

In einem meiner Lieblingscartoons rennt ein Hund im Zickzack über eine viel befahrene Straße, schlängelt sich durch die Reihe der Autos, die mit geringstem Abstand vorbeizischen. Seine Augen sind weit aufgerissen, die Zunge hängt ihm aus dem Maul. Auf der anderen Straßenseite steht eine Gruppe Hunde, um ihn zu begrüßen. Und einer von ihnen ruft: »Alles klar, Rusty ist in den Club aufgenommen!« Sobald man das Aufnahmeritual hinter sich hat, sobald man Mitglied in dem Club ist, gehört man dazu und ist gleichberechtigt, wird mit neuen Rechten und Privilegien ausgestattet.

Paul: Für mich geht es aber im Zusammenhang mit Taufe und christlichem Leben nicht um Rechte und Privilegien, sondern um Hingabe, Liebe und Gemeinschaft.

Das christliche Leben entspricht manchmal durchaus der Suche nach einem Weg über eine gefährliche, viel befahrene Straße. Aber man sollte nicht in die Lage kommen, die Straße allein zu überqueren. Die Hunde sollten nicht da sitzen und warten, ob Rusty es schafft, sie sollten bei ihm sein und ihm helfen.

Guy: Bisher haben wir angenommen, der oder die Außerirdische will Christ werden und wünscht sich die Taufe. Wir nehmen also an, das Christentum ist ein Club, in den ET eintreten will. Aber können wir da sicher sein? Nicht dass ich an der Wahrheit und dem Wert des christlichen Glaubens zweifeln würde, ich bin ja schließlich selbst ein Glaubender. Aber ich frage mich, welche Chance der Außerirdische hätte, die Wahrheit und den Wert des christlichen Glaubens zu entdecken.

Die Formen christlicher Praxis und Anbetung sind ja von einer Kultur zur anderen recht verschieden. Tip O'Neill hat einmal gesagt, alle Politik sei Lokalpolitik. Und obwohl es universelle Wahrheiten und Glaubenssätze gibt, die von allen Christen anerkannt werden, haben wir beide erlebt – der eine im Nahen Osten, der andere in Italien –, dass christliche Praxis und Anbetung eine sehr lokale Angelegenheit sind, bis dahin, dass die christliche Praxis der einen Kultur einer anderen ausgesprochen fremd vorkommen kann.

Paul: Mit anderen Worten: In der großen Vielfalt christlicher Praxis wäre ET vielleicht gar nicht in der Lage, die Gemeinsamkeit zu erkennen. In den verschiedenen Formen auf der ganzen Welt würde er gar nicht bemerken, dass es sich um ein und dasselbe Christentum handelt. Er würde vielleicht erkennen, dass alle McDonald's-Restaurants zur selben Kette gehören, aber würde er auch Christen in unterschiedlichen Teilen der Welt als Mitglieder desselben Clubs erkennen?

Guy: Jedes Mal, wenn ich einen irischen Priester predigen höre, frage ich mich, wie schwer es wohl den alten Römern zur Zeit von St. Patrick gefallen sein muss, dem Glauben dieser barbarischen Kelten zu vertrauen. Wie viel Mühe es ihnen gemacht hat, Predigten von Leuten zu verdauen, die sich eine Generation zuvor noch blau angemalt hatten. Und dabei bin ich ein halber Ire!

Paul: Selbst in meiner eigenen Familie staune ich oft über die Vielfalt christlicher Praxis. Meine Großmutter ist in einer deutschsprachigen Gemeinde auf dem Land im Südosten von Indiana aufgewachsen, als eine von vielen, vielen Schwestern. Als ich Kind war, waren sie alle alte Frauen, irgendwo in den Sechzigern und Siebzigern.

Guy: Was einigen von uns heute gar nicht mehr so alt vorkommt …

Paul: Bei Familientreffen hockten diese Schwestern irgendwann immer am Esstisch, redeten stundenlang miteinander, und ihre Gespräche schienen mir von einem anderen Stern zu stammen. Sie waren gerade eine Generation vom Landleben in Süddeutschland entfernt – im Grunde genommen waren sie alle bayerische Bauernmädchen, die zufällig in Indiana aufgewachsen waren. Und so waren sie eben auch von einem bäuerlichen bayerischen Katholizismus geprägt, der meiner eigenen Erfahrung in einer amerikanischen Vorstadtgemeinde vollkommen fremd war.

Aus meiner Sicht praktizierten sie so eine Art katholischen Voodoo. In ihren Augen waren die Heiligen echte Mächte, die man anrufen und manipulieren konnte. Ich erinnere mich an endlose Streitigkeiten darüber, was mit der einen oder anderen Heiligenfigur geschehen sollte, um dieses oder jenes erwünschte Ergebnis zu bewirken. Wenn man sein Haus verkaufen wollte, musste man eine Figur des hl. Joseph kopfüber im Hof vergraben. Wenn man gutes Wetter brauchte, sollte man irgendeinen anderen Heiligen in einen bestimmten Busch hängen. Wenn die Tochter heiraten sollte, wurde eine bestimmte Heiligenfigur unter ihrer Matratze versteckt. Und so weiter! Es gab hitzige Debatten über die richtige Art, die verschiedenen Heiligen anzurufen. Sie hatten jede Menge Spaß dabei, aber sie zweifelten keinen Moment daran, dass die Kraft der Heiligen genutzt werden konnte und sollte.

Für mich klang das alles vollkommen absurd. Ich war fassungslos, entsetzt und fasziniert zugleich. Als junger Naturwissenschaftler und Rationalist konnte ich überhaupt nicht verstehen, dass mich nur zwei Generationen von einer Schar Frauen trennten, die katholischen Voodoo praktizierten. Manchmal fragte ich meine Großmutter danach und versuchte, sie in Diskussionen zu verwickeln, aber das führte zu nichts. Großmutter wusste, dass die Heiligen halfen, und wenn ich diese Hilfe nicht in Anspruch nahm, war das mein Problem. Selbst schuld.

Dieselbe Großmutter rief übrigens meinen Vater am Tag der Mondlandung an und fragte ihn, wie es sein konnte, dass die Astronauten auf der Seite des Mondes landeten und nicht runterfielen. Ihre Kosmologie und Physik unterschied sich ganz erheblich von meiner.

Guy: Und damit sind wir wieder bei der Vielfalt, von der du sprichst. Das Christentum kennt die verschiedensten Formen, einschließlich des »katholischen Voodoo«, wie es deine Großmutter und ihre Schwestern praktizierten.

Paul: Auf eine Weise finde ich diese Vielfalt wunderbar. Wenn du dir die vielen verschiedenen Leute anschaust, die hier auf dem Flughafen herumlaufen, ihre Herkunfts- und Zielorte, ihre Kleidung und ihr Verhalten – du könntest kaum sagen, wer katholisch ist und wer nicht. Ich finde es schön, dass das Christentum überall Wurzeln schlagen kann, sich in jeder Kultur verankern kann. So sieht es für mich aus, wenn man »Gott in allen Dingen sucht«.

Aber meine westliche, naturwissenschaftlich geprägte Seite fühlt sich verpflichtet, das Christentum von »Voodoo« und Zauberei zu reinigen. Ein Teil von mir bezweifelt, dass es richtig wäre, Außerirdische in eine Glaubenstradition hineinzunehmen, die eine so große kulturelle Vielfalt aufweist. Wie sollten Außerirdische die Kultur auf unserer Erde so weit durchschauen, dass sie Hokuspokus und den Kern des Glaubens voneinander unterscheiden könnten? Ich frage mich, ob mein Wunsch, Hokuspokus und Glaube voneinander zu trennen, nicht in sich schon wieder ein kulturelles Konstrukt ist. Etwas in mir wäre entsetzt, wenn ein Außerirdischer die Taufe als eine Art Zauberei verstehen würde. Aber ein anderer Teil in mir weiß, dass ich mit einer Großmutter aufgewachsen bin, die die Taufe genauso verstand: als eine Art Zauberei. Zwei Seelen wohnen, ach, in meiner Brust.

Guy: Ich glaube ja, dass unsere Antwort auf die Frage »Würden Sie einen Außerirdischen taufen?« unsere Zuhörer noch nicht richtig zufriedengestellt hat. Sonst würde man uns die immer gleiche Frage nicht dauernd stellen.

Vielleicht beantworten wir die Frage falsch, weil wir sie falsch wahrnehmen.

Paul: Man kann sie ja auch auf viele unterschiedliche Weisen wahrnehmen. Mit verschiedener Betonung. Es kann die Frage darin stecken, ob ein Außerirdischer jemand ist, der getauft werden kann. Oder es kann die Frage darin stecken, ob wir überhaupt berechtigt sind, über die Mitgliedschaft in unserem Club zu entscheiden. Ähnlich wie bei den Diskussionen in der Frühzeit der Kirche, als Paulus mit Jakobus, Petrus und anderen darüber diskutierte, ob Heiden, also Nicht-Juden, getauft werden könnten.

Betrifft diese Frage im Wesentlichen uns als Christen, geht es also darum, ob wir fähig und bereit sind, Fremde in die christliche Gemeinschaft aufzunehmen? Oder betrifft sie hauptsächlich die anderen – also die Heiden und Außerirdischen – und geht es darum, ob sie fähig und bereit sind, als Christen zu leben?

Vielleicht ist die Frage so auch ganz falsch gestellt. Vielleicht ist sie nicht der richtige Ausgangspunkt für eine Diskussion. Wenn man versucht, sie zu beantworten, gerät man in die Rolle einer Art Türsteher. So sehe ich mich aber nicht. Ich glaube, Gott kann sehr gut auch ohne meine Hilfe entscheiden, wen er bei sich haben will und wen nicht.

Und die Taufe ist ja kein Selbstzweck. Sie ist kein Siegerpreis, den man anstrebt, keine besondere Ehre. Sie ist ein Mittel zum Zweck der Annäherung an eine bestimmte Art von Gemeinschaft: das Reich Gottes.

Guy: Wie würde dann aber die richtige Frage lauten? Was wäre ein besserer Ausgangspunkt für die Diskussion?

Paul: Wenn ich jemals einen Außerirdischen treffen sollte, würde ich eine ganze Reihe anderer Fragen stellen, bevor ich auf das Thema Taufe käme. Und ich würde sie nicht nur dem Außerirdischen stellen, sondern auch mir selbst.

Bin ich bereit, mit dem Außerirdischen eine Mahlzeit zu teilen? Jesus hat regelmäßig mit vielen verschiedenen Leuten zu Tisch gesessen und lebhafte Gespräche geführt. Diejenigen, die mit ihm am Tisch saßen, pflegten normalerweise keine Tischgemeinschaft: Juden und Griechen, Sklaven und Freie, Zöllner und Zeloten, Männer und Frauen. Wenn man mit Jesus zusammen war, führte das zur Überwindung von Unterschieden, Antipathien und Feindschaften, die normalerweise Menschen davon abhielten, sich an einen Tisch zu setzen.

Dann würde ich den oder die Außerirdische fragen, ob sie bereit ist, mit mir eine Mahlzeit zu teilen. Wenn wir beide zur Tischgemeinschaft bereit sind – oder was auch immer in der außerirdischen Kultur unserer Tischgemeinschaft entspricht –, dann wäre das bereits ein Zusammenleben wie im Reich Gottes.

Wenn ich eine kranke oder verletzte Außerirdische am Straßenrand bemerkte, würde ich anhalten, um mich um sie zu kümmern? Im Gleichnis vom barmherzigen Samariter wird dieses Verhalten zum Standard erhoben. Es gehört zum Leben im Reich Gottes, dass wir uns umeinander kümmern. Also würde ich die Außerirdische auch fragen, ob sie dasselbe für mich tun würde.

Und schließlich: Wäre ich bereit, für diesen Außerirdischen zu leiden oder zu sterben? Hingebungsvolle Liebe ist ein Merkmal derer, die im Reich Gottes leben. Eine Liebe, wie sie Jesus uns vorgelebt hat. Auch hier würde ich den Außerirdischen fragen, ob er bereit wäre, dasselbe für mich zu tun.

Wenn wir beide, der oder die Außerirdische und ich, all diese Fragen mit Ja beantworten, dann leben wir bereits wie im Reich Gottes, zumindest in Bezug auf unser Verhalten dem anderen gegenüber. Und wenn der Außerirdische diese Fragen nicht nur in Bezug auf mich mit Ja beantworten kann, sondern auch in Bezug auf eine große Vielfalt anderer Menschen, dann würde ich sagen, er lebt bereits wie im Reich Gottes. Was würde die Taufe dann bedeuten? Wäre sie eine Unterstreichung und Vertiefung einer Realität, die schon da ist?

Guy: Aber schon die Möglichkeit, einem Außerirdischen solche Fragen zu stellen, würde eine Nähe voraussetzen, die selbst in den meisten menschlichen Beziehungen nicht vorkommt. Es gibt ein paar Menschen, für die ich vielleicht sterben würde, aber es gibt nur wenige, denen ich gern die Gegenfrage stellen würde.

Paul: Tja, im Christentum geht es nicht immer darum, was wir gern tun.

Wir sollten noch einen Schritt weitergehen und die Dinge aus der Perspektive des oder der Außerirdischen betrachten. Angenommen, eine Außerirdische hätte mir diese unbequemen Fragen gestellt und ich hätte sie mit Ja beantwortet. Das könnte sie zu dem Schluss führen, ich sei zwar ein Außerirdischer (aus ihrer Perspektive) und lebte bereits im Reich Gottes (wie sie es versteht). Aber dann würde sie mich vielleicht fragen, ob ich ihre Art von Taufe empfangen will. Die Frage würde dann nicht mehr lauten: »Würden Sie einen Außerirdischen taufen?«, sondern: »Würden Sie sich von einem Außerirdischen taufen lassen?«

Was tun?

Als Jesuit, der bereit ist, Gott in allen Dingen zu suchen, begeistert es mich, wenn ich Gott an unerwarteten Orten finde. So wie die frühen jesuitischen Missionare begeistert waren, Gott irgendwie in allen Kulturen vorzufinden, denen sie begegneten, in China und anderswo. Aber wie soll ich reagieren, wenn der andere den Schuh anhat? Wenn ET überrascht und begeistert ist, Gott irgendwie in mir vorzufinden? Sollte ich mich geehrt fühlen? Sollte ich entsetzt reagieren? Oder was?

Einfacher gefragt: Wenn wir einer außerirdischen Kultur begegnen würden und feststellten, dass etwas erkennbar Christusähnliches darin zu finden ist, sollten wir dann bereit sein, am Initiationsritus dieser Kultur teilzunehmen? Sollten wir bereit sein, uns von einem Außerirdischen taufen zu lassen?

LAGEPLAN: SIE BEFINDEN SICH HIER

Guy: Hättest du das gemacht? Hättest du dem Journalisten, der dich fragte, ob du einen Außerirdischen taufen würdest, diese Gegenfrage gestellt? »Würden Sie sich von einem Außerirdischen taufen lassen?«

Paul: Nein. Ich meine, klar, die Frage ist absolut bedenkenswert. Aber es wäre nicht gut gewesen, dem Journalisten so zu antworten. Mir gefällt deine Antwort. Ich staune, dass du die Geistesgegenwart hattest, sie da und dort so zu formulieren.

Guy: Na ja, man muss natürlich auch die anderen Fragen sehen, mit denen sie mich bombardierten: »Hat der Papst versucht, Ihre wissenschaftliche Arbeit zu behindern?«, und so weiter. Ziemlich aggressiv. Die Journalisten waren auf der Suche nach einer saftigen Geschichte und wollten mich in ein schlechtes Licht rücken. Oder doch jedenfalls meine Kirche. Ich weiß nicht, ob sie mich für dumm hielten, aber meine Religion hielten sie ganz sicher für dumm.

Paul: Glaubst du, es war als Fangfrage gemeint?

Guy: Natürlich! Sie wollten mir eine Falle stellen. Hätte ich gesagt: »Ja, ich würde einen Außerirdischen taufen«, dann hätte man mich für unendlich naiv halten können. Denn dann hätte ich ja behauptet, ein dummer kleiner Mensch wie ich hätte das Recht, weit fortgeschrittenen Außerirdischen etwas über den Glauben zu erzählen. Außerirdischen, die so turmhoch über den Menschen stehen, dass sie die unglaublichen Entfernungen im Weltall überbrücken können, um uns zu besuchen. Ich hätte damit behauptet, dass die Außerirdischen sich um einen Typen scheren sollten, der vor zweitausend Jahren gestorben ist, in einem schäbigen kleinen Land auf unserem schäbigen kleinen Planeten, der sich in unserer schäbigen kleinen Galaxie um einen schäbigen kleinen Stern dreht. Wenn dieser Typ wirklich der Sohn Gottes war, warum hat er seine Zeit dann auf unserem lächerlichen Planeten vergeudet? Und im Übrigen, wenn er wirklich der Sohn Gottes war, warum braucht er mich dann, um die Drecksarbeit für ihn zu erledigen?

Paul: Klingt fast so wie bei Thomas Paine vor zweihundert Jahren.

Guy: Hätte ich im Gegenteil gesagt: »Nein, ich würde einen Außerirdischen nicht taufen«, dann hätte ich damit zugegeben, dass das Christentum keine universelle oder kosmische Bedeutung besitzt. Ich hätte damit gesagt, dass das Christentum nichts anderes ist als ein lokaler Aberglaube, ein netter Zeitvertreib für die Bauern, aber im großen Maßstab ohne Bedeutung.

Sie haben also gedacht, sie hätten mich in der Falle. Und indem ich einfach mit dem Erstbesten rausplatzte, das mir in den Sinn kam: »Nur, wenn sie darum bittet«, drehte ich den Spieß um.

Denn damit war die Taufe nicht mehr meine Entscheidung, sondern die des oder der Außerirdischen.

Wenn eine Außerirdische mit all ihrer überlegenen Technologie sich aus freiem Willen dazu entscheidet, um die Taufe zu bitten, wenn eine Außerirdische mit all ihrem überlegenen Wissen annimmt, dass unser menschlicher Erlöser für sie eine Bedeutung und einen Sinn hat, dann sehen unsere Reporter mit ihrem kleinlichen Skeptizismus ziemlich dumm aus.

Und man beachte, wie sie reagierten, als ich den Spieß umdrehte: Sie lachten. Eine andere Reaktion stand ihnen nicht zur Verfügung. Sie hatten nur diesen einen Ausweg.

Paul: Im Grunde genommen hast du ihre Frage also mit einer Gegenfrage beantwortet: »Haben die Außerirdischen um die Taufe gebeten?« Damit verändert sich das gesamte Spielfeld der Diskussion.

Aber natürlich ist dir klar, dass du nicht der Erste bist, der eine Fangfrage mit einer Gegenfrage beantwortet hat. Diese Strategie wurde sehr wirkungsvoll bereits vor zweitausend Jahren angewendet ...

Als die Pharisäer und Anhänger des Herodes Jesus fragten, ob es Juden gestattet sei, die römischen Steuern zu bezahlen, erkannte Jesus die Falle, die sie ihm stellten. Wenn er Ja sagte, würden sie ihn der Götzenanbetung bezichtigen. Wenn er Nein sagte, würden sie ihn anklagen, er habe zur Rebellion gegen die Römer aufgerufen. Deshalb reagierte er mit einer Gegenfrage: »Wessen Bild ist auf den römischen Münzen zu sehen?«

Darauf gab es nur eine Antwort: »Das des Kaisers.«

Und Jesus zog daraus den einzig möglichen Schluss: »Gebt dem Kaiser, was dem Kaiser gehört, und Gott, was Gott gehört.« Damit war die Falle aufgedeckt, und die Fragenden konnten nichts anderes tun, als über sich selbst lachen. Sonst hätten sie noch dümmer ausgesehen.

Bei anderer Gelegenheit versuchten die Pharisäer und Schriftgelehrten Jesus in eine Falle zu locken, indem sie ihn fragten, ob eine Frau, die auf frischer Tat beim Ehebruch ertappt worden war, gesteinigt werden solle. Wenn Jesus Nein antwortete, würden sie ihn anklagen, das Gesetz des Mose zu missachten. Wenn er Ja antwortete, würden sie sagen, dass seine Lehre von der Barmherzigkeit nicht besonders weit reichte. Also ließ Jesus sie ein bisschen schmoren, und dann fragte er sie: »Wer von euch ist ohne Sünde? Der soll den ersten Stein werfen.«

Ich bin sicher, am Rande der Menge gab es leises Gekicher, aber die in der Mitte konnten sich eigentlich nur schweigend davonmachen. Damit war Jesus aber noch nicht fertig. Er wandte sich der Ehebrecherin zu und fragte: »Hat dich niemand verurteilt? Dann tue ich es auch nicht. Geh und sündige nicht mehr.« Mit diesen Fragen entlarvte Jesus zwei Fallen: Die Falle, die ihm die Pharisäer und Schriftgelehrten gestellt hatten, und die Falle von Sünde und Schuld, die die Frau sich selbst gestellt hatte.

Guy: Ich habe mich immer über diese Geschichte gewundert. Ich hätte mir vorstellen können, dass jemand, der Jesu Umgang mit der Sünderin mitbekam, sagen würde: »He, das ist nicht fair? Warum kriegt sie weniger Strafe, als sie verdient?« Wir sagen Jesus ständig, dass er fair und konsequent sein soll, vor allem, wenn es um die Sünden der anderen geht. Das ist die Falle, die wir ihm ständig stellen. Wenn er immer fair und konsequent wäre, dann wüssten wir endlich, wie wir unsere Beziehung zu ihm gestalten müssen. Dann würden wir die Spielregeln kennen.

Paul: Aber Jesus umgeht unsere Fallen immer wieder, indem er auf eine Million Weisen mit einer Gegenfrage reagiert: »Liebst du mich so, wie ich dich liebe?«

Liebe ist nicht fair und konsequent, sie ist manchmal mehr als fair und mehr als konsequent. Frag mich nicht, wie und warum das funktioniert: Jemand, der einen anderen wirklich liebt, behandelt alle Menschen gut – und einen eben ganz besonders gut. Aber wenn du von dem, den du liebst, lediglich Fairness und Konsequenz verlangst, dann liebst du nicht wirklich. Und du suchst nicht nach Liebe.

Was die Journalisten mit ihrer Frage bezweckten, war also die Enthüllung, dass du und dein Glaube irgendwie unfair und inkonsequent seien. Deine Antwort hat den Spieß umgedreht und ihre Aufmerksamkeit von Fairness und Konsequenz weg direkt auf die Liebe gerichtet. Wenn du bereit bist, darauf zu hören, was der Außerirdische sich wünscht, dann zeigst du Liebe. Und wenn du einen Außerirdischen liebst, dann ist das mehr als fair und konsequent.

Guy: Ich habe mich also ganz gut aus der Affäre gezogen. Aber ich denke, dann ist es jetzt an der Zeit, auf einige Annahmen zu reagieren, die die Reporter hatten.

Ich glaube, dass Christentum mehr ist als nur ein Aberglaube für uns Bauern. Ich setze mein Leben auf diesen Glauben. Und im Übrigen, wer will sich schon als Bauer sehen? Trotzdem bleibt die Sorge: Ist es anmaßend von uns Menschen, zu glauben, dass das Christentum kosmische Bedeutung hat, dass es mehr ist als nur eine lokale Erscheinung hier auf der Erde? Genau danach haben mich die Reporter ja gefragt.

Paul: Oder anders gesagt: Wie kann es fair und konsequent von Gott sein, auf die Erde zu kommen und in Menschengestalt zu leben und zu sterben? Sollte der Gott des ganzen Universums seine Aufmerksamkeit nicht auf das ganze Universum richten, statt sich mit diesem kleinen hinterwäldlerischen Planeten zu befassen, auf dem wir hier zufällig leben?

Theologen nennen diese Fragen einen Teilbereich des »Skandals der Partikularität«.

Guy: Und hast du eine Antwort? Oder deine Theologenfreunde?

Paul: Absolut nein, weder ich noch die Theologen. Gott gibt keine Antwort auf diese Fragen. Er stellt uns lediglich eine Gegenfrage: »Liebst du mich so, wie ich dich liebe? Warum machst du dir Gedanken darüber, ob ich fair und konsequent bin? Wenn du mich liebst, so wie ich dich liebe, dann siehst du, dass ich mehr als fair und mehr als konsequent bin. Ich bin die Liebe.«

Guy: Wir sollen also nicht glauben, wir wären zu klein, als dass Gott uns finden und lieben könnte. Stattdessen zeigt gerade die Tatsache, dass er jeden Einzelnen von uns ganz individuell findet und liebt und uns allen seine Aufmerksamkeit zuwendet, wie groß er ist. Gott kümmert sich nicht um die Menschheit, er kümmert sich um jeden einzelnen Menschen. So wie wir, wenn wir vor dem Gemälde von Seurat stehen, so ist er in der Lage, zwischen den einzelnen Punkten und dem Gesamtbild hin und her zu springen.

Paul: Christen glauben, dass der Gott aller Dinge, der Gott des gesamten Universums, uns Menschen liebt. Und wer liebt, zeigt eine Art besonderes Interesse. Das bedeutet nicht, dass Gott nicht auch andere intelligente Lebewesen auf anderen Planeten lieben könnte. Geliebt zu werden, das macht uns besonders und einzigartig, selbst wenn gar nichts Besonderes oder Einzigartiges an uns dran ist. Und auch, wenn andere ebenso geliebt werden. Das ist das »Mehr« an der Liebe. Das ist Gottes besondere Kraft.

Guy: Ich glaube daran, und das, was du da über die Kraft der Liebe sagst, ist sehr hilfreich. Aber trotzdem … ich kenne meine Naturwissenschaftler-Freunde. Denen stellen sich die

Nackenhaare auf, wenn sie daran denken, dass Gott einen speziellen Bund mit einer bestimmten Gruppe von Erwählten schließt oder dass er Jesus Christus als Erlöser an einen bestimmten Ort, in eine bestimmte Zeit in der Menschheitsgeschichte geschickt hat – auf den Planeten Erde. Ich verstehe, worauf du hinaus willst, wenn du die Aufmerksamkeit mehr auf die Liebe richtest als auf Fairness und Konsequenz. Aber ich sage dir, was ich ständig zu hören bekomme:

»Unsere Anmaßungen, unsere eingebildete Bedeutsamkeit, die Illusion unserer privilegierten Stellung im Universum wird durch dieses blasse kleine Licht in Frage gestellt. Unser Planet ist ein einsamer Punkt in der großen, alles umfassenden kosmischen Dunkelheit. In unserer Finsternis, in all dieser Unendlichkeit gibt es keinen Hinweis, dass Hilfe von irgendwoher kommen wird als von uns selbst.« So oder so ähnlich hat es Carl Sagan gesagt, als er über ein Bild von der Erde nachdachte, dass von der Forschungsrakete Voyager 1 aus 3,7 Milliarden Meilen Entfernung aufgenommen wurde und auf dem unser Planet nur noch ein winziger blassblauer Punkt ist.

Oder so: »Das Weltall ist groß. Man kann sich gar nicht vorstellen, wie riesig, übermäßig, verwirrend groß es ist. Verstehen Sie, Sie finden vielleicht den Weg zur Apotheke weit, aber das sind alles Peanuts im Vergleich mit dem Weltall. Ehrlich!« Das sagt Douglas Adams ziemlich am Anfang von *Per Anhalter durch die Galaxis*. Später beschreibt er ein Gerät namens »Totaler Durchblicksstrudel«: ein Folterinstrument, das Menschen verrückt macht, indem es sie zwingt, die ganze Größe von Raum und Zeit wahrzunehmen, während gleichzeitig ein Pfeil auf einen mit bloßem Auge nicht sichtbaren Punkt zeigt: »Das bist du.« Und das im richtigen Maßstab.

Die Arbeitshypothese der modernen Kosmologie, ihr kosmologisches Prinzip, besagt, dass es in Raum und Zeit keine irgendwie besonderen oder privilegierten Bereiche gibt. Die physikalischen Eigenschaften des Universums im

Großen und Ganzen, so nimmt man an, sehen aus der Perspektive jedes Beobachters ziemlich gleich aus, von wo aus auch immer. Und die Menschen wollen dieses Prinzip auf alles anwenden: aufs Leben, aufs Universum, auf alles.

Naturwissenschaftler sind schließlich Leute, die in ihrem persönlichen Leben ziemlich harte Erfahrungen gemacht haben. Viele von ihnen können sich kaum vorstellen, dass jemand sie liebt. Eine solche Vorstellung widerspricht ihrem eigenen kosmologischen Prinzip, und sie haben so etwas vielleicht auch nie erlebt. Wenn ihnen so etwas wie Liebe dann doch begegnet, sind sie misstrauisch. Man kann mit ihnen also schwer von Gott als Liebe reden. Für sie ist Liebe eine Luftnummer. Naturwissenschaft jedoch funktioniert, finden sie.

Paul: Sie ist ja auch sehr erfolgreich. Und nachdem es dabei nur um Energie und Materie geht, kommen Leute, die sich damit beschäftigen, leicht auf die Idee, es gäbe nichts anderes als Energie und Materie.

Wie Papst Benedikt in der Enzyklika »Spes Salvi« erklärt hat, die wir schon zitiert haben, ist die Naturwissenschaft gerade deshalb so fortschrittsfähig, weil sie sich darauf beschränkt, sich mit der objektiven »Außenseite« der Dinge zu beschäftigen, also eben mit Energie und Materie. Wenn man naturwissenschaftliche Methoden benutzt, sind alle subjektiven Selbsterfahrungen – Freiheit und Persönlichkeit, persönliches Körperempfinden, Gedanken, Gefühle und so weiter – irrelevante Ablenkungen vom eigentlichen Problem. Soweit es naturwissenschaftliche Methoden betrifft, zählen diese Dinge einfach nicht und müssen auch nicht berücksichtigt werden.

Aber das »eigentliche Problem«, das die Naturwissenschaft bestens bearbeiten kann, ist eben nicht das einzige bedeutende Problem.

Es ist ein Fehler, anzunehmen (wie es viele Leute offenbar tun), dass etwas, was im naturwissenschaftlichen Sinne nicht zählt, überhaupt nicht zählt. Wenn man so denkt, endet man in der höchst seltsamen Situation eines Menschen, der denkt, seine eigene Persönlichkeit und seine ureigenste Erfahrung seiner selbst würden nicht zählen und müssten nicht berücksichtigt werden.

Menschen, die so denken, versuchen Naturwissenschaft sehr ernst zu nehmen und bis zu Ende zu denken. Sie versuchen, konsequent zu sein. Für sie ist es eine traurige, aber unvermeidbare Folge der Naturwissenschaft, eine wenn auch schwer zu akzeptierende Wahrheit, dass die Dinge, die wir für die Mitte unseres Seins halten – Freiheit, Persönlichkeit, unsere eigenen Gedanken und Gefühle –, eigentlich nicht zählen, sobald wir die Dinge objektiv, konsequent und wissenschaftlich betrachten.

In einer ganz schönen und seltsamen Weise befinden sich Menschen, die so denken, in einer ähnlichen Lage wie gläubige Christen. Als naturwissenschaftlicher Materialist dieser Art sagt man sich, die Wissenschaft verpflichte einen dazu, zu glauben, dass die eigene Persönlichkeit letztlich etwas Irreales sei und keine wirkliche Bedeutung habe, obwohl der gesunde Menschenverstand einem die ganze Zeit etwas anderes sagt. Als Christ glaubt man, die eigene Persönlichkeit sei so real und wichtig, dass sie sogar dem Gott des ganzen Universums etwas bedeute – obwohl der gesunde Menschenverstand uns ständig sagt, das könne nicht sein.

Bei gläubigen Christen tut sich der gesunde Menschenverstand schwer damit, die scheinbar selbstverständliche Überzeugung aufzugeben, Gott müsse fair und konsequent sein. Gott ist nicht unfair oder inkonsequent, er ist mehr als fair und konsequent. Weil er die Liebe ist. Man kann das mit Worten schwer erklären, aber jeder, der schon einmal geliebt hat oder geliebt wurde, hat eine ganz gute Vorstellung davon, was das heißt.

Bei naturwissenschaftlichen Materialisten tut sich der gesunde Menschenverstand schwer damit, die scheinbar selbstverständliche Überzeugung aufzugeben, dass die Wirklichkeit nur aus Energie und Materie besteht. Nein! Die Wirklichkeit ist mehr als Energie und Materie, denn die Wirklichkeit ist … Ja, was ist die Wirklichkeit?

Guy: O ja, damit haben nicht nur die naturwissenschaftlichen Materialisten ihre Schwierigkeiten. Das materialistische Weltbild ist in der modernen Kultur so fest verankert, dass fast jeder Probleme damit hat, klar zu sagen, was denn noch »wirklich« sein könnte, abgesehen von Energie und Materie.

Paul: Heißt das, wir stecken in einer Sackgasse? Oder gibt es noch eine Alternative, die der gesunde Menschenverstand leichter akzeptieren könnte? Eine andere Art, über die Realität nachzudenken?

Lass mich einen Versuch unternehmen. Ich fange mit ein paar Grundideen von Pierre Teilhard de Chardin an, einem jesuitischen Paläontologen und Theologen aus dem 20. Jahrhundert. Mit diesen Ideen als Ausgangspunkt will ich versuchen, unser Problem anzugehen.

Eins von Teilhards wichtigen Büchern hatte den Titel *Der Mensch im Kosmos* (Originaltitel: *Le phénoméne humain 1955*). Darin erklärt Teilhard, der Mensch solle ganz und gar als Objekt naturwissenschaftlicher Analyse betrachtet werden. Er wollte keinen Dualismus akzeptieren. Also keine Haltung, in der die Naturwissenschaft sich mit der objektiven »Außenseite« der Dinge beschäftigt, also mit Dingen, die mit Begriffen wie Materie und Energie zu beschreiben sind, nicht aber mit der subjektiven »Innenseite« – innerer

Erfahrung, Denken, Fühlen und so weiter. Teilhard forderte, wir sollten unsere Vorstellung von Naturwissenschaft erweitern und mit ihrer Hilfe alle Phänomene untersuchen, auch diejenigen, die wir als rein subjektiv ansehen. Deshalb sprach er von der Menschheit als »Phänomen«: um zu betonen, dass alles Menschliche der naturwissenschaftlichen Untersuchung zugänglich sein müsse.

Guy: Ich verstehe, was du meinst. Indem man alles, was nicht Energie und Materie ist, ausschließt, entfernt man alle wichtigen Bestandteile einer Person und verbannt sie hinter eine Schranke, die so abschließend und so künstlich ist wie die Grenze zwischen unserem Restaurant am Ende des Universums und dem wirklichen Ende von Raum und Zeit. Einerseits müssen wir eine solche Trennung vornehmen, um außenstehende, unparteiische Beobachter zu sein. Andererseits wissen wir letztlich, dass diese Trennung Fiktion ist.

Und es ist mehr als nur ein banaler Merksatz der Quantenphysik, dass man nichts messen kann, ohne den Gegenstand der Messung zu verändern. Es kann nur dann ein Ich geben, das misst oder auch nur messen will, wenn wir akzeptieren, dass das messende Ich gleichzeitig das gemessene Ich ist.

Paul: Mein zweiter Ausgangspunkt ist Teilhards Überzeugung – die sich aus seiner erweiterten Vorstellung von Naturwissenschaft ergab –, das Phänomen Mensch sei das wichtigste Phänomen im gesamten Universum. Teilhard war der Ansicht, eine richtig verstandene Naturwissenschaft würde zeigen, dass das gesamte Universum auf die Hervorbringung des Phänomens Mensch ausgerichtet ist, und zwar mit Hilfe der Evolution. Wie Teilhard die Dinge sah, steht die Naturwissenschaft im Einklang mit dem Christentum, indem sie der Menschheit eine zentrale Bedeutung im Universum zuweist. Für Teilhard drückte sich Gottes Liebe zur Menschheit in der Tatsache aus, dass die Menschheit das Ziel des evolutionären Prozesses ist.

Guy: Diese Vorstellung von Besonderheit bringt den typischen heutigen Naturwissenschaftler natürlich auf die Palme.

Paul: Natürlich. Viele gewöhnliche Menschen lesen Teilhard gern, aber die Naturwissenschaftler fallen über ihn her, weil er ein teleologisches Element in der Evolution sieht.

Guy: Hilf mir mal schnell: Was heißt noch mal »teleologisch«?

Paul: »Teleologie« ist die Vorstellung, die Natur habe ein eingebautes Ziel. Teilhard verstand die Evolution als Vorgang mit dem Ziel, den Menschen hervorzubringen. Für die meisten Biologen ist eine solche Vorstellung aber ein echtes No-Go. Teilhard brachte die Naturwissenschaftler also auch gegen sich auf, indem er der Menschheit einen besonderen, privilegierten Platz im Universum einräumte.

Aber er wurde auch von katholischen Autoritäten und Theologen kritisiert, weil er die Evolution zu positiv sah. Damals machten sich in der Kirche viele Leute Sorgen darüber, die Evolutionstheorie sei unvereinbar mit der katholischen Lehre von der Ursünde.

Guy: Zu Lebzeiten bekam Teilhard also Gegenwind von allen Seiten. Inzwischen hat ihn aber fast jeder Papst zustimmend zitiert, auch Johannes Paul II. und Benedikt XVI.

Paul: Um es ganz klar zu sagen: Ich stimme seinen beiden eben zitierten Grundgedanken nicht zu. Ich halte sie für interessant, kreativ, provokativ – und irgendwie *fast* richtig.

Aber sie sind nur Ausgangspunkte für das, was ich sagen will. Ich will seine Ideen so drehen, dass sie uns einen Ausweg aus unserem Problem zeigen.

Nämlich so: Normalerweise wird die christliche Lehre, die den Menschen in den Mittelpunkt der göttlichen Liebe und Sorge stellt, so interpretiert, dass Gott die Menschheit auf eine andere Weise liebt als den Rest des Universums. Wenn die Menschheit im Mittelpunkt steht, dann tut es der Rest des Universums nicht.

Aber so funktioniert Liebe nicht. Liebe ist kein Nullsummenspiel. Liebe schließt nicht aus, sondern ein. Und wenn das für die menschliche Liebe gilt, dann gilt es für die göttliche Liebe umso mehr, denn Gott *ist* die Liebe. Wer liebt, behandelt alle Menschen besser, liebt alle Menschen etwas mehr. Wenn Gott uns liebt, behandelt er das gesamte Universum besser. Er behandelt alles im Universum mit Liebe. So ist es gemeint, wenn ich sage, dass Gottes Liebe mehr als fair und konsequent ist.

Wenn wir im Mittelpunkt der göttlichen Liebe und Sorge stehen, dann muss etwas an uns dran sein, das Gott liebt. Und hier drehe ich Teilhards Idee jetzt von innen nach außen: Was, wenn das, was Gott an uns liebt, uns nicht vom Rest des Universums unterscheidet, sondern mit dem Rest des Universums vereint? Was, wenn Gott in uns etwas liebt, das ganz charakteristisch und typisch auch für den Rest des Universums ist?

Guy: Aber wohin führt uns das? Und was hat das alles mit naturwissenschaftlichem Materialismus zu tun?

Paul: Wir haben schon über das Kosmologische Prinzip in der Physik gesprochen. Es handelt sich dabei um die Arbeitshypothese, dass an unserer speziellen Verortung und Raum und Zeit nichts Besonderes oder Außergewöhnliches ist. Es wäre ja auch anmaßend, zu glauben, dass wir eine privilegierte Stellung im Universum hätten. Ich würde nun vorschlagen, dass wir unser Denken breiter aufstellen und die Arbeitshypothese entwickeln, dass am Phänomen Mensch, also an *uns*, nichts Besonderes oder Bemerkenswertes ist.

Wenn man sich auf den naturwissenschaftlichen Materialismus einlässt, nimmt man als selbstverständlich an, dass Energie und Materie alles sind. Aber dann gerät man in die seltsame Lage, denken zu müssen, das das »Phänomen Mensch« eine seltsame Ausnahme im Universum ist. Menschliches Denken, Fühlen, Wollen, Lieben und so weiter werden zu fremdartigen, atypischen Erscheinungen. Und am Ende betrachten wir uns selbst als sehr fremdartige, spezielle Außenseiter in einem Universum, das ansonsten nur aus Materie und Energie besteht.

Aber ist das nicht anmaßend? Wäre es nicht demütiger, weniger kompliziert und wissenschaftlich redlicher, von der Annahme auszugehen, dass an uns Menschen nichts besonders Fremdes, Bemerkenswertes oder Ungewöhnliches ist, verglichen mit anderen Lebewesen im Universum? Würde das nicht auch dem Kosmologischen Prinzip viel eher entsprechen?

Wir Menschen sind – unter anderem – Körper, Gefühl, Denken, Wollen, Selbstbewusstsein, Freiheit und Liebe. Wenn wir davon ausgehen, dass nichts Besonderes oder Untypisches an uns ist, dann folgt daraus, dass Fühlen, Denken, Wollen, Lieben, Selbstbewusstsein, Freiheit und Körperlichkeit charakteristische Merkmale des Universums sein müssen. Daraus folgt: Was Gott an uns liebt, das liebt er auch am Rest des Universums. Wir stehen nicht deshalb im Mittelpunkt der göttlichen Liebe und Aufmerksamkeit, weil wir uns vom Rest des Universums unterscheiden, sondern weil wir so ausgesprochen typisch und charakteristisch für das Universum sind. In diesem Sinne stehen wir im Mittelpunkt.

Und ich denke, mit einem solchen Verständnis könnten Naturwissenschaft und Glaube gleichermaßen leben.

Guy: George Coyne, der ehemalige Direktor des Vatikanischen Observatoriums, hat viele öffentliche Vorträge zu dem Thema gehalten, dass »das Universum in uns seiner selbst bewusst wurde«. Aber das ist überall wahr, wo Selbstbewusstsein entsteht. Vielleicht geht es im Universum gerade darum?

Paul: Ist Selbstbewusstsein – oder besser: Selbstbewusstheit – der wichtigste Charakterzug, den wir Menschen mit dem Universum gemeinsam haben? Vielleicht. Vielleicht haben aber auch die Materialisten recht, und die wichtigsten gemeinsamen Merkmale sind Materie und Energie. Oder vielleicht ist es das Fühlen, Denken, Wollen, Lieben. Ich weiß es nicht. Aber wenn Gott Liebe ist und wenn wir das Ebenbild Gottes sind, dann ist die Liebe vielleicht auf eine Weise der Grundstoff des Universums. Vielleicht ist sie die wichtigste Gemeinsamkeit zwischen uns und dem restlichen Universum.

Mir geht es nicht darum, der Naturwissenschaft das Wasser abzugraben, indem ich ihr den Fokus nehme – die Betrachtung der Welt als Verbindung von Materie und Energie. So denkt die Naturwissenschaft, und dieses Denken funktioniert. Aber die Naturwissenschaft kann und wird nicht zeigen, dass alles ausschließlich aus Materie und Energie besteht. Diese Sichtweise ist eher eine Voraussetzung, ein Ausgangspunkt für alles naturwissenschaftliche Arbeiten. Ich will nicht unkritisch behaupten, tatsächlich wäre die Liebe der Grundstoff des Universums. Aber ich wünschte mir, die naturwissenschaftlichen Materialisten würden davon absehen, unkritisch zu behaupten, dass Energie und Materie dieser Grundstoff wären. Die Frage bleibt nun mal offen.

Guy: Carl Sagan ist durch den Ausspruch berühmt geworden, wir seien aus demselben Material gemacht wie die Sterne. Du gehst jetzt noch einen Schritt weiter und sagst, die Sterne hätten teil an uns.

Paul: Vielleicht teilen wir mit den Sternen nicht nur und nicht in erster Linie Materie und Energie, sondern etwas anderes – wie die Liebe.

DEN ZUBRINGERBUS FINDEN SIE ...

Paul: Und jetzt stehen wir also wie Reisende noch etwas verwirrt hier vor dem Terminal, umgeben von unserem Gepäck, und wollen einen letzten Blick auf die seltsame »Reise« werfen, die wir gemacht haben.

Wir haben uns der Frage, ob man einen Außerirdischen taufen würde, von so vielen verschiedenen Seiten her genähert, dass mir allmählich etwas schwindelig wird. Wir haben verschiedene mögliche Kriterien oder Regeln diskutiert, mit deren Hilfe man entscheiden könnte, wen man taufen kann und ob ET dazugehört. Und wir haben uns gefragt, wessen Aufgabe es eigentlich ist, diese Regeln und Kriterien anzuwenden.

Die ganze Zeit lauerte dabei die unbequeme Erkenntnis im Hintergrund, dass die Erde ein winzig kleiner, abgelegener Ort in der riesigen Weite des Universums ist. Im kosmischen Maßstab, vom Urknall bis zum Hitzetod des Weltalls, gibt es keine objektive Möglichkeit, die Erde als Mittelpunkt anzusehen, nicht einmal als wichtig oder irgendwie bedeutend. Aus dem Blickwinkel eines Außerirdischen könnte es anmaßend und lächerlich erscheinen, wenn wir Menschen uns Gedanken darüber machen, ob er-sie-es die Taufe empfangen darf.

Natürlich können wir glauben, dass die Erde ein besonderer, einzigartiger Ort ist, den der Gott des Universums auserwählt und über alle anderen Orte und Planeten gestellt hat. Aber dann stellt sich die Frage, warum intelligente Lebewesen auf anderen Planeten die Gute Nachricht nicht erfahren sollten. Oder wir stünden vor der großen Herausforderung, die Gute Nachricht im ganzen großen Universum verbreiten zu müssen. Was uns hoffentlich gelingt, ohne dass wir denselben Irrtümern und Vorurteilen zum Opfer fallen, die europäische Missionare manchmal dazu verleitet haben, die von ihnen bekehrten Menschen paternalistisch, ungerecht und sogar grausam zu behandeln.

Andererseits können wir auch einfach den Glauben aufgeben, die Erde, die Menschheit oder Gottes Offenbarung hätte irgendeine kosmische Relevanz. Wir könnten uns den freundlichen, aufgeklärten Außerirdischen anschließen, die milde über das Christentum und die Taufe lächeln und das Ganze als amüsante Folklore ansehen, die zufällig für einen Teil der Eingeborenen auf dem Planeten Erde eine Bedeutung hat. Und wir können uns von der kuriosen Vorstellung verabschieden, der Gott des gesamten Universums hätte beschlossen, dass die Erde etwas Besonderes sei, und sich deshalb in menschlicher Gestalt hier niedergelassen.

Guy: Meine Erfahrung als Naturwissenschaftler war allerdings immer die Folgende. Wenn wir so mit dem Rücken zur Wand stehen und uns zwischen Alternativen entscheiden müssen, die alle unmöglich richtig sein können, dann stellen wir höchstwahrscheinlich die falschen Fragen.

Paul: Oder jedenfalls stellen wir unsere Fragen aus einem falschen Blickwinkel. Als ich vorhin einige Ideen von Teilhard de Chardin erwähnte, habe ich versucht zu zeigen, dass naturwissenschaftliche Materialisten vielleicht die falschen

Fragen stellen oder von falschen Grundannahmen ausgehen. Allgemeiner gesagt: Wenn wir mit dem Rücken zur Wand stehen, liegt es meistens daran, dass wir die Dinge aus unserem eigenen und nicht aus Gottes Blickwinkel betrachten.

Aus menschlicher Sicht scheinen die wichtigen Fragen zum Thema Taufe, Erlösung und Reich Gottes etwa so zu lauten: Wer gehört dazu? Wer gehört nicht dazu? Wie kann man entscheiden, wer zu welcher Gruppe gehört? Und wer entscheidet darüber? Aus Gottes Sicht lauten die Fragen ganz anders, glaube ich. Im Matthäusevangelium spricht Jesus darüber, wer zum Reich Gottes gehören wird und wer nicht: im Gleichnis von den Schafen und Böcken.

Und nun schau dir die Kriterien an, die Jesus dafür anlegt: Er lädt die Schafe ins Reich Gottes ein, indem er sagt: »Ich war hungrig, und ihr habt mir zu essen gegeben; ich war durstig, und ihr habt mir zu trinken gegeben; ich war fremd, und ihr habt mich aufgenommen; ich war nackt, und ihr habt mich bekleidet; ich war krank, und ihr habt mich besucht; ich war im Gefängnis, und ihr seid zu mir gekommen.« Die Schafe fragen: »Wann haben wir all das für dich getan?« Und Jesus antwortet: »Was immer ihr einem dieser meiner geringsten Brüder [und Schwestern] getan habt, das habt ihr mir getan.«

Spielt es im Zusammenhang mit der Taufe eine Rolle, ob man ein Mensch ist, ob man zufällig vom Planeten Erde stammt, ob man intelligent und vernunftgesteuert ist oder zufällig zu einer christlichen Gemeinschaft gehört? Ja, all diese Dinge spielen eine Rolle. Aber aus Jesu Sicht sind sie weniger wichtig als die Frage, ob man den Hungrigen zu essen gegeben und die Gefangenen besucht hat.

Sollten Außerirdische getauft werden? Das hängt davon ab, ob der oder die einzelne Außerirdische ein Mitbürger im Reich Gottes ist oder zu werden hofft. Und dies wiederum hängt davon ab, wie der oder die einzelne Außerirdische die geringsten Brüder und Schwestern behandelt oder zu behandeln hofft.

Rufen wir uns noch einmal die Szenen ins Gedächtnis, in denen Jesus mit Juden und Griechen, Sklaven und Freien, Zöllnern und Zeloten, Männern und Frauen zu Tisch sitzt. In meinen Augen ist das der Schlüssel zu dem gesamten Puzzle. Dieser Gott, der sich hier auf unserer Erde in Jesus offenbart hat, ist ein Gott, der Unterschiede überwindet und uns zusammenruft. In der Gegenwart dieses Gottes können alle an einem Tisch sitzen, in Frieden und Gemeinsamkeit, unabhängig davon, wer sie sind und woher sie kommen.

Es ist nicht an uns zu entscheiden, ob ein Außerirdischer Mitbürger im Reich Gottes sein kann. An uns ist es, diesen Außerirdischen so zu behandeln wie die geringsten Brüder und Schwestern Christi. Das heißt, wir sollen ihn so behandeln, wie wir Christus behandeln würden. Und es ist an uns, in der Hoffnung zu leben, dass der Außerirdische uns ebenso behandelt.

Guy: Denk an die Erkenntnis von George Coyne, die ich vorhin zitiert habe: »In uns wird das Universum seiner selbst bewusst.« Mit »uns« meint er die Menschheit, mit oder ohne Außerirdische. Aber selbst das ist nicht ganz richtig, denn auf eine Weise gibt es so etwas wie die Menschheit gar nicht. Es gibt nur einzelne Menschen. Deshalb sollte man besser sagen: In mir wird das Universum seiner selbst bewusst. Ich trage die Selbstbewusstheit des Universums in mir.

Und du tust es auch. Damit sind wir schon mindestens zwei. Durch einen interessanten Zufall sind wir beide Bewohner des Planeten Erde und teilen deshalb einen Großteil unserer DNA, aber mir ist klar, dass das ziemlich unwichtig ist, verglichen mit der viel interessanteren und wichtigeren Tatsache, dass wir auch das Merkmal Selbstbewusstheit gemeinsam haben.

Paul: Tatsächlich sind wir viele – Milliarden und Abermilliarden allein auf dem Planeten Erde, und Milliarden, die schon vor uns da waren. Und – so fürchte und hoffe ich – noch viele, die nach uns kommen. Vielleicht nicht alle auf diesem Planeten und vielleicht nicht alle mit derselben DNA. Aber wir alle, welchen Planeten, welchen Ort oder Raum und welche Zeit wir auch immer zufällig bewohnen, tragen den Sinn dieses Universums in uns. Wir alle sind der Mittelpunkt des Universums – jedenfalls sieht Gott das so. Für uns alle ist Christus gestorben, für uns alle wurde das Universum geboren.

Guy: Und die Existenz all dieser anderen selbst-bewussten Einheiten – du, all die Leute hier auf dem Flughafen und eben auch die Außerirdischen – führt zu einer interessanten Herausforderung für jeden Einzelnen von uns, vor allem für introvertierte Hightech-Freaks wie mich: Sind wir bereit, die Gegenwart eines anderen, selbst-bewussten Wesens in unserem Universum zu akzeptieren? Und wenn wir uns der Gegenwart Gottes bewusst sind, sind wir dann auch bereit zu akzeptieren, dass andere selbst-bewusste Wesen, abgesehen von mir und Gott, sich dieses Gottes ebenfalls bewusst sind?

Es ist ein Riesensprung von der netten, bequemen Zweierbeziehung zwischen mir und Gott – manche Leute bezeichnen das als »Spiritualität« – zur Auseinandersetzung mit der Tatsache, dass andere Menschen ebenfalls teil an dieser Beziehung haben. Aber genau damit muss man sich auseinandersetzen, wenn man Angehöriger einer Religion ist. Tatsächlich lernen wir genau das aus den Evangelien: Ein essenzieller Teil unserer Beziehung zu Gott besteht darin, Gott in den anderen zu finden – in unseren Nachbarn und Verwandten oder in irgendwelchen Außerirdischen. Wobei ich zugebe, dass mir das bei den Außerirdischen möglicherweise leichter fällt als bei einigen meiner Nachbarn.

Während wir hier am Flughafen von Los Angeles stehen, fällt mir noch etwas ein. Dieser Flughafen kann nicht aus sich selbst heraus existieren. Der Bau eines Flughafens ergibt nur dann einen Sinn, wenn es auch andere Flughäfen gibt. Die Maschinen, die von hier starten, brauchen einen Zielort, und die Flugzeuge, die hier landen, müssen von irgendwoher kommen. Flughäfen sind Orte der Kommunikation.

Aber gilt nicht dasselbe für Zivilisationen, Religionen, vielleicht sogar für die Intelligenz als solche? Intelligenz ergibt nur dann einen Sinn, wenn ich sie mit jemandem teilen kann. Wir wachsen und strecken uns nur, wenn wir durch die Beziehung zu anderen herausgefordert werden.

Ich persönlich bin eher introvertiert, ich ziehe mich ebenso gern mit einem Buch zurück.

Paul: Aber selbst ein Buch setzt einen Dialog zwischen Autor und Leser voraus. Ohne einen solchen Dialog gibt es keine Bücher.

Guy: Schau dir dieses Buch an: nichts als Dialog. Die Fähigkeit zur Selbst-Bewusstheit und der freie Wille, aus dieser Bewusstheit heraus zu handeln, setzen – möglicherweise zwingend – einen anderen voraus, der diese Bewusstheit ebenfalls besitzt und den wir lieben oder ignorieren können. In diesem Sinne wäre ein Außerirdischer nicht fremder und furchterregender als der Mensch neben mir.

Paul: Und da ich dieser Mensch neben dir bin, danke ich dir für diese Zusicherung.

Guy: Ich sehe da kein starres Bild, sondern ein Muster. Und dieses Muster sagt mir, dass wir nicht allein sind. Und möglicherweise gilt das nicht nur für diesen Planeten, sondern wir werden eines Tages erfahren, dass wir auch im Kosmos nicht allein sind.

Sechstes Kapitel
Danksagung und Literatur

Paul: Bevor wir uns einen Ruhetag gönnen, sollten wir uns bei den Menschen bedanken, die dieses Buch möglich gemacht haben: Wir beginnen bei unserer Agentin Gillian MacKenzie und unseren Lektoren Gary Jansen und Amanda O'Connor. Außerdem haben Bill und Kelley Higgins, Bruder Bob Macke, SJ, und Jack Wisdom die ersten Textfassungen gelesen und uns viel wertvolles Feedback gegeben.

Guy: Die Fragen, die wir in den vergangenen Tagen besprochen haben, werden nicht nur oft gestellt, sondern sind auch schon oft beantwortet worden. Viele Aussagen in diesem Buch beruhen auf Material, das wir in den vergangenen Jahren an verschiedenen anderen Orten auf die eine oder andere Weise präsentiert haben. Ich hoffe, man sieht trotzdem, dass die Diskussionen in diesem Buch sich deutlich von dem unterscheiden, was wir jeder für sich bisher publiziert haben. Aber wenn Sie eins unserer früheren Bücher gelesen haben, dann ist Ihnen vielleicht die eine oder andere Analogie oder Formulierung – und auch der eine oder andere Witz – ein wenig bekannt vorgekommen.

Wenn Sie die wissenschaftliche Version meiner Ideen zu einigen der hier besprochenen Themen lesen wollen, kann ich Ihnen eine Reihe von Artikeln empfehlen, die ich für die *New Catholic Encyclopedia* und ihre Ergänzungsbände geschrieben habe, unter anderem zu den Stichworten *Astronomy, Big Bang, Cosmology, Entropy* und *Universe*. Im Jahr 2012 bekam ich die Einladung, einen Aufsatz mit dem Titel »The new physics and the old metaphysics: an essay for the use of Christian teachers« zu schreiben, der in der Zeitschrift *International Studies in Catholic Education* erschien. Nach der Pluto-Entscheidung auf der IAU-Vollversammlung 2006 verfasste ich einen ganzen Stapel Notizen als Gedächtnisstütze für mich selbst. Sie bilden die Grundlage unseres Gesprächs am Tag 2, gingen aber auch in einen Aufsatz ein, den ich in der Zeitschrift *The Physics Teacher* (2007) veröffentlichte. Schon 2005 habe ich ein Büchlein für die *Catholic Truth Society* in London geschrieben. Es trägt den Titel *Intelligent Life in the Universe?* und enthält einen Großteil der Ideen, die am Tag 6 in diesem Buch auftauchen. Und natürlich habe ich in den letzten Jahren eine monatliche Kolumne und gelegentlich auch andere Artikel in der britischen katholischen Zeitschrift *The Tablet* verfasst. Ein erheblicher Teil meiner Gedanken zu diesen Themen wurde dort zum ersten Mal formuliert.

Paul: Die Restaurants, die in diesem Buch erwähnt werden, sind alle real, natürlich mit Ausnahme des Restaurants am Ende des Universums, das wir am Tag 5 besucht haben. Aber die Gerichte, die wir dort genossen haben, kann man in unseren Lieblingslokalen rund um Castel Gandolfo und Albano, also in der Nähe des Observatoriums, durchaus bekommen. Dieses Buch wäre überhaupt niemals zustande gekommen ohne den Treibstoff Cappuccino, oft von Guy im Kaffeeraum des Vatikanischen Observatoriums selbst zubereitet.

Guy und Paul: Alle Wissenschaftler sind Zwerge, die auf den Schultern von Riesen stehen. Wir haben versucht, im

Text unsere wichtigsten Quellen immer zu erwähnen. Abgesehen davon, stützen wir uns auf eine Reihe anderer Quellen, die nicht direkt zitiert wurden. Und es kann natürlich sein, dass Sie sich dafür interessieren, ein paar lose Fäden weiterzuverfolgen. Deshalb folgt hier eine Liste von Büchern, die Ihnen beim Weiterlesen helfen können, wenn Sie sich näher mit unseren Themen beschäftigen wollen – oder wenn Sie herausfinden wollen, wo wir unsere Ideen geklaut haben.

ERSTES KAPITEL:
GENESIS ODER URKNALL?

Zum Verständnis der alten oder neuen Kosmologie gibt es viele gute Einführungen. Eins unserer Lieblingsbücher zur alten Naturwissenschaft ist Alistair C. Crombies *Augustine to Galileo: The History of Science A.D. 400–1650* (erste Auflage 1952), das Guys Leidenschaft für Wissenschaftsgeschichte entzündet hat. Interessant ist auch Michael J. Crowes *Theories of the World from Antiquity to the Copernican Revolution* (1990). Wenn Sie die Originaldokumente lesen wollen, finden Sie viele in der Anthologie *The Book of the Cosmos: Imagining the Universe from Heraclitus to Hawking,* herausgegeben von Dennis Richard Danielson (2001). Noch ein Lieblingsbuch zur mittelalterlichen Kosmologie und ihrem kulturellen Kontext ist *The Discarded Image: An Introduction to Medieval and Renaissance Literature* von C. S. Lewis (erste Auflage 1964).

Was die moderne Physik angeht, können wir *The Quantum Enigma* von Bruce Rosenblum und Fred Kuttner (die zweite Auflage ist 2011 erschienen) empfehlen. Eine ganze Reihe von Büchern in unterschiedlichen Schwierigkeitsgraden beschreibt Einsteins Relativitätstheorie, aber vielleicht findet sich der einfachste Zugang gar nicht in naturwissenschaftlichen Fachbüchern, sondern in Biografien der Leute, die diese Ideen entwickelt haben. Gut gefallen uns persönlich Abraham Pais' 1982 erschienene Einstein-Biografie *Subtle Is the Lord* und John Farrels 2005 erschienene Biografie von Pater Lemaître, *The Day Without Yesterday*.

Zur Geschichte der naturwissenschaftlichen Revolution empfehlen wir Michael Buckleys *At the Origins of Modern Atheism* aus dem Jahr 1990, in dem er beschreibt, wie die Aufklärung unser Verständnis der Rolle Gottes im Universum – nicht unbedingt zum Besseren – veränderte. Eine Zusammenfassung von Buckleys Arbeit und eine ganze Reihe weiterer guter Artikel von anderen Forschern finden sich in *Physics, Philosophy, and Theology: A Common Question for Understanding,* herausgegeben von Robert J. Russell, William R. Stoeger, SJ, und George V. Coyne, SJ (1991).

Leicht zugängliche wissenschaftliche Texte über die Schöpfung, aus der Perspektive von Naturwissenschaft, Philosophie und Theologie findet man in *Creation and the God of Abraham,* herausgegeben von David B. Burrell, Carlo Cogliati, Janet M. Soskice und William R. Stoeger, SJ (2010).

Und schließlich haben wir ausführlich aus dem Vortrag von Papst Johannes Paul II. vor der Päpstlichen Akademie der Wissenschaften (1996) zitiert. Sie ist unter www.newadvent.org.library/docs_jp02tc.htm zu finden. Abgesehen von der Erwähnung in diesem Vortrag beschäftigen wir uns nicht ausdrücklich mit der biologischen Evolution. Sie ist nicht unser Fachgebiet. Aber es gibt eine große Zahl guter Bücher, die die Biologie aus katholischer Perspektive betrachten, beispielsweise Kenneth R. Miller: *Finding Darwin's God* (1999).

ZWEITES KAPITEL:
WAS IST MIT DEM ARMEN PLUTO PASSIERT?

Die beste Beschreibung von Pluto und seiner »Degradierung« findet sich in Mike Browns gut lesbarem, witzigem Buch von 2010: *How I Killed Pluto (And Why It Had It Coming)* [Dt. Ausgabe: *Wie ich Pluto zur Strecke brachte – und warum er es nicht anders verdient hat*, 2012]. Mehr über Meteoriten und wie sie in der Antarktis gesammelt werden erfährt man in Bill Cassidys Buch *Metorites, Ice, and Antarctica* von 2003 und natürlich in Guys Buch *Brother Astronomer* (2000), das eine solche Expedition beschreibt.

Thomas Kuhns Klassiker *The Structure of Scientific Revolutions* (1970, dt. Ausgabe: *Die Struktur wissenschaftlicher Revolutionen*, 1996) bildet den Ausgangspunkt der modernen Diskussion über Wachstum und Wandel der Naturwissenschaft – und vor allem über die Frage, ob dieser Wandel kumulativ oder diskontinuierlich ist. Die Idee, Pluto nicht als hässliches Entlein, sondern als schönen Schwan zu betrachten, hat Guy zum ersten Mal von einer Zuhörerin bei einem Vortrag in Cranbrook gehört. Er weiß nicht, wie diese Zuhörerin heißt, aber er würde ihr gern an dieser Stelle für die Anregung danken.

DRITTES KAPITEL:
WAS WAR DER STERN VON BETHLEHEM?

Eine gute astronomische Erklärung liefert Michael Molnar: *Star of Bethlehem: The Legacy of the Magi* (2000). Aber es gibt zahlreiche andere Erklärungen. Eine der klarsten findet sich in einem schmalen Buch von John Mosley: *The Christmas Star*, das 1987 vom Griffith Observatory herausgegeben wurde. Die gründlichste Diskussion der Theologie in den Geburtsgeschichten gibt es in dem Klassiker *The Birth of the Messiah* von dem angesehenen Bibelkundler Raymond Brown (die letzte Ausgabe stammt aus dem Jahr 1999). Eine gute, leicht lesbare Einführung in den Dialog zwischen Religion und Naturwissenschaft ist Olaf Pedersens *The Two Books: Historical Notes on Some Interactions Between Natural Science and Theology* (2007).

VIERTES KAPITEL:
WAS PASSIERT AM ENDE DER WELT?

Ort und Hintergrund dieses Kapitels stammen aus dem fiktionalen Universum von Douglas Adams' Roman *Per Anhalter durch die Galaxis* und seinen Nachfolgebüchern.

In diesem Kapitel haben wir nur kurz einige Vorstellungen über das Ende der Welt gestreift. Eine unterhaltsame, aber wissenschaftlich fundierte Sammlung solcher Vorstellungen findet sich in dem Buch *Megacatastrophes! Nine Strange Ways the World Could End* von David Darling und Dirk Schulze-Makuch (2012).

Zwei Bücher, auf die wir uns in diesem Kapitel beziehen und die auf großartige Weise die Rolle der Religion in unserer technischen Gesellschaft untersuchen, sind Jonathan Sacks: *The Great Partnership: Science, Religion, and the Search for Meaning* (2011) und Francis Spufford: *Unapologetic* (2012, dt. Ausgabe: *Heilige Unvernunft,* 2014). Beide beziehen sich nicht ausdrücklich auf das Ende des Universums, machen aber gute Aussagen über wichtige Themen, die wir in diesem Kapitel diskutieren. Empfehlen können wir auch John Polkinghorne: *The Faith of a Physicist* (1996, dt. Ausgabe: *An Gott glauben im Zeitalter der Naturwissenschaften. Die*

Theologie eines Physikers, 2000) und John F. Haught: *Is Nature Enough? Meaning and Truth in the Age of Science* (2006).

Außerdem beziehen wir uns auf die Enzyklika von Papst Benedikt XVI. von 2007, *Spes Salvi,* die man im Internet unter den Veröffentlichungen des Vatikans findet.

FÜNFTES KAPITEL:
WÜRDEN SIE EINEN AUSSERIRDISCHEN TAUFEN?

In diesem Kapitel zitieren wir zwei gute Quellen zur Geschichte der Auseinandersetzung mit dem Thema Außerirdische: Steven J. Dick: *Life on Other Worlds* (1998) und Michael J. Crowe: *The Extraterrestrial Life Debate* (2008). Eine neuere Arbeit über die theologischen Aspekte dieser Frage mit einer umfangreichen Bibliografie ist Thomas O'Mearas Buch *Vast Universe: Extraterrestrials and Christian Revelation* (2012). Außerdem beziehen wir uns auf die Werke von Teilhard de Chardin, darunter vor allem *Der Mensch im Kosmos,* eine unbedingt lohnende Lektüre.

Was lehrt uns die Quanten-physik über das Leben?

ISBN 978-3-451-06816-4

Die Verknüpfung von Wissenschaft, Alltag und Leben ist populärer denn je. Dieser Longseller bietet einen Einblick: Wie können wir über das sprechen, was Wissenschaft nicht fassen kann? Wie beurteilt ein Quantenphysiker Begriffe wie Unendlichkeit, Begreifen, Geist? Die spannende Auseinandersetzung eines Naturwissenschaftlers mit Religion, Identitätssuche, aber auch mit Fragen der Ökologie und der gesellschaftlichen Entwicklung.

In jeder Buchhandlung

HERDER
Lesen ist Leben

www.herder.de